# 褒斜道

陈仓古道
调查报告之一

宝鸡市考古研究所 编著

科学出版社
北 京

图书在版编目（CIP）数据

褒斜道：陈仓古道调查报告之一 / 宝鸡市考古研究所编著. —北京：科学出版社，2019.10
ISBN 978-7-03-062460-4

Ⅰ.①褒… Ⅱ.①宝… Ⅲ.①褒斜道－调查报告 Ⅳ.①K928.6

中国版本图书馆CIP数据核字（2019）第215204号

责任编辑：李　茜／责任校对：王晓茜
责任印制：肖　兴／书籍设计：北京美光设计制版有限公司

科学出版社 出版
北京东黄城根北街16号
邮政编码：100717
http://www.sciencep.com

北京华联印刷有限公司 印刷
科学出版社发行　各地新华书店经销
\*
2019年10月第　一　版　开本：889×1194　1/16
2019年10月第一次印刷　印张：18 1/2
字数：508 000

定价：328.00元
（如有印装质量问题，我社负责调换）

**陕西省文物局**

**陕西省文物保护和技术研究课题
陈仓古道调查**

（项目编号：2011-K-018）

# 褒斜道

陈仓古道调查报告之一

# 《褒斜道》编委会

**主　编**

刘军社

**副主编**

辛怡华　王　颢

**执行主编**

张　程

**项目承担单位**

宝鸡市考古研究所

# 目 录

概述

第一章　绪论

第一节　地理环境 …………………………………………… 08

　　一　一个分水岭——衙岭 …………………………………… 08

　　二　两大川道——桃川、虢川 ……………………………… 10

　　三　两大河流——石头河、红岩河 ………………………… 12

第二节　历史沿革 …………………………………………… 13

　　一　行程便捷，适宜于古人迁徙 …………………………… 13

　　二　商周时期，关中通往巴蜀的重要通道 ………………… 13

　　三　西汉时期，褒斜道一名正式见于史册 ………………… 14

　　四　唐代设置驿站，完善道路设施 ………………………… 15

　　五　明清至民国时期，褒斜道商旅日少，渐至衰落 ……… 15

第二章　褒斜道干道及沿线遗迹

第一节　鹦鸽段 ……………………………………………… 21

　　一　古道道路遗迹 …………………………………………… 22

　　（一）斜峪关渡口 …………………………………………… 23

　　（二）松岭驿 ………………………………………………… 26

　　（三）老爷岭古道 …………………………………………… 29

　　二　沿线文物 ………………………………………………… 32

　　（一）眉县齐镇 ……………………………………………… 33

　　　1　贾家寨遗址（新石器时代仰韶文化晚期）…………… 33

　　　2　关村遗址（新石器时代仰韶文化半坡晚期类型）…… 33

　　　3　雷村遗址（新石器时代龙山文化、西周）…………… 34

　　　4　周东遗址（汉）………………………………………… 34

　　　5　党西遗址（汉）………………………………………… 35

　　　6　石龙庙村遗址（汉）…………………………………… 36

| | | |
|---|---|---|
| 7 | 下西铭遗址（汉） | 37 |
| 8 | 齐镇城址（清） | 37 |
| 9 | 兴隆堡址（清） | 38 |
| 10 | 闫家坡墓群（汉） | 39 |
| 11 | 小万户墓群（汉） | 39 |
| 12 | 王家湾墓群（汉） | 40 |
| 13 | 石龙庙墓群（汉） | 40 |
| 14 | 齐镇村墓群（汉） | 41 |
| 15 | 曲兴墓群（汉） | 42 |
| 16 | 下西铭墓群（汉） | 42 |
| 17 | 周东墓（不详） | 43 |
| 18 | 玉皇庙（清） | 43 |
| 19 | 圣母庙（清） | 44 |
| 20 | 太白庙（清） | 45 |
| 21 | 兴隆堡三圣宝殿（清） | 45 |
| 22 | 刘先三懿行碑（清） | 46 |
| 23 | 官村庵石造像（不详） | 47 |
| 24 | 梅惠渠（清至今） | 47 |
| 25 | 石头河水库 | 48 |
| 26 | 官村庵碾盘（清） | 49 |

（二）太白县鹦鸽镇 ……………………………………50

| | | |
|---|---|---|
| 1 | 楚家坪南遗址（新石器时代仰韶文化半坡晚期） | 50 |
| 2 | 牟家坪东遗址（新石器时代仰韶文化晚期、西周、宋） | 50 |
| 3 | 鹦鸽北遗址（西周、唐、宋） | 51 |
| 4 | 南瓦窑坡遗址（西周、汉） | 51 |
| 5 | 楚家坪遗址（宋） | 52 |
| 6 | 北瓦窑坡遗址（宋） | 53 |
| 7 | 鹦鸽嘴遗址（宋） | 54 |
| 8 | 牟家坪南遗址（宋） | 54 |
| 9 | 六家村堡址（清） | 54 |
| 10 | 牟家坪墓（汉） | 55 |
| 11 | 关帝庙（清） | 56 |
| 12 | 观音庙（清） | 57 |
| 13 | 七圣宫（清） | 58 |
| 14 | 山神庙（清） | 59 |
| 15 | 五朝埫关帝庙（清） | 59 |
| 16 | 五朝埫五圣宫（清） | 60 |

|  | 17 | 瓦窑坡五圣宫（清） | 60 |
|---|---|---|---|
|  | 18 | 隆兴寺碑（明） | 61 |
|  | 19 | 刘柏庵德行碑（清） | 61 |
|  | 20 | 鲁班桥石碑（清） | 62 |
|  | 21 | 鲁班桥石窟（不详） | 63 |
|  | 22 | 岳家庄碾盘（清） | 64 |

第二节　桃川段　65
　　一　古道道路遗迹　66
　　（一）连云驿　67
　　（二）五里坡古道　68
　　二　沿线文物　71
　　　1　白杨塬关帝庙址（清）　72
　　　2　白杨塬太白庙址（清）　72
　　　3　大沙沟造纸作坊遗址（清）　72
　　　4　路平沟寨址（清）　74
　　　5　岳水宫（清）　75
　　　6　枣园村崖居（不详）　75
　　　7　佛爷洞石窟（清）　76
　　　8　公议分认遗粮碑（清）　77
　　　9　孙公元配王孺人碑（清）　77
　　　10　万丕德行碑（清）　78
　　　11　燕德明墓碑（清）　79
　　　12　燕国栋墓碑（清）　79
　　　13　俞老孺人墓位碑（清）　80
　　　14　沙羊店碾盘（清）　80

第三节　嘴头段　81
　　一　古道道路遗迹　82
　　（一）平川驿　83
　　（二）白云驿　84
　　（三）土地梁古道　90
　　二　沿线文物　92
　　（一）太白县嘴头镇　92
　　　1　北坡遗址（新石器时代仰韶文化庙底沟类型）　92

|   |   |   |
|---|---|---|
| 2 | 李家沟遗址（西周、春秋） | 93 |
| 3 | 嘴头街遗址（宋） | 93 |
| 4 | 李家沟墓（春秋） | 93 |
| 5 | 韩家梁墓（汉） | 94 |
| 6 | 方才关村明姐闰秋墓（清） | 95 |
| 7 | 坡翻村蒲桂墓（清） | 96 |
| 8 | 菩萨庙（清） | 96 |
| 9 | 太白庙（清） | 96 |
| 10 | 宁虢宫魁星楼（清） | 98 |
| 11 | 老君洞摩崖题记（清） | 98 |
| 12 | 双顺恒石狮（清） | 99 |
| 13 | 奠安生民碑（清） | 100 |
| 14 | 创修关圣帝君碑（清） | 100 |
| 15 | 蒿谷堆村正风规事碑（清） | 100 |
| 16 | 黑龙庙碑（清） | 101 |
| 17 | 黄竹原张恒山路碑（清） | 102 |
| 18 | 盘茶河观音庙碑（清） | 102 |
| 19 | 坡翻村蒲恒山路碑（清） | 103 |
| 20 | 重修河洛寺圣母庙碑（清） | 103 |
| 21 | 重修圣母祠碑（清） | 103 |
| 22 | 重修玉皇上帝宝庙碑（清） | 104 |
| 23 | 重修庙宇布施碑（清） | 104 |
| 24 | 王振江懿行序碑（民国时期） | 105 |

（二）太白县白云乡（现并入嘴头镇） ……………………………… 105

    1 陈家坪堡址（汉） ……………………………………………… 105
    2 马槽沟矿洞遗址（不详） ……………………………………… 106
    3 下白云墓（宋） ………………………………………………… 106
    4 马槽沟崖居（不详） …………………………………………… 107
    5 上白云造像碑（唐） …………………………………………… 108
    6 永垂万世碑（清） ……………………………………………… 108

第四节 王家楞段 …………………………………………………………… 109

  一 古道道路遗迹 ……………………………………………………… 110

（一）郝家坪栈道遗址西端至铁炉沟口栈道遗址北端 ……………… 110
（二）铁炉沟口栈道遗址南端至凤凰坝栈桥遗址西端 ……………… 114
（三）凤凰坝栈桥遗址西端至油房沟栈道遗址北端 ………………… 116
（四）油房坪栈道遗址南端至西坝栈道遗址北端 …………………… 117

（五）西坝栈道遗址南端至磨坪村┄┄┄┄┄┄┄┄┄┄┄┄┄┄┄120

二　沿线文物┄┄┄┄┄┄┄┄┄┄┄┄┄┄┄┄┄┄┄┄┄┄┄┄122

1　王家埈遗址（汉）┄┄┄┄┄┄┄┄┄┄┄┄┄┄┄┄┄┄┄122

2　蔡氏家族墓地（清）┄┄┄┄┄┄┄┄┄┄┄┄┄┄┄┄┄122

3　贺生璜墓（清）┄┄┄┄┄┄┄┄┄┄┄┄┄┄┄┄┄┄┄124

4　吴德满墓（清）┄┄┄┄┄┄┄┄┄┄┄┄┄┄┄┄┄┄┄124

5　吴仁墓（清）┄┄┄┄┄┄┄┄┄┄┄┄┄┄┄┄┄┄┄┄125

6　熊大书墓（清）┄┄┄┄┄┄┄┄┄┄┄┄┄┄┄┄┄┄┄125

7　板桥村崖居（不详）┄┄┄┄┄┄┄┄┄┄┄┄┄┄┄┄┄126

8　红岩村崖居（不详）┄┄┄┄┄┄┄┄┄┄┄┄┄┄┄┄┄127

9　除弊安民告示碑（清）┄┄┄┄┄┄┄┄┄┄┄┄┄┄┄┄127

10　台子山庙碑（清）┄┄┄┄┄┄┄┄┄┄┄┄┄┄┄┄┄┄128

11　中明村碾盘（清）┄┄┄┄┄┄┄┄┄┄┄┄┄┄┄┄┄┄129

## 第三章　褒斜道支道及沿线遗迹

### 第一节　西河栈道┄┄┄┄┄┄┄┄┄┄┄┄┄┄┄┄┄┄┄┄┄┄132

一　古道道路遗迹┄┄┄┄┄┄┄┄┄┄┄┄┄┄┄┄┄┄┄┄┄133

（一）小庄坪至孔棺村┄┄┄┄┄┄┄┄┄┄┄┄┄┄┄┄┄┄┄┄133

1　小庄坪栈道遗址┄┄┄┄┄┄┄┄┄┄┄┄┄┄┄┄┄┄┄133

2　老庄栈桥遗址┄┄┄┄┄┄┄┄┄┄┄┄┄┄┄┄┄┄┄┄135

（二）坪坎村至倒贴金┄┄┄┄┄┄┄┄┄┄┄┄┄┄┄┄┄┄┄┄135

1　碾子坝栈道遗址┄┄┄┄┄┄┄┄┄┄┄┄┄┄┄┄┄┄┄137

2　吊坝子栈道遗址┄┄┄┄┄┄┄┄┄┄┄┄┄┄┄┄┄┄┄137

3　鸡冠崖栈道遗址┄┄┄┄┄┄┄┄┄┄┄┄┄┄┄┄┄┄┄139

4　谭家坝栈桥遗址┄┄┄┄┄┄┄┄┄┄┄┄┄┄┄┄┄┄┄140

5　水獭沟栈道遗址┄┄┄┄┄┄┄┄┄┄┄┄┄┄┄┄┄┄┄140

6　丹桂沟口栈道遗址┄┄┄┄┄┄┄┄┄┄┄┄┄┄┄┄┄┄143

7　周家楞栈桥遗址┄┄┄┄┄┄┄┄┄┄┄┄┄┄┄┄┄┄┄143

二　沿线文物┄┄┄┄┄┄┄┄┄┄┄┄┄┄┄┄┄┄┄┄┄┄┄145

（一）凤县坪坎镇┄┄┄┄┄┄┄┄┄┄┄┄┄┄┄┄┄┄┄┄┄┄145

1　长安寺庙址（清）┄┄┄┄┄┄┄┄┄┄┄┄┄┄┄┄┄┄145

2　银母寺古矿址（不详）┄┄┄┄┄┄┄┄┄┄┄┄┄┄┄┄146

3　柏树坪墓群（清）┄┄┄┄┄┄┄┄┄┄┄┄┄┄┄┄┄┄147

4　二道沟僧人墓塔（清）┄┄┄┄┄┄┄┄┄┄┄┄┄┄┄┄148

| 5 | 高家院墓群（清） | 149 |
| 6 | 坪坎村沈门杨氏墓（清） | 150 |
| 7 | 钱昌焜夫妇墓（清） | 150 |
| 8 | 周家楞墓（清） | 150 |
| 9 | 山寨崖崖居群（不详） | 152 |
| 10 | 寨子崖崖居（不详） | 152 |
| 11 | 鸡冠崖摩崖题记（清） | 154 |
| 12 | 立神像记事碑（清） | 154 |
| 13 | 老庄碾盘（清） | 154 |

（二）太白县靖口镇 ··· 155

| 1 | 刘家窑遗址（新石器时代仰韶文化半坡晚期、西周） | 155 |
| 2 | 关上街黄龙寺遗址（明、清） | 156 |
| 3 | 香严山寺庙遗址（清） | 156 |
| 4 | 大地岭索龙寺遗址（清） | 157 |
| 5 | 水蒿川寺庙遗址（清） | 158 |
| 6 | 穆府君夫妇合葬墓（清） | 158 |
| 7 | 创立香严山乾元观铁旂碑（清） | 159 |
| 8 | 重修香严山钟鼓楼碑（清） | 159 |
| 9 | 重修普明香严山碑（清） | 160 |
| 10 | 重修圣母宫碑（清） | 160 |

第二节 杨家河栈道 ··· 162

一 古道道路遗迹 ··· 163

（一）小庄坪至刘家庄 ··· 163
（二）刘家庄至嘉陵江景区正门 ··· 163

| 1 | 郭齐沟门栈桥遗址 | 164 |
| 2 | 松树角栈桥遗址 | 165 |
| 3 | 黑湾栈桥遗址 | 165 |
| 4 | 桥头栈桥遗址 | 168 |
| 5 | 黄家老庄栈桥遗址 | 168 |
| 6 | 北坪栈桥遗址 | 170 |

二 沿线文物 ··· 171

凤县平木镇 ··· 171

| 1 | 寺庄遗址（新石器时代仰韶文化半坡晚期） | 171 |
| 2 | 齐心石寨址（清） | 172 |
| 3 | 松坪庵庙址（清） | 172 |

|     |     |     | 4 清凉寺遗址（清） | 174 |
| --- | --- | --- | --- | --- |
|     |     |     | 5 白蟒寺墓（战国） | 174 |
|     |     |     | 6 上河墓（战国） | 175 |
|     |     |     | 7 河西墓（清） | 175 |
|     |     |     | 8 善心功德碑（清） | 176 |

### 第三节　三岔河古道　177

一　古道道路遗迹　177

（一）三岔河北端至三岔峡峡口　177
（二）三岔峡至夹马石路段及夹马石栈桥遗址　179
（三）夹马石至凉水泉　182
（四）凉水泉至鲁班桥及鲁班桥栈道　183
（五）核桃坪至黄柏塬　187

二　沿线文物　189

### 第四节　桃川古道　190

一　古道道路遗迹　190

二　沿线文物　194

（一）岐山县安乐镇（现并入蔡家坡镇）　194

1 龙泉塬遗址（新石器时代龙山文化）　195
2 洪沟遗址（宋）　195
3 盘龙寺庙址（清）　195
4 老马寺庙址（清）　196
5 九龙山寺庙遗址（清）　197
6 四圣庙庙址（清）　197
7 龙泉原堡址（清）　198
8 九龙山摩崖题刻（清）　199
9 禁流柴木碑（清）　199
10 桂林碾盘（清）　200
11 华明碾盘（清）　200
12 强家寺碾盘（清）　200
13 庙村碾盘（清）　200
14 水围城碾盘（清）　201
15 姚旗寨碾盘（清）　202

（二）太白县高龙乡（现并于鹦鸽镇）　202

1 青峰寺庙址（明）　202

  2 高码头关帝庙址（清）……………………………………203
  3 二耙里墓群（清）……………………………………………203
  4 青峰山西峰僧人墓地（后唐、明）……………………………204
  5 青峰山中峰僧人墓（不详）……………………………………204
  6 龙王庙碑（清）………………………………………………205

## 第四章 结语

第一节 褒斜道之名的由来………………………………………………209

第二节 褒斜道交通体系分级………………………………………………211

 一 干道……………………………………………………………212
 二 支道……………………………………………………………212

 （一） 东线支道………………………………………………………212
  1 桃川古道………………………………………………………212
  2 三岔河古道……………………………………………………212

 （二） 西线支道………………………………………………………212

第三节 褒斜道建筑构造形式及特点……………………………………214

 （一） 土石道…………………………………………………………214
 （二） 垒石道…………………………………………………………216
 （三） 碥道……………………………………………………………216
 （四） 槽道……………………………………………………………218
 （五） 栈道……………………………………………………………218

  1 质地用料………………………………………………………219
  2 修筑方法………………………………………………………220
  3 结构形式………………………………………………………221

 （六） 栈桥……………………………………………………………222
 （七） 漕道……………………………………………………………225

第四节 水陆并用的褒斜道………………………………………………227

第五节 褒斜道开通年代推断……………………………………………229

## 附录 傥骆道

第一节 核桃坪段…………………………………………………………234
 一 古道道路遗迹…………………………………………………234

（一）偏桥子栈桥遗址…………235
（二）偏桥子东二栈桥…………235
（三）偏桥子东一栈桥遗址…………237
（四）偏桥子西栈桥遗址…………239
（五）青龙寨东栈桥…………240
（六）青龙寨西栈桥…………242
（七）青龙寨栈桥…………242
（八）吴家村栈桥遗址…………245

二 沿线文物…………246

菩萨洞石窟（清）…………247

### 第二节 黄柏塬段…………248

一 古道道路遗迹…………248

（一）古字梁栈桥遗址…………249
（二）杨家河栈桥遗址…………249
（三）杨家院子栈桥遗址…………250
（四）阴坡坪栈桥遗址…………250

二 沿线文物…………252

1 杨郑氏墓（清）…………252
2 双石洞石窟（清）…………253
3 皇清图碑（清）…………254

### 第三节 二郎坝段…………255

一 古道道路遗迹…………255

（一）黄柏塬栈桥遗址…………256
（二）鹰嘴崖栈道遗址…………256
（三）小箭沟口栈道遗址…………260
（四）猫耳沟口栈桥遗址…………261
（五）高家坝栈桥遗址…………263
（六）二郎坝栈道遗址…………263
（七）二郎坝栈桥遗址…………266

二 沿线文物…………266

1 冯氏墓（清）…………267
2 太白庙墓葬（清）…………267
3 杨世恒夫妇墓（清）…………268

4　张氏墓（清）……268
　　5　黄柏塬红军长征纪念馆（现代）……269

第四节　黑匣子段……270
　一　古道道路遗迹……270
　（一）皂角湾栈桥遗址……270
　（二）皂角湾北栈桥遗址……273
　二　沿线文物……273
　　1　二郎坝遗址（宋）……274
　　2　皂角湾墓群（清）……274
　　3　许祖麟墓（清）……275
　　4　高家坝崖居（清）……276
　　5　观音峡摩崖造像（清）……276
　　6　石桥摩崖题记（清）……278
　　7　庄子上永垂千古碑（清）……278
　　8　红二十五军指挥部旧址（近现代）……278

后记

# 概述

秦岭是我国重要的南北地理分界线，西起甘肃，经陕西，东至河南，东西长约1600千米，气势磅礴，蔚为壮观，为黄河支流渭河与长江支流嘉陵江、汉水的分水岭。早在汉代，即有"秦岭"之名，因位于关中以南，又叫"南山"。《汉书·东方朔传》之"夫南山，天下之阻也"[1]。因此，它有"九州之险"的称号（图一）。

秦岭不仅分隔了黄河水系和长江水系，形成了南北独特的生态系统，也形成各具特色的黄河文化和长江文化。北面的关中平原史称"八百里秦川"，自新石器时代就出现人类农耕、定居，是中国有名的文物古迹荟萃之地。秦岭之南是沃野千里的"汉中盆地""天府之国"，根据城固宝山、广汉三星堆、成都金沙遗址的考古发现，早在3000年以前，巴蜀先民已掌握了非常先进的青铜冶炼、玉石加工技术，在中国古代文明史上占据重要地位。

秦岭南北向的深切河谷自古就是南北交通孔道，最著名的有子午道、褒斜道、故道等。其中栈道是人类交通史上特殊的道路工程，大部分建于绝壁湍流之上，凿石插木，凌空飞架，又称"栈阁之道"，是中国古代交通史上的一个伟大发明。

褒斜道因取道褒水、斜水而得名。据《读史方舆纪要》载："褒斜之道，《禹贡》发之，而汉始成之……今南褒、北斜，两谷高峻,中间褒水所经……盖栈道秦时已有之。"[2]由此可知，褒斜道开凿历时已久。至秦昭王时，褒斜道修筑为栈道。汉武帝时，又令汉中太守大力开凿。唐代断续修治、利用。五代以后，褒斜道逐渐失去国家主干道地位。但在民间，褒斜道因道路方便捷径而继续发挥着作用。

---

[1]（汉）班固：《二十五史·汉书》，上海古籍出版社，1988年，第628页。

[2]（清）顾祖禹：《读史方舆纪要》，中华书局，2005年，第2666页。

**图一** 秦岭主峰太白山

# 第一章
# 绪论

宝鸡位于秦岭北麓，关中平原西部，自古就是西出甘肃、北上蒙古、南下入蜀的交通枢纽（图二）。褒斜道在秦汉时期就已经是关中进入汉中的交通要道，因在险峻地段采用木质架构的栈道而更具特色。所以，无论从恢复历史交通地理布局的角度来看，还是从研究川陕交通史的角度来看，搞清褒斜道的建筑构造形式、使用沿革和衰落等情况，对全面了解宝鸡地区古道特别是古栈道的现状和分布，以及进一步研究我国古代关中地区西部的政治、经济、军事及交通方面具有重要的意义。

2011年6月，宝鸡市考古研究所申请陕西省文物保护科学和技术研究课题"陈仓古道调查"（编号2011-K-018）获批。陈仓古道调查中的"陈仓古道"并非是特指某条具体的古道路线，而主要是对陈仓地区（今宝鸡）褒斜道、故道两条衔接贯穿关中、汉中地区古道的专题调查。

图二
宝鸡市区（局部）

本次调查主要侧重于搞清褒斜道、故道干道及其所属分支道的择路路线、走向、距离、地形地貌等几个方面，走访调查了沿途的古栈道遗迹，而且将所涉及的古遗址、古墓葬、古建筑、碑刻等也纳入到调查范围（图三）。根据文物点所处的环境和位置，仔细研究、探讨，力求把相互独立的文物点由点到线联系起来。通过走访当地群众实际调查，根据村落的位置环境，以及对比参照现在公路的走向，力求寻找古道遗迹，从而确定其线路、走向等，为保护利用古道提供翔实资料。在实地调查中严格遵照田野考古调查的相关规定进行，科学利用现代化科技手段（比如：GPS、数码相机、测量仪器等），详细记录褒斜道、故道沿线相关的人文及自然环境（比如：村落分布、河流、地形地貌等）。最后，根据调查的成果，利用交通学的相关知识对古代道路进行分级，以便为以后的研究提供一个新的尝试。

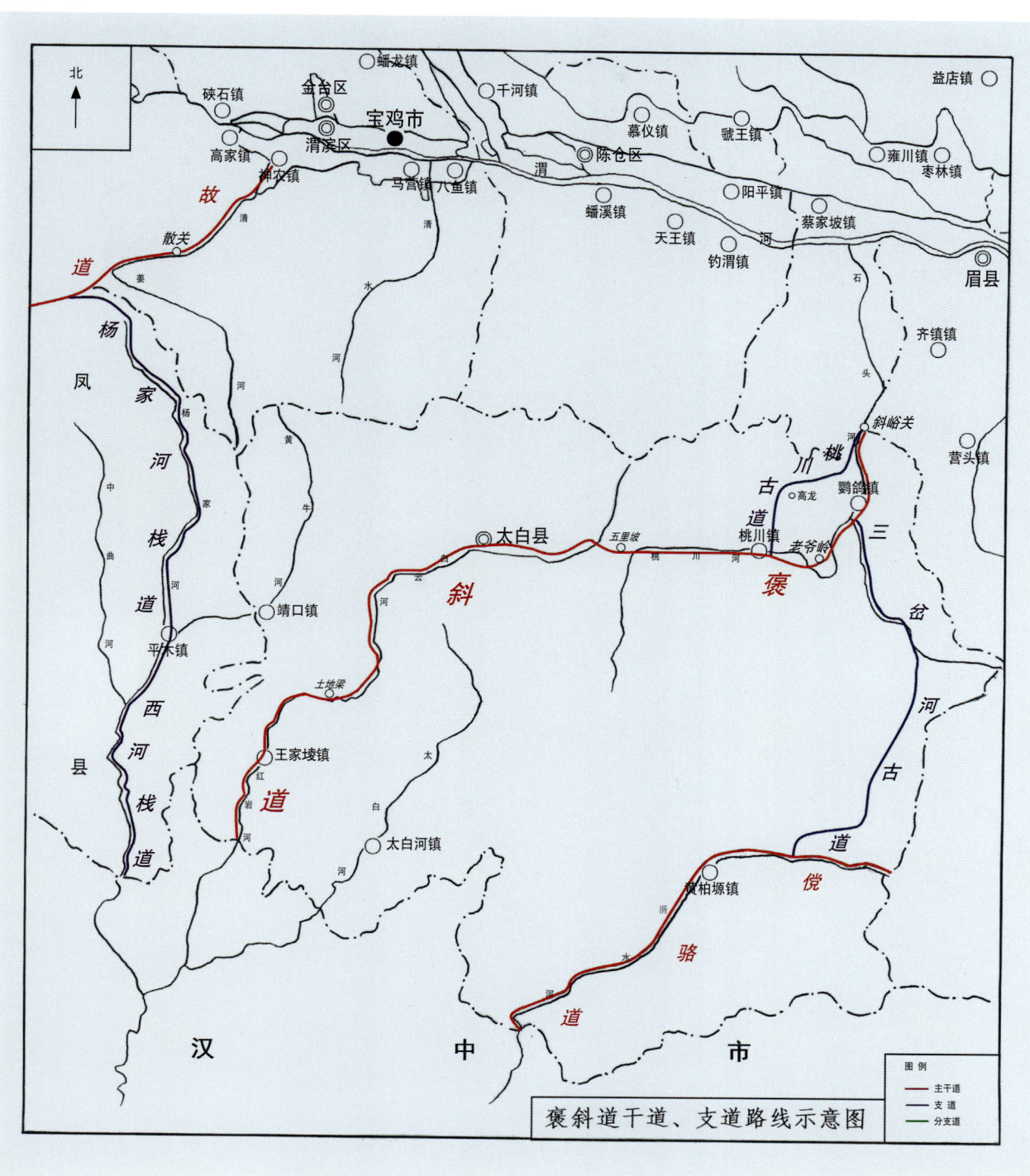

图三
褒斜道干道、支道路线示意图

# 第一节

## 地理环境

此次专题调查涉及眉县、太白县、岐山县、凤县境域内的褒斜道主干道、支道沿线，在此区域内褒斜道趋利避险，经五里坡（古称衙岭）东西贯通太白县仅有的两大川道，即桃川、靤川，衔接石头河、红岩河，成为黄河、长江流域的架通桥梁。可以说五里坡对于褒斜道来说是十分重要的一个地理坐标和交通节点。

### 一、一个分水岭——衙岭

衙岭就是今天的五里坡（图四），位于太白县城东约10千米，横亘于青峰山、鳌山之间的夹缝中，南北延伸。与东西向的青峰山、鳌山形成"工"字形的天然屏障（图五、图六）。《水经注·卷十八》载："《地理志》曰：斜水出衙岭，北至郿注渭。"[3]《汉书新注·卷二十八上·地理志第八上》载："褒水亦出衙岭，至南郑（今汉中）入沔。"[4]由此可知，褒水、斜水均发源于此衙岭山。褒水源于其西侧，斜水源于其东侧，褒、斜二水间仅相隔衙岭东西相望，衙岭则是太白境内黄河流域和长江流域的分水岭，而今的五里坡就是汉书中所载的衙岭山。唐人孙樵《兴元新路记》又将其称为"五里岭"[5]。清光绪十年《岐山县志·地理·山川》载："衙岭山，在桃川西南，即古褒斜界。其东连太白高出群山，

[3] 王国维：《水经注校·卷十八》，上海人民出版社，1984年，第586页。
[4] 施丁：《汉书新注·卷二十八上·地理志第八上》，三秦出版社，1994年，第1118页。
[5] 郭荣章：《唐孙樵〈兴元新路记〉识评——兼述郑子真故里考辨》，《成都大学学报（社科版）》1997年2期，第47页。

图四
五里坡顶长江黄河水系分界

[6]（清）张殿元：《岐山县志·地理志·山川》，光绪十年版，第10页。

[7]（宋）司马光：《资治通鉴·卷第七十四·魏纪六》，中华书局，1976年，第2360页。

为岐之南障者，曰太白走马岭。"[6]《资治通鉴·卷第七十四》载，正始五年，曹爽侵蜀，"费祎进据三岭以截爽"即此，又云"五里坡岭，在桃川西南，距（岐山）城一百九十里，为宝鸡虢川界"[7]。可见五里坡在古代文献资料上也具有十分重要的史料研究价值，被历代史书所记载叙述。历史文献中所述的衙岭（即五里坡），其实就是一条南北走向的小山梁，它西高东低，坡下以东为海拔1000~1300米的桃川，坡顶以西为海拔

5

6

图五
五里坡东口

图六
五里坡西口

1540～1700米的虢川，东西海拔落差相对较低。之所以后世改称五里坡，是因为从坡顶至坡底距离约五里路程，因此得名。其实五里坡这个名字更为形象贴切，由虢川经五里坡下至桃川，就如同连通高、低台阶间的缓冲一样，"坡"是最好的选择。

正因五里坡山梁矮小，坡度较缓，相对高度落差较低，道路修建难度小，便于通行，古人才选择了这里作为关中通往汉中的咽喉通道。褒斜道选择褒、斜二水的河谷作为穿越秦岭的通道，这本身就是道路勘察设计合理性体现的重大成就。

## 二、两大川道——桃川、虢川

五里坡只是褒斜道上一个衔接高、低台阶间的一个桥梁，而它东、西两侧的桃川、虢川，以及石头河、红岩河流域才是褒斜道所经过的主要地理环境。

桃川（图七），位于太白县城东部桃川镇，西起五里坡口，东到白云峡口，呈两头窄、中间宽的弯曲带形，东西长约16千米，南北宽0.2～

图七　桃川

图八　虢川

1.5千米，地势由西向东缓降，地形较为开阔、平坦，耕地接连呈带状，村庄东西向沿河分布，人口较为密集，农业发达。

虢川（图八），位于太白县城嘴头镇中部，东起蒿谷堆，西到两河口，东窄西宽，东西长约15千米，南北宽2～5千米，大致呈一横卧葫芦形，西端大，东端小，地势较开阔平坦，耕地广布，村庄密集，人口众多，农业发达。

桃川、虢川是太白县仅有的两大川道，自然条件十分优越，虽然地处秦岭山地包裹之中，但是海拔相对较低，光照条件好，水量充沛，四季分明，气候宜人，是太白县主要农产品种植区，村庄密集，人口众多，经济发达，交通便利。两川分别置于五里坡东、西两侧，分属长江、黄河两大水系，褒斜道沿宽阔平坦川道而行，无须开凿栈道，通行便利。

## 三、两大河流——石头河、红岩河

褒斜道因循褒水、斜水通行而得名，褒水在太白县境内称红岩河，流经嘴头镇、王家堎镇，其中在嘴头镇境内又称虢川河；斜水又称石头河，流经太白县的桃川镇、鹦鸽镇，眉县齐镇，岐山县五丈原镇，其中在桃川镇境内又称桃川河。褒、斜二水一个流向西然后南折，一个流向东而后北折，两水又发源于一处。从地图上看，两者接连形状呈"冂"。

石头河，属黄河流域渭河水系一级支流，发源于鳌山、太白山北麓，沿途纳五里峡、大蹇沟、沙沟、路平沟、鹿台沟、后河、白云峡、三岔峡、吉利沟、蹇沟诸水，北出斜峪关，经眉县、岐山县入渭水。其上游名桃川河，主要为五里峡、沙沟峡、大蹇沟等水汇流而成。其中游鹦鸽段，主要为白云峡、三岔峡、蹇沟水与桃川河水汇流而成。在太白县集流面积676.02平方千米，出境处距源头流程47.5千米，发源地海拔3040米，出境处海拔740米，平均坡降48.4‰，平均流量每秒13.7立方米，多年平均径流量4.309亿立方米。

红岩河，属汉江二级支流，源于嘴头镇上河村北之秦岭梁南麓。沿途纳龙王河、北沟、牛家沟、石沟、七里川、盘岔沟、羊肠沟、九平沟诸水，其上游为虢川河。主流经嘴头镇、王家堎镇，于王家堎镇之擂鼓滩出太白县境入留坝县。在太白县集流面积611.81平方千米，出境处距源头60千米，发源地海拔2102米，出境处海拔1020米，平均坡降18‰，平均流量每秒6.66立方米，多年平均径流量2.21亿立方米。

## 第二节

# 历史沿革

褒斜道沿线的石头河流域、红岩河流域的河谷川道均发现有早期人类活动形成的聚落遗址，可见褒斜道所经区域开发时间最早可以推测到新石器时代仰韶文化晚期。

## 一、行程便捷，适宜于古人迁徙

在新石器时代就有古人类沿石头河、红岩河两岸居住，为了方便渔猎和文化交流活动，古代先民们顺河流迁徙，至今在太白县的嘴头镇、鹦鸽镇、桃川镇均留下了它们的文化遗迹。而古人类早期进行的文化交流活动，互相发展、互相促进，通过褒、斜二水，寻河觅道，使长江流域和黄河流域的经济文化交流活动成为可能。秦岭中唯褒斜道可以实现，而其他古道如：子午道（石泉至长安）和傥骆道（洋县经佛坪至周至）需翻越海拔两三千米的秦岭，道路艰险难行，在生产力较为低下的古代是难以实现的。只有褒斜道不翻大山，从五里坡通过，就从褒水进入斜水，里程大为缩短，行程更为便捷，能够较为轻松实现，而且其沿途自然条件更加优越，不仅适于定居，也适宜于古人迁徙。

## 二、商周时期，关中通往巴蜀的重要通道

据《读史方舆纪要》载："褒斜之道，《禹贡》发之，而汉始成之……今南褒、北斜，两谷高峻，中间褒水所经……盖栈道秦时已有之。"[8] 由此可知，早在夏禹时沿褒斜二水即有路相通。后经历朝修凿，用作官道，且居重要地位。《史记·货殖列传》载："唯褒斜绾毂其口。"[9]《华阳国志·卷三》载："巴国称王，杜宇称帝，号曰望帝"，"乃以褒斜为前门。"[10] 则知此道为秦川通汉中之咽喉，为古代秦蜀通道之一。

商末，武王伐纣，蜀及南夷诸国协从，经境会于孟津。《华阳国志·卷十二》载："《蜀纪》言：'三皇乘祇车出谷口。'秦宓曰：'今之斜谷也。'及武王伐纣，蜀亦从行。"[11]

西周末，周幽王伐褒国，经此道过境。《国语·晋语》载："周幽王伐有褒，褒人以褒姒女焉。"[12]

战国时期，褒斜道既曾是秦蜀间友好往来之路，亦曾是秦蜀、秦楚用

---

[8]（清）顾祖禹：《读史方舆纪要》，中华书局，2005年，第2666页。

[9]（汉）司马迁：《二十五史·史记·货殖列传》，中华书局，1988年，第355页。

[10]（东晋）常璩：《华阳国志·卷三·蜀志·二》，齐鲁书社，2005年，第27页。

[11]（东晋）常璩：《华阳国志·卷十二·序志》，齐鲁书社，2005年，第200页。

[12] 邬国义、胡果文、李晓路：《国语译注·晋语一》，上海古籍出版社，1994年，第211页。

于军事攻伐之路。《华阳国志·卷三》载："周显王之世，蜀王有褒、汉之地，因猎谷中，与秦惠王遇。惠王以金一笥遗蜀王。王报珍玩之物，物化为土。"又"周显王二十二年，蜀侯使朝秦。秦惠王数以美女进，蜀王感之，故朝焉"[13]。秦惠文王更元十三年（前312年）伐巴蜀，秦循此道进兵。

秦武王至秦昭王时，秦以巴蜀为经营云南、贵州和进攻楚国以及与东南各国争霸的基地，对连通国都咸阳到汉中、成都间的秦蜀通道修筑不遗余力。秦昭襄王四十一年至五十二年（前266～前255年），秦相范雎大规模修凿栈道，及汉朝，以此道传递朝廷公文及货物转运。《华阳国志·卷三》言："于是玺书交驰于斜谷之南，玉帛践乎梁、益之乡。"[14]至此，褒斜道便成为秦岭南北交通之大动脉，然因战乱，又屡遭破坏。

## 三、西汉时期，褒斜道一名正式见于史册

西汉初，汉王刘邦入汉中后，张良北出斜谷归韩，烧绝褒斜道。《史记·张陈王周传》载："汉王之国，良送至褒中，遣良归韩。良因说汉王烧绝栈道，示天下无还心，以固项王意。乃使良还。行，烧绝栈道。"[15]后来，刘邦北定三秦，出兵汉中，以韩信"明修栈道，暗度陈仓"计，佯装维修褒斜道。

汉武帝欲利用褒斜水道漕运，元狩六年（前117年），汉中太守张昂发数万人修褒斜道。《史记·河渠书》载："天子以为然，拜汤子昂为汉中守，发数万人作褒斜道五百余里。道果便近。而水湍石，不可漕。"[16]通漕之事虽未成功，然长达五百余里的褒斜道得以复修。褒斜道一名从此正式见于史册。

西汉末年王莽虽开子午道，然褒斜道未废塞。东汉光武帝刘秀伐蜀时一军仍从斜谷入，经此道至褒。献帝初平二年（191年）益州牧刘焉任命张鲁为督义司马驻守汉中，杀汉使，断绝褒斜谷阁。

三国时期，蜀、魏交兵，数用褒斜道进兵过境。蜀后主建兴六年（228年），赵云、邓芝据守箕谷，为魏将曹真所败，退军时烧坏赤崖（今太白县王家堎镇红岩村附近）以北栈道百里，以阻魏追击。后主建兴十二年（234年），诸葛亮取褒斜道以木牛流马运送粮草出斜谷。是年，诸葛亮病卒五丈原军中，退军斜谷后发丧，取褒斜道返蜀中。

曹魏景元四年（263年），魏将钟会分兵从骆谷道、斜谷道、子午谷道进军灭蜀，"先命牙门将许仪在前治道"。当年十二月，魏荡寇将军浮亭侯李苞，"将中军兵石木工二千人，始通此阁道"。魏灭蜀后，分益州汉中之地为梁州，修通褒斜道是为了加强司州洛阳、雍州长安与梁州汉中的联系。

西晋太康元年（280年），为了加强首都洛阳与汉中、四川等地的联系，改善入蜀道路状况，亦修整了褒斜道。

---

[13]（晋）常璩：《华阳国志·卷三·蜀志》，齐鲁书社，2005年，第28页。

[14]（晋）常璩：《华阳国志·卷三·蜀志》，齐鲁书社，2005年，第28页。

[15]（汉）司马迁：《二十五史·汉书·卷四十》，上海古籍出版社，1988年，第556页。

[16]（汉）司马迁：《二十五史·史记·卷三十》，上海古籍出版社，1988年，第178页。

## 四、唐代设置驿站，完善道路设施

到唐以后，经屡修、改线，且置馆驿。唐宣宗大中三年（849年）开文川道（即兴元新路），次年停废。《旧唐书·宣宗纪》载："大中三年十一月，东川节度使郑涯、凤翔节度使李玭，奏修文川谷路。自灵泉至白云置十一驿，下诏褒美。"文川道南起褒城北至斜谷口，其道在江口以南为新开道，江口以北仍循汉晋褒斜旧道行，在太白县境内经王家楞、嘴头、桃川、鹦鸽4个乡镇，设松岭驿（今鹦鸽镇寺院村附近）、连云驿（今桃川镇灵丹庙村附近）、平川驿（今嘴头镇拐里村附近）、白云驿（原白云乡政府附近）、芝田驿（原白云乡南之沟口上）。唐·孙樵《兴元新路记》对文川道沿途地形地貌及所经地里程均有详记。嗣后各朝，渐鲜为官用，仅有商贾行旅往来。

## 五、明清至民国时期，褒斜道商旅日少，渐至衰落

1953年前，嘴头至齐镇、嘴头至江口的人畜道，仍沿褒斜道修筑。1954～1955年太白区成立以后，为改善区域内交通条件，原有的人畜道进行维修、拓宽，改为驮运道。

1958～1969年太白区政府开始整修其境内的今之嘴（头）鹦（鸽）公路（以下简称嘴鹦公路）、两（河口）王（家楞）公路（以下简称两王公路）、王（家楞）太（白河）公路（以下简称王太公路）仍沿褒斜道路线修筑。

2000年9月，陕西省规划省级干线——姜（窝子）眉（县）公路（以下简称姜眉公路），开工建设，至2003年8月建成通车，根据陕西省交通厅的规划，姜眉公路亦是沿褒斜道修成的一条穿越秦岭的大通道，是迄今由关中通往陕南汉中距离最近的一条汽车公路。

# 第二章
## 褒斜道干道及沿线遗迹

　　褒斜道专题调查采用并借鉴其他学科的专业知识，对褒斜道路网进行合理分级。褒斜道作为一个完整的道路体系，其干、支道相互串联，较为复杂，我们可以借助于现代交通学的公路等级制度，帮助搞清其干、支道的相关联系，使这个延续千年，且贯穿秦岭的古道更容易让大众理解接受。

　　根据现代公路等级国道、省道、县道、乡道的划分办法，我们试图将褒斜干道以及其相关支道，进行划分，以便对其干、支进行区分。

　　褒斜道的干道沿褒、斜二水，顺水而行，要在其沿途修建道路，开凿栈道，架设桥梁，开办驿站等，耗资巨大，其规模以及工程量是难以想象的。在古代只能依靠中央政府的力量完成这样大规模的道路修筑工程，以及支持后续的配套设施（如官办驿站）的正常运行。由于褒斜道地处秦岭山区，沿途自然及地质条件复杂，容易发生灾害对道路设施造成破坏，所以其日常的修筑维护任务也需要花费一定的人力、物力、财力。褒斜道连通关中、汉中两地，特别是秦汉时期是都城咸阳、长安通往四川西南地区战略要道，沿途贯穿眉县、岐山、太白、留坝4个县区，所以其干线道路就相当于现在的国道。

褒斜道东西两线均有支道，西线支道由两条栈道（西河栈道、杨家河栈道）组成，实际为宝鸡至汉中较为便捷的一条路线。其中西河栈道连通太白、凤县、留坝三县，沿途串连平木镇、坪坎镇、江口镇三镇，南端与褒斜道相连。杨家河栈道与西河栈道南北相接，沿途穿越平木镇向北可到大散关以南嘉陵江源头，北端与故道相连。按照现代的公路划分标准，杨家河栈道、西河栈道可以划分为省道。东线两条支道为三岔河古道、岐山落星堡至桃川古道，亦可划分为省道。三岔河古道联结鹦鸽镇、黄柏塬镇，衔接褒斜道与傥骆道。岐山落星堡至桃川古道，路线最短，联结五丈原（2011年并入蔡家坡镇）、鹦鸽、桃川三镇，其南端与褒斜道相接。

道路是连接人类不同活动区域的通道，两者之间的关系如藤枝串瓜，不可或缺。研究古代道路，不注意其相关文化区域，则往往不能揭示道路的作用与性质。此次栈道调查过程中，我们既注重道路本体的遗迹，对于道路周围较为重要的文物与史迹也一并进行了调查记录。虽然褒斜道沿线遗物与史迹大多数已收录于《陕西第三次全国文物普查丛书·宝鸡卷》[17]，但其中许多资料过去并不为人重视，也有一些是这次新发现者，其历史与考古价值，并不逊于古道本身。

为了实地调查工作的顺利开展，使文字记录也能突出重点，条理清晰，更便于后续的资料整理，我们根据褒斜道沿线的行政区划、地形地貌、河流走向，将太白县境内的褒斜道进行了合理的分段。根据现行最新的城镇区划，我们将太白县境内的褒斜道按其沿途所经过的四个镇命名，分为以下四个路段：鹦鸽段、桃川段、嘴头段、王家堎段。沿线所述文物点资料，亦按照褒斜道沿线所经城镇分别详细叙述（图九、图一〇）。

[17] 《陕西第三次全国文物普查丛书·宝鸡卷·太白文物》，陕西旅游出版社，2012年。

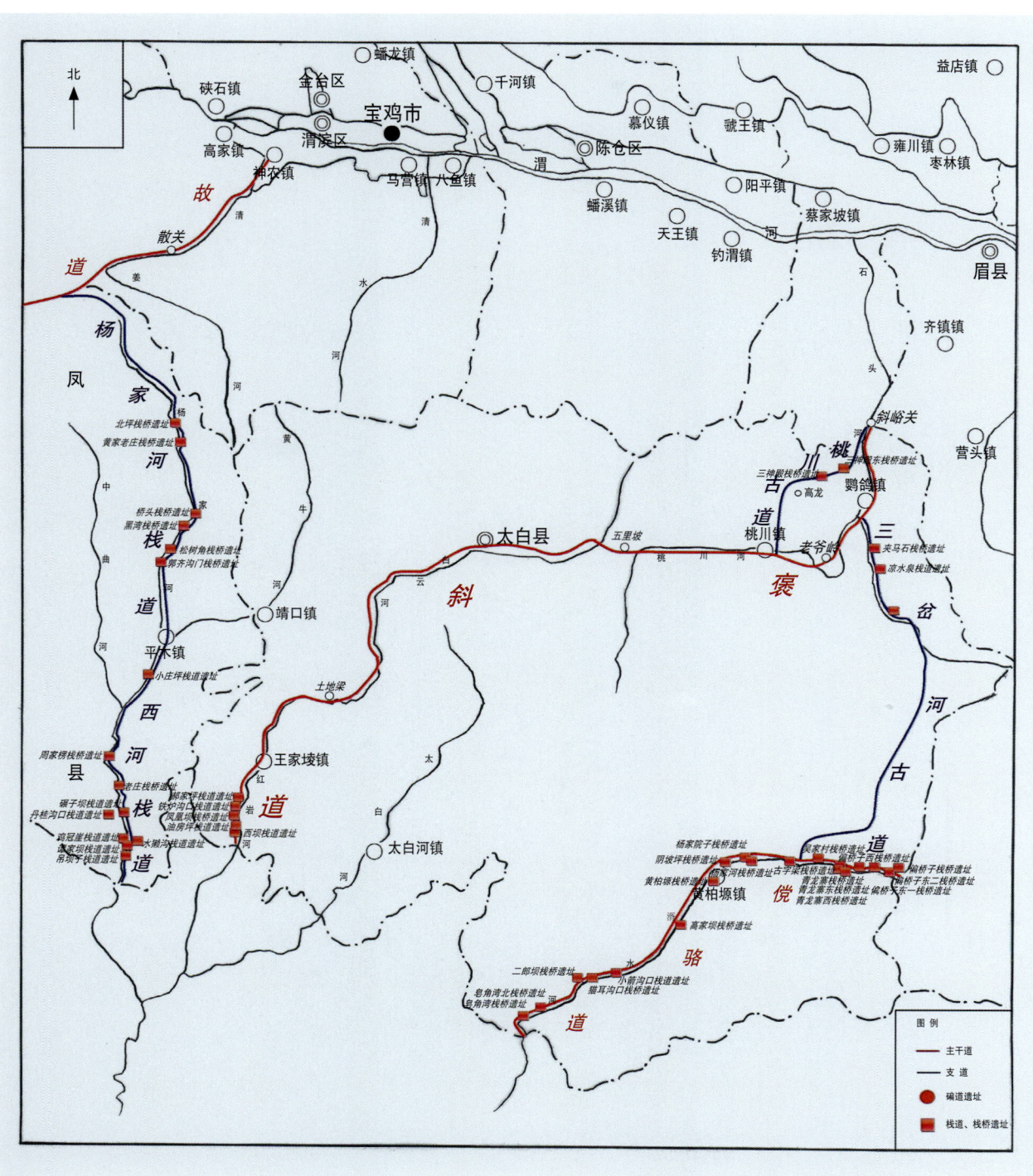

图九
褒斜道干道、支道道路遗迹示意图

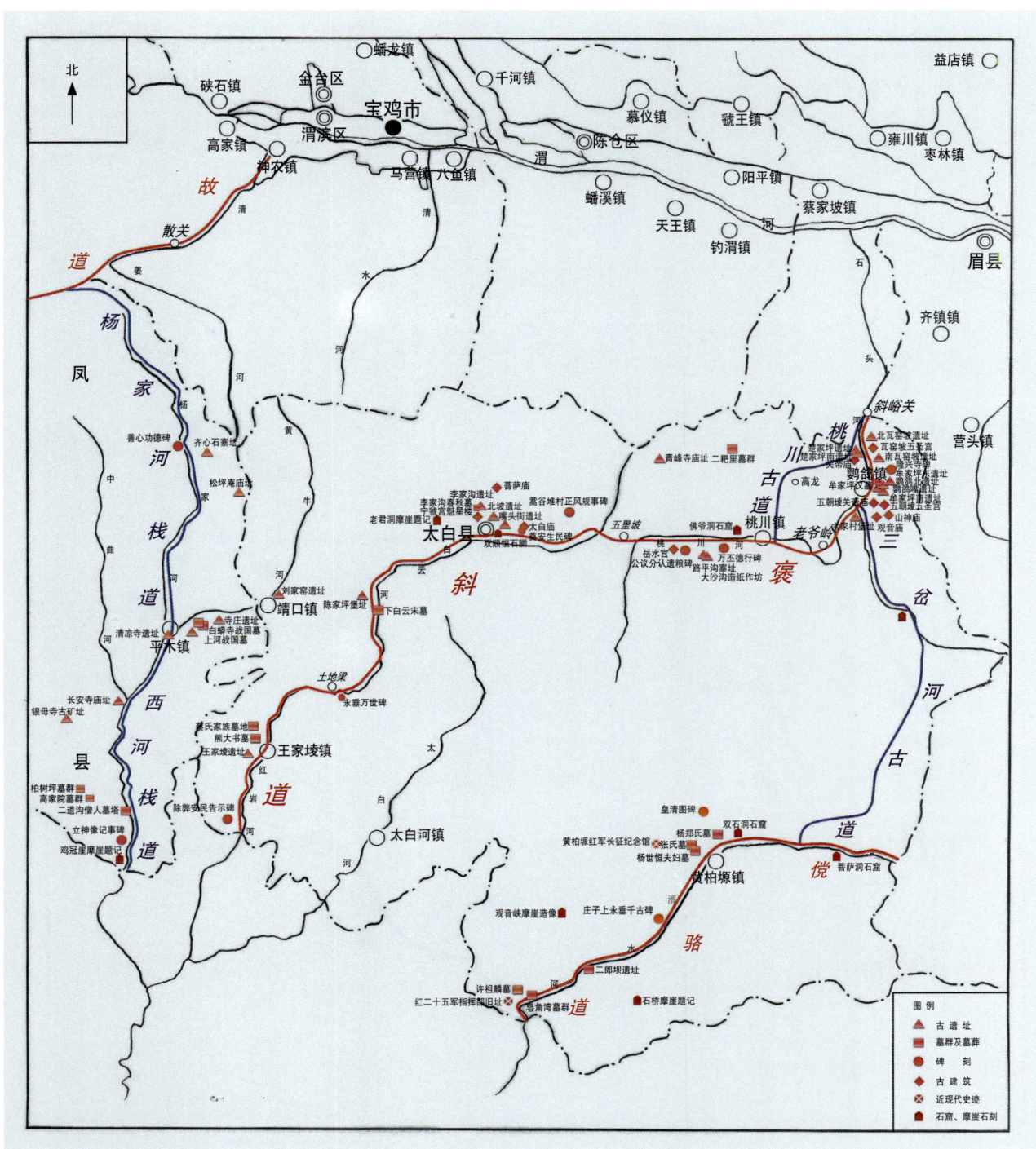

图一〇
褒斜道干道、支道沿线文物遗迹示意图

## 第一节

## 鹦鸽段

　　由眉县齐镇斜峪关村至太白县桃川镇老爷岭，此段道路全长约19千米，行政区划除斜峪关至火烧滩段（约3千米）属眉县齐镇外，其余路段皆属太白县鹦鸽镇。

　　鹦鸽镇位于太白县东部，秦岭北麓，石头河自白云峡出自南向北纵贯全境（图一一）。其西距太白县城45千米，北距眉县县城30千米，镇政府驻鹦鸽嘴街村，素有太白县的"东大门"之称。姜眉公路穿境而过，交通便利。太白山最高峰——拔仙台，位于境内南端，景色壮观，驰名中外。贯穿全境的石头河北出斜峪关，经岐山境入渭水形成东西两山夹间的川道地带。海拔最高为3767米，最低为740米。南部高山峻岭，层峦叠嶂，森林荫蔽；川道地区土地肥沃，气候温暖，四季分明，雨量充沛，为太白县

图一一
鹦鸽镇环境

主要粮食生产区之一。鹦鸽镇属石头河中游，这里河谷较为宽阔，河面平均宽度约300米，河水较缓，河床宽浅，滩涂密布，石头河自南向北纵贯鹦鸽镇，河西岸山高坡陡，东岸山势较低，此段道路开辟于石头河东岸，北端由于石头河水库蓄水，以及姜眉公路修建原始地貌改变较大，通过实地调查，走访当地村民得知，早期道路皆沿石头河东岸的山根缓坡出斜峪关的，姜眉公路亦是在其基础上修建的。

## 一、古道道路遗迹

斜峪关，古斜谷北口，秦岭七十二峪之一，地处岐山、眉县、太白三县交界处，石头河东岸，现隶属于眉县齐镇，是此次褒斜道调查的北部起点（图一二）。鹦鸽段北起眉县斜峪关村（GPS：34°11′04.9″，107°39′28.2″，海拔700米），南至太白县桃川镇老爷岭村一组（GPS：34°02′58.1″，107°35′54.3″，海拔1051米），道路全长约19千米。

斜峪关因褒斜道而兴盛闻名，不仅陆路交通发达便利，同时也是石头河下游一处重要的漕运码头。通过褒斜道可以将来自四川等地的各种特产物资，直接在斜峪关装船走水路漕运，货船可由南向北，自斜峪关码头经

图一二
斜峪关村

石头河顺流而下，驶入渭河，向东可达西京长安，向西可逆流而上到达宝鸡，水运便利。

自褒斜道开通以来，斜峪关就由单一功能的军事关隘，发展成为南北商贾云集的经济重镇。三国时期，诸葛孔明帅西蜀大军六出祁山，由此进入关中，火烧葫芦峪，屯兵于斜峪关西侧的五丈原之上，隔渭水与曹魏对峙。北宋仁宗年间，凤翔府曾在此处设码头，沟通渭河漕运，繁荣关中贸易。据光绪十年版的岐山县志记载，斜谷口曾设有多处造船厂，清代以后，因河道泥沙淤积，仅以流筏通航。民国时期除涨水季节流筏也难行驶。至此，斜峪关的水运交通彻底无存。

因道而兴，道衰乃废，明清至民国时期，商旅以其便利，改走故道，而褒斜道商旅日少，渐至衰落废弃，斜峪关日渐成为一个荒僻的只有十几户人家的村子，20世纪中叶关城遗址部分尚存，现已不复存。

## （一）斜峪关渡口

从眉县齐镇斜峪关村（GPS：34°11′04.9″，107°39′28.2″，海拔700米）至太白县鹦鸽镇火烧滩村（GPS：34°08′20.2″，107°38′54.4″，海拔831米），全长约4.3千米，落差约130米。

斜峪关村位于斜谷北口，石头河东岸约50米的二级台地上，地形似喇叭口状，北口宽阔且地势低，南口内收变狭窄且地势高，村庄依河岸走势呈南北向布局，该村北通眉县、岐山，南扼褒斜道北口，村庄正中辟有南北向街道一条，其两侧旧时设有商铺、客栈，现在皆为村民住宅。街道为南北通行的必经之路，往北可接至眉县方向的首（善）斜（峪关）公路（以下简称首斜公路），至岐山县方向的化（明）斜（峪关）公路（以下简称化斜公路），往南可通太白县鹦鸽镇方向的眉（县）太（白）公路（以下简称眉太公路），属姜眉公路，为方便村民出行以及物资运输，此街道现已硬化为水泥路面。沿该街道由北一路南行，在村南的河东岸坡根处原有一条便道，崎岖不平，北低南高多起伏，宽0.7～1米，南止于太白县鹦鸽镇火烧滩村。此段路为太白区建立（1953年）前嘴头至齐镇唯一道路，属人畜道。1954～1955年太白区成立以后，决定改善区域内交通条件，对太白区域内原有的6条人畜道进行维修、拓宽，改为驮运道，包括嘴头镇至齐镇路（含斜峪关至火烧滩段），建成后路基宽约1.5米，高出河流水面5～7米，供骡马驮队通行，1956年后太白区运输队建立后除以畜驮运输外，开始使用人力车（架子车）与胶轮马车运输。1971年因石头河水库（图一三）建设以及筑坝蓄水，此段路被淹没，原有路段现已无存。1980年太白县重新拓宽、修建鹦鸽镇鹦鸽街至眉县斜峪关公路（含斜峪关至火烧滩段），全程14千米，其中太白县承修9千米，眉县承修5千米，1980年9月修通，为四级公路。路基宽7.5米，路面宽6.5米，沙砾路面，弯

图一三
石头河水库

道曲线半径最小20米，最大坡度8%，交通工具开始以汽车运输为主，极大地方便了山民出行以及物资交流。由于地形地貌的改变，斜峪关至火烧滩段古道遗迹现已无存。

自褒斜道开通以来，斜峪关就是其北端的交通枢纽，斜峪关渡口成为石头河流域仅有的一处水运码头设施。石头河，即斜水，是渭河一级支流，发源于衙岭，自西向东横穿桃川镇，由白云峡北折，自南向北纵穿鹦鸽镇，至斜峪关渡口后，河道逐渐开阔，北出斜峪关村，河道沿西侧台塬边沿，由南向北依次经过八米塬、龙泉原、五丈原，过塞家滩后，流经华明、新华两村，在新庄村以西约400米处，汇入渭河。石头河虽然总体水量较为丰富，但是其上游、中游多穿谷而行，水急滩浅，水量季节性分配不均，春、夏两季，气温回暖，冰雪消融，暴雨频繁，多发山洪；秋、冬两季，气温骤降，降水减少，进入枯水期，因此不适宜水路通行。而斜峪关以北至渭河入口的下游河段，地势逐渐开阔平坦，石头河在这里北出斜谷口，由于河道形似喇叭口，水流在束水冲刷作用，致使河床下切变深，再加上众多河溪支流汇聚于此，使此段河道水深加大，且水流放缓，适宜于舟筏通行。

有关开发褒斜道水运交通情况的文献资料，最早出自于《史记·河渠书》：元狩元年（前122年），有人给汉武帝上书，建议从褒斜道开漕运将巴蜀之粮运抵长安，这一方案经时任御使大夫的张汤审定上奏，汉武帝予以采纳，并指派张汤的儿子张昂为汉中太守主持此项工程，征发数万人开山辟路500里，由于褒斜水的河谷都过于陡峭，水流湍急，加之水中多礁石，无法行船，导致褒斜道漕运最终未成。

虽然褒斜道全程因自然因素未通漕运，但是到了宋代，随着褒斜道商业贸易的日益繁盛，同时为了便于关中、巴蜀地区政治、经济、文化交流需

[18]（清）王文诰：《苏轼诗集·卷四》，中华书局，1982年，第175、176页。

要，作为石头河下游尚可行船直通渭河漕运的重要关隘——斜峪关，其水运码头设施逐渐发展齐备，西可至陈仓渡（今宝鸡市），东可至长安。嘉祐七年（1062年），苏轼游历于此，撰《是日至下马碛，憩于北山僧舍。有阁曰怀贤，南直斜谷，西临五丈原，诸葛孔明所以出师也》（"怀贤阁"建于斜谷口，现已无存）、《二十七日，自阳平至斜谷，宿于南山中蟠龙寺》两首，其中后一首诗中所述，"横槎（同'楂'指木筏）晚渡碧涧口，骑马夜入南山谷……门前商贾负椒荈（茶的代称），山后咫尺连巴蜀"[18]，即苏轼由阳平（今宝鸡市陈仓区阳平镇）乘坐舟筏，顺渭河至斜峪关口（碧涧口），然后骑马入斜谷，反映出当时斜峪关水陆交通的发达便利以及商旅贸易的盛况。据旧《眉县县志》记载，明清以后，商旅以其便利，改走故道，而褒斜道商旅日少，渐至衰落废弃，斜峪关日渐衰落，其水运交通日益凋敝，河道由于淤塞严重，无力疏通，仅以流筏通航。至民国时期除涨水季节流筏也难行驶。私人集资修建渡口3处，渡船9只（均为载重量2000斤以下之小船）往来摆渡。冬季水位低落，两岸村民出资搭修木便桥，凡出资者过河可免出桥金。

一直以来关于斜峪关是否如文献资料记载的那样设有渡口等水运设施，没有充分的证据得以验证，在本次调查中我们也有了新的重要发现。我们在石头河水库北部的滚水坝双家山东侧的石头河西岸边上的巨型连山礁石上发现了双家山码头遗址。该遗址仅为连接两礁石之间而架设的，联系此处巨型的礁石以及地理地形判断，具备停靠船只的码头的功效。又在靠近石头河东岸的河道内发现用于栓拉船只的斜峪关石桩孔，足以推定在石头河水库北约500米的位置，自古以来有确实存在渡口等水运设施。

双家山码头遗址（图一四）位于岐山县安乐镇（2011年撤乡并镇后并入蔡家坡镇）鸡坡村双家山（自然村）石头河西岸岩石上，西邻河堤，南

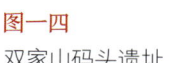
图一四
双家山码头遗址

邻石头河滚水坝，略呈南北向。在河床西侧紧靠河堤处暴露有不规则形连山岩石，中间被水冲刷成一条宽约1米的沟槽，将暴露的岩石分成东西两部分，在岩石顶部发现桩孔4个，其中东部岩石上有圆形桩孔2个（K1、K2）、方形桩孔1个（K3）；西部岩石上方形桩孔1个（K4），并有上岸的台阶2阶。K1桩孔位于东部，呈竖直圆形，口稍大于底，孔壁粗糙，未见凿痕，直径0.12米，深0.14米，距水面高约3.5米；K2桩孔位于中部偏南，与K1桩孔约9米，呈竖直圆形，口稍大于底，孔壁粗糙，未见凿痕，直径0.12米，深0.15米，距水面高约3.5米；K3桩孔位于中部偏北，与K2桩孔间距1.4米，呈竖直方形，口稍大于底，孔壁粗糙，未见凿痕，边长0.13米，深0.2米，距水面高约3.5米；K4桩孔位于西部，处于K2、K3相对应的桩孔中间，与K2、K3桩孔间距约2.5米，呈竖直方形，口稍大于底，孔壁粗糙，未见凿痕，边长0.15～0.16米，深0.16米，距水面高约2.5米。K4桩孔西侧有人为凿成的平面，约1平方米，紧靠平面西侧有2个凿成的不规整的台阶，长1.2～1.3米，宽0.5～0.9米，高约0.4米，台阶可供人登上河岸。此处为河岸唯一的一处暴露在外的高大岩石，其上所保留的栈孔推测为构筑码头的桩孔，供行船摆渡停靠之用。

另外，本次调查在距石头河东岸约40米的河床，发现有一块不规则形石块，石质为砂岩，长约1.3米，宽约1米，中部有圆形穿孔1个，上部有裂缝，穿孔壁打磨光滑，口部外撇，孔径0.16米，长0.98米。根据该石块上的穿孔，我们推测认为是船只摆渡使用的锚桩，后经过河水冲移到河道中（图一五、图一六）。

## （二）松岭驿

从太白县鹦鸽镇火烧滩村二组（二郎庙GPS：N：34°08′20.2″，E：107°38′54.4″，海拔831米）到太白县桃川镇老爷岭村三组（山脚下于石头河西岸GPS：N：34°03′27.2″，E：107°37′04.6″，海拔945

图一五
双家山码头遗址所在礁石上圆孔

图一六
河道中栓拉船只石桩孔

图一七
眉县、太白县交界

米），道路全长约11千米，为南北向通行（图一七）。据《中国文物地图集·陕西分册》所述，唐代的松岭驿就在今鹦鸽镇寺院村。

　　此段道路北接斜峪关至火烧滩古道，南与老爷岭古道相连接。沿途经过火烧滩村、瓦窑坡村、鹦鸽镇（鹦鸽街村）、寺院村、马耳山村五个行政村。自石头河水库建成蓄水已来，库容大增，火烧滩村位于石头河东岸，一条东西向小冲沟内，地势较为平坦，西距蓄水面约300米。从火烧滩村二组起南行约3.9千米到达瓦窑坡村，道路东依山坡根南行，西邻石头河水库，道路较为狭窄，路面高出水面约70米，为了方便村民出行，路面经拓宽维修，硬化为通村水泥路。瓦窑坡村（图一八）位于石头河东岸，一条东西向小冲沟北面的缓坡台地上，地形较火烧滩村开阔许多，从瓦窑坡村起道路向西南弯曲，南行约2.5千米到达鹦鸽街村（鹦鸽镇）老街道，这里地处石头河东岸二级阶地，吉利沟、柴胡山、梁家山相聚于此，由于河流冲积形成一片开阔谷地，地势平坦，道路相对落差小，紧贴山根顺势而行。鹦鸽街村是鹦鸽镇镇政府所在地，这里村民居住集中，人口稠密，村庄及城镇建筑布局呈南北向沿河分布，医疗卫生、文化教育、商业贸易设施齐备，鹦鸽街村正中辟有南北向老街道一条，为旧时鹦鸽地区主要的商业集市，自太白区成立以前（1953年），沿街两侧均设立有商铺旅店，现在的老街道经过整修，其原貌已经无存，街道经过拓宽，路面硬化为水泥路，唯有其南端西侧尚存民国时期太白庙1座，至今仍有香火。沿老街向南可通现在的姜眉公路，姜眉公路从鹦鸽镇西侧沿石头河岸经过。出鹦鸽街村南行约3.2千米到达寺院村，寺院村位于马耳山山梁西侧的石头河东岸河岸二级阶地，马耳山为南北走向的一条山梁，其东为石头河直流三岔

图一八
瓦窑坡远景

河河谷，西侧为石头河河谷，此段山谷较为开阔，东西宽600～800米，地势平坦，石头河水流速缓慢，水浅滩多，道路沿河东岸而行，沿途自然条件较好，农田密布，光照充分，灌溉便利，种植业发达，是鹦鸽镇主要的粮食产区。

根据《旧唐书·宣宗纪》载："（大中三年）十一月，东川节度使郑涯、凤翔节度使李玭奏修文川谷路，自灵泉至白云置十一驿，下诏褒美。经年为雨所坏，又令封敖修斜谷旧路。"[19]这段文献记载说明，公元849年，唐朝政府对江口以北的褒斜道进行了再次重修，并在沿途设立了11个驿站。其中，太白境内设置了松岭驿、连云驿、平川驿、白云驿、芝田驿5个驿站。松岭驿，据考证就在今鹦鸽镇寺院村。出村继续南行约2.5千米到达马耳山西侧的马耳山村，村南约1.2千米处为白云峡口，白云峡位于两山之间，因石头河支流白云河得名，其东为马耳山，西为老爷岭，石头河由此西折，形成一个近似90度的直角拐点，白云河也由此向南处汇入石头河，沿石头河逆流而上进入桃川镇境内。姜眉公路从马耳山村西侧经过，继续向南沿河东岸前行，经白云峡向西折（此时因西折沿石头河南岸而行），通过架设在白云河上的长约220米的公路大桥继续西行，绕开老爷岭到达桃川镇下河坝村。而与马耳山村隔河相望的是桃川镇的老爷岭村三组，两村东西相距约800米，经过我们实地调查走访当地村民以及查阅相关资料得知，褒斜道在此段区域内并未与现行的姜眉公路所走路线一致，即不经白云峡绕开老爷岭进入桃川，而是取其捷径由马耳山村过石头河，经老爷岭村三组，曲折而上，翻越老爷岭直接到达桃川镇下河坝村。

[19] （后晋）刘昫：《旧唐书·卷十八下·宣宗纪》，中华书局，1988年，第625页。

### （三）老爷岭古道

从太白县桃川镇老爷岭村三组（处于石头河西岸，GPS：N：34°03′27.2″，E：107°37′04.6″，海拔945米）到太白县桃川镇老爷岭村一组西约200米（GPS：N：34°02′58.1″，E：107°35′54.3″，海拔1051米），道路全长约5.6千米，北坡为砂石路面，南坡现为水泥路（图一九）。

老爷岭村（图二〇～图二三）隶属于太白县桃川镇，以山顶有1座关帝庙而得名（关帝在当地俗称关老爷）。老爷岭位于石头河西岸，是一条东南至西北走向的山梁，南、北两端山脉高耸，中部低凹，形似马鞍。老爷岭的顶部，为一处南北长东西窄的小平台，平台北部有关帝庙1座，沿革不详，尚有香火，南部为老爷岭村民委员会和老爷岭小学驻地，因移民搬迁，现已废弃。老爷岭海拔不高，落差较小，北坡较缓，南坡较陡峭。老爷岭村原有三个村民小组，一、二、三组分别位于老爷岭小山梁的南坡、顶部和北坡。一组位于南坡山脚下石头河北岸，二组位于山顶部及其两侧，北坡的三组村民已经全部搬迁至与鹦鸽镇马耳山村接壤的石头河东岸，道路及村庄已荒芜。北坡为砂石路面，由于移民搬迁工程取土，多处路段已经毁坏，南坡自山脚下修建有通村水泥路可至山顶关帝庙。

自老爷岭北坡山脚下起，沿老爷岭村三组以北的小山梁顶部向上约1000米，到达一处宽约300米的台地，台地南靠老爷岭北坡，北望石头

图一九
老爷岭古道北坡远景

图二〇
老爷岭古道

图二一
老爷岭古道木兰花

图二二
老爷岭古道木兰花保护标志牌

图二三
老爷岭顶关帝庙

河,三组大部村民集中居住于此,因移民搬迁现已废弃,沿村西山梁上行约300米,呈"之"字形,蜿蜒上行,为降低落差多取迂回路线,路基宽1.5～2米,坡度均小于35°,坡度较缓,虽曲折但利于人畜及农用车行走。沿西南方向上行约600米,在路北侧一处小平台上发现木兰花一株,根据树木保护标牌可知其树龄已经有500余年,继续沿路向西南前行约400米,随到达老爷岭顶部,此处原为老爷岭村二组旧庄基地,大部分村民已经搬迁至山下,只有少数几户还有人居住。沿老爷岭顶部南下仅有一条通村水泥路,前行约1500米,再沿山沟北侧的耕地和断崖边下行,穿过一片洋槐树林约1500米,终至山沟西南端,石头河的北岸的老爷岭村一组,与其隔岸相望的是下河坝村(图二四)。

自太白区建立前(1953年前),以嘴头镇为中心,原有6条人畜道,其中嘴头至齐镇段,由桃川前往鹦鸽,必须翻越老爷岭。1954至1955年太白区成立以后,决定改善区域内交通条件,对其区域内原有的人畜道进行维修、拓宽,改为驮运道,包括嘴头镇至齐镇路(含老爷岭古道),建成后路基宽约1.5米,为砂石路面。随着经济的发展,改建拓宽后的老爷岭古道虽能供人力车、胶轮马车、农用车运输行走,但是不能通汽车,严重制

约了当地交通的现代化发展。1970年1月，经过细致的勘察设计，嘴鹦公路开工建设，至6月，灵丹庙（桃川镇）至鹦鸽街段17千米修通，新的嘴鹦公路不再翻越老爷岭，而是沿石头河南岸顺河而下，经白云峡北折后，沿石头河东岸向北到达鹦鸽街。同年7月，嘴鹦公路全线通车。嘴鹦公路为四级公路，路基宽7.5米，路面宽6.5米，弯道曲线半径最小15米，最大坡度11%。2003年8月6日，姜眉公路二期工程太白县城至眉县段开工建设，眉太公路桃川镇至鹦鸽镇段是在原嘴鹦公路的基础上加固拓宽改建而成，至今仍是太白县境内最为繁忙的一条运输命脉（图二五、图二六）。

从鹦鸽镇前往桃川镇仅有两处适合开辟通行道路，一个是石头河拐点的白云峡，另一个就是海拔较低，且坡度较缓的老爷岭。白云峡，地形险要，山势陡峭，河谷狭长，水流湍急，白云河亦于此处向北汇入石头

图二四 老爷岭古道南坡
图二五 白云峡
图二六 白云峡大桥

河，地势复杂，易发生山洪，地形条件也相对苛刻。在生产力相对低下的古代，根本不具备通行条件，即使是1970年贯通的嘴鹦公路，途经白云峡时，也需趋利避险，架桥而行。老爷岭为一条南北向马鞍形山梁，鹦鸽镇马耳山村与桃川镇下河坝村，仅相隔一道小山梁，翻越老爷岭直线路程仅需约3千米，路途简短，为一条捷径，比绕道白云峡，要节省近一半的路程。以至于现在贯通的宝鸡至汉中的天然气输送管线，亦沿此古道翻越老爷岭而过，以节约输气管线的长度，控制其建设成本。

因此通过调查，我们推测褒斜道应该沿老爷岭古道进入桃川镇。虽然老爷岭古道随着姜眉公路（眉县至太白路段）的建成通车日益衰落，但是时至今日，其山梁两侧的村民仍以老爷岭古道作为短途出行首选路线。在我们实地调查翻越老爷岭的过程中，依然能够遇见当地村民行走于老爷岭古道之上。所以我们认为，从鹦鸽镇翻越老爷岭到达桃川镇的这条古道，应该属于褒斜道上一处重要的拐点。

## 二、沿线文物

本段包括眉县齐镇、太白县鹦鸽镇，这两个镇地处石头河下游，早期人类遗址就较为丰富，特别是鹦鸽镇，太白县近一半的新石器时代遗址均分布于该镇石头河两岸，可见自新石器时代、西周时期就有先民聚居于此。

另外，通过本次调查，在斜峪关以北至石头河河口西岸，由于地形限制，未发现文物遗存和古道路遗迹，这一地区属于秦岭北麓黄土台塬地带，包括八米塬、龙泉原、五丈原，东西宽250～1700米，南北长约9千米，台塬高度40～100米，石头河顺台塬边沿向北，经新华、华明村西，至新庄村以西约400米处，汇入渭河。此段东岸为眉县齐镇，齐镇北接眉县县城，南距斜峪关村约5.8千米，一镇邻三县（太白、眉县、岐山县），地理位置优越，经济发达，清末至民国，成为褒斜道北口一个重要的物资集散地，这里地势平坦，地形开阔，水利设施齐备，耕地平整接连成片，村民居住集中，村庄密布。齐镇交通十分便捷，北出斜峪关后，有两条南北向公路：姜眉公路—眉太路段，眉（县）凤（县）公路（以下简称眉凤公路）—眉县路段，平行贯穿境内与眉县县城相连，眉太路西侧原有一条石头河入渭河的分支当地人称清水河，石头河经斜峪关北出后干流经西侧台塬边汇入渭河，东侧的分支清水河，经石龙庙、三星、齐镇、上西铭、下西铭、醋家塬、段家庄、眉县县城西侧入渭河。据当地人介绍，20世纪70年代清水河河面尚宽约2米，80年代后该河淤塞断流消失，后经平整现已为农田，在其东岸分布有新石器时代、西周、汉代等古遗址6处，可以推测，由褒斜道北出斜峪关后，古道路应该沿清水河东岸也就是经齐镇到达眉县县城。因此，有必要将齐镇境内的文物遗存进行罗列以供参考，为以后的研究提供线索和实物资料。

## （一）眉县齐镇

眉县齐镇共发现不可移动文物26处，其中古遗址9处，古墓葬8处，古建筑4处，石刻2处，近现代代表性建筑2处，其他1处。

### 1. 贾家寨遗址（新石器时代仰韶文化晚期）

贾家寨遗址（图二七、图二八）位于三星村四组（贾家寨村）西北侧约30米，地势南高北低，为缓坡台地。东南距三星村四组（贾家寨村）约30米，南为农田，东北约70米处为三星联小学。遗址在清水河东岸二级台地上，平面略呈不规则形，东西长约250米，南北宽约100米，面积约25000平方米。在遗址区断崖处发现灰坑三处，H1为直筒形，宽约1.5米，深约1.8米，内含器物比较丰富。H2为锅底形，宽约2.6米，深约2米，含灰量大。H3为不规则形，宽约1.8米，深约1.4米，内含器物丰富。标本陶质有泥质灰陶、泥质红陶、夹砂红褐陶等，器型为陶罐、陶钵、陶盆等，以陶盆居多，属于仰韶文化晚期遗物。贾家寨遗址面积较大、堆积厚，内涵丰富，村民取土对遗址的破坏较大，保存现状较差。

### 2. 关村遗址（新石器时代仰韶文化半坡晚期类型）

关村遗址（图二九、图三〇）位于齐镇石龙庙村一组西南约70米处，地势南高北低，呈缓坡台地。东北距石龙庙村一组约70米，南部依山，北邻眉县至斜峪关公路。遗址平面略呈长方形，东西长约300米，南北宽约200米，面积约60000平方米。汉代遗存堆积在西部断崖上暴露明显，距地表约0.7米，内含器物丰富。发现灰坑（H1），灰坑呈锅底状，宽约1.7米、深约1.5米。遗址南部（东干渠以南山坡地）的断崖上可见仰韶文化堆积层，厚度最深约为5米。灰坑（H2），呈不规则形，含灰量少，宽约3.4

**图二七**
贾家寨遗址远景
**图二八**
贾家寨遗址标本

27

28

图二九
关村遗址标本
图三〇
关村遗址远景

米,深约4米。采集标本有新石器时代和汉代的泥质灰陶、泥质红陶、夹砂红陶三种,器型有陶罐、陶缸、陶钵、尖底瓶、板瓦、筒瓦等。该遗址时代跨度较长,面积大、堆积厚,内涵丰富。东干渠从西向东穿过遗址,对遗址破坏较大。2008年开工的宝鸡市引水工程将在此遗址区修建蓄水池,遗址面临消失的危险,保存现状较差。

### 3. 雷村遗址（新石器时代龙山文化、西周）

雷村遗址（图三一、图三二）位于齐镇三星村二组（雷村）三星联小学南侧,地势南高北低,为缓坡台地。东邻北干渠和眉斜公路,南邻三星村三组（原贾家寨村）,西为农田,北邻三星联小学。遗址暴露于清水河东岸的二级台地西北部的断崖上,平面略呈长方形,东西长约200米,南北宽约110米,面积约22000平方米。在遗址区断崖处发现灰坑两处,H1呈不规则形,宽约2.3米,深约1.8米,内含丰富。H2呈不规则形,宽约2.6米、深约1.7米,内填五花土,含灰量少。采集有新石器时代龙山文化陶罐、陶盆、陶尊以及西周时期陶罐、陶鬲等器物残片。雷村遗址面积比较大、堆积厚,内涵丰富,遗址大部分保存尚好,斜眉公路和北干渠从遗址区穿过以及中部的取土场对遗址都造成一定程度的破坏,保存现状一般。

### 4. 周东遗址（汉）

周东遗址（图三三、图三四）位于西凉阁村八组（周东村）甘沟河东岸二级台地上,地势南高北低,为缓坡台地。东侧为乡村小路,南为农田,西侧位断崖隔甘沟河与西凉阁村七组相望,北为农田。遗址呈南北向不规则形,东西约150米,南北约100米,面积约15000平方米,西凉阁村

图三一　雷村遗址远景
图三二　雷村遗址标本
图三三　周东遗址远景
图三四　周东遗址标本

八组宅基地大部分位于遗址上。在遗址区断崖上暴露灰坑两个，由北至南编为H1、H2，皆为不规则形。H1宽约2.3米，深约1.5米；H2宽约3米，深约1米。灰坑填土含灰量大，包含物丰富。发现有泥质灰陶，纹饰以绳纹为主，器型有板瓦、筒瓦、陶瓿等。遗址西侧断崖可见灰坑，地表散落的陶片较多，但农田耕作以及道路改造对遗址破坏较大，保存现状较差。

## 5. 党西遗址（汉）

党西遗址（图三五、图三六）位于齐镇党家寨村八组制砖机厂南约30米处，地势南高北低，为缓坡台地。东边高崖上60米为姜眉公路，西依党家寨七组，北至砖机厂。遗址在清水河东岸的一级台地上，呈不规则长方形。南北长约100，东西宽约60米，面积约6000平方米。遗迹暴露于东侧

断崖上，文化层堆积厚约0.7米，发现有灰坑、陶窑等现象。灰坑深约1.5米，形状为锅底状，其内土色青灰，包含物较少。陶窑深约2米，底部有大量板瓦。地表散落的陶片较多。有泥质灰陶，或素面或饰有绳纹，器型有板瓦、罐、盆等。遗址区内栽植果树，地表散落大量陶片，保存现状一般。

## 6. 石龙庙村遗址（汉）

石龙庙村遗址（图三七、图三八）位于齐镇石龙庙村二组以南约10米处，地势南高北低，呈缓坡台地。东侧为断崖，靠近眉斜公路，西距姜眉公路约200米，北为石龙庙二组。遗址在清水河东岸二级台地上，遗址呈不规则长方形。东西长约60米，南北约50米，面积约3000平方米。文化层堆积暴露于东侧断崖上，厚约0.7米。发现有灰坑，深约1.8米，锅底状，

图三五
党西遗址标本
图三六
党西遗址远景
图三七
石龙庙村遗址标本
图三八
石龙庙村遗址远景

坑内土色青灰，包含物较丰富。地表散落的陶片、砖块较多，以泥质灰陶为主，纹饰以绳纹为主，器型有板瓦、筒瓦等。遗址区现为果林，地表散落的遗物陶片较多，保存现状一般。

### 7. 下西铭遗址（汉）

下西铭遗址（图三九、图四〇）位于下西铭村三组（齐西村）西南约50米处，地势南高北低，为缓坡台地。东邻官村庵村，南邻上庙村，西邻姜眉公路，北邻下西铭村三组（齐西村）。遗址平面略呈方形，东西宽约100米，南北长约100米，面积约10000平方米。遗迹暴露于清水河东侧的一级台地的西、南侧断崖上，文化层堆积厚约0.9米。发现有灰坑，灰坑最深约1.5米，形状为敞口锅底状，其内土色深灰，包含物较丰富，有板瓦、筒瓦、砖、陶器残片等。地表散落的陶片较多，以泥质灰陶为主，或素面或饰有绳纹，器形有板瓦、筒瓦、罐、盆等。地表散落的遗物陶片较多，遗迹分布密集，保存现状一般。

### 8. 齐镇城址（清）

齐镇城址（图四一、图四二）位于齐镇村十一组水管站东侧，地势南高北低，为缓坡台地。东邻许家堡，南邻曲兴村，西邻镇水管站，北邻齐镇村十二组。城址平面呈长方形，坐南向北，现存东南角部分城墙，残长约75米，高约12米，宽约5米，夯层厚0.09~0.12米，夯质坚硬。该城可能修建于清代晚期，应为同治、光绪年间当地村民防御土匪所筑。可以参见齐镇《清代刘先三懿行碑》记载有关于在同治、光绪年间筑城反抗匪徒入侵的内容。该城址是眉县南部山区较为少见的，城址部分已被村民住宅叠压，城墙顶部多已坍塌，保存现状较差。

图三九　下西铭遗址远景
图四〇　下西铭遗址标本

39

40

### 9. 兴隆堡址（清）

兴隆堡址（图四三、图四四）位于齐镇上庙村六组（原兴隆堡村）大白粉厂（原砖厂）北约20米处，地势南高北低，呈缓坡台地。东邻上西铭村，南邻白粉厂，西邻姜眉公路，北邻下西铭村。堡子坐东向西，平面呈长方形，东西残宽约70米，南北长约90米，面积约6300平方米。现存部分为南、北墙和东墙。北墙残长约30米，南墙断续残长约70米。东墙外有一道深约1米、宽约6米的沟，似为防御的城壕。墙内高2～4米，外高3～5米，宽1～5米；平夯墙体，夯层厚9～12厘米，夯土坚硬。该堡址仅有一门，辟于西墙正中。该堡址应修建于清代晚期，为当地村民防御回民军所筑，是眉县南部山区较为少见的堡址，堡墙顶部多已坍塌，保存现状较差。

图四一  
齐镇城址远景  
图四二  
齐镇城址城墙  
图四三  
兴隆堡址远景  
图四四  
兴隆堡址城墙

## 10. 闫家坡墓群（汉）

闫家坡墓群（图四五、图四六）位于齐西村四组（闫家坡村）姜眉公路西约80米，地势南高北低，为缓坡台地。东邻姜眉公路，南邻下西铭村，西邻斜水，北邻闫家坡村。墓群平面略呈长方形，东西宽约100米，南北长约200米，分布面积约为20000平方米。东侧断崖上暴露5座墓葬的墓道部分，分布密集，间隔3～12米，宽约0.8米，距地表深4.3米。方向一致，全部被盗扰。墓葬暴露于断崖上，保存现状较差。

## 11. 小万户墓群（汉）

小万户墓群（图四七、图四八）位于齐镇南寨村九组（小万户村）东约600米甘沟河上游西岸，地势南高北低，为缓坡台地。东邻甘沟河，西靠近南寨村九组（原称小万户村），北邻曲兴村。墓群平面略呈长方形，东西长约200米，南北宽约100米，面积约20000平方米。在墓群东侧南北

**图四五**
闫家坡墓群远景
**图四六**
闫家坡墓群墓葬局部
**图四七**
小万户墓群全景
**图四八**
小万户墓群墓葬局部

向断崖上暴露砖式墓葬一座。墓道已遭受破坏，现存长方形洞室。距开口深约3米，洞室长约2.5米，宽约1.5米，高约1.5米。采用长方形条砖砌成，洞顶采用子母口楔形砖半圆形券顶。墓群位于甘沟河西岸的台地上，现为耕地，仅在甘沟河西侧的断崖上暴露汉代砖式墓葬1座，保存现状较差。

## 12. 王家湾墓群（汉）

王家湾墓群（图四九、图五〇）位于西凉阁村四组（王家湾村）西约50米甘沟河东岸二级台地上，地势南高北低，为缓坡台地。东距王家湾村约50米，南邻通村路，西依甘沟河，东北邻周东村。墓群平面略呈长方形，东西宽约70米，南北长约150米，面积约10500平方米。墓群所在地原为村民取土之地，断崖上暴露墓葬3座，从北向南编号为：M1、M2、M3。M1与M2为竖穴洞室墓，其中M1有条砖封门，M3为竖穴砖洞室墓。3座墓葬均已被盗掘。M1只残留洞室和少许封门砖，洞室长约3米、宽约1.1米、高约1米。M2残留部分墓道和墓室，墓道宽约0.8米，墓深约5米，洞室长约2.8米，宽约1.1米，高约1米。M3残留部分墓室，条砖券顶，砖铺地，墓室残长约1.7米，宽约1.6米，高约1.5米。王家湾墓群范围广，墓葬密集，墓群所在地现为取土场，荒草丛生，保存现状较差。

## 13. 石龙庙墓群（汉）

石龙庙墓群（图五一、图五二）位于石龙庙村一组西南约500米处，地势南高北低，为缓坡台地。东为耕地，南依山，西为耕地，北至东干渠。墓群平面略呈长方形，东西长约120米，南北宽约50米，面积约6000平方米。在山脚下的断崖上暴露墓葬1座，依山而葬。该墓为竖穴洞室

图四九
王家湾墓群全景

图五〇
王家湾墓群墓葬局部

图五一　石龙庙墓群全景
图五二　石龙庙墓群墓葬局部
图五三　齐镇墓群全景
图五四　齐镇墓群墓葬局部

墓，宽约0.8米，地表下深约4.5米，从盗洞中可以看到此墓葬为砖洞室墓。该墓群是关中西部较为多见的汉代墓群，墓葬分布较为密集，墓群现为耕地，暴露墓葬1座，已被盗掘，保存现状较差。

## 14. 齐镇村墓群（汉）

齐镇村墓群（图五三、图五四）位于齐镇村九组南约550米的砖厂处，地势南高北低，为缓坡台地。东南邻曲兴村，西邻南寨村，北邻齐镇村九组。东西长约200米，南北宽约100米，由于村砖厂机械取土，周围形成断崖，呈现东西向长方形的大土坑，分布面积约为20000平方米。西侧北部断崖上暴露两座古墓葬。地层为三层，依次为耕土层、扰土层、褐色土层。墓葬均开口在第3层，打破生土。M1为竖穴土圹式墓道，口大底小，墓道深1.7米，口宽0.65米，底宽0.75米。内填灰褐色五花土，夹杂少量白灰颗粒。墓室情况不详。M2为砖式洞室墓。墓道已遭受破坏，现存长方形洞室和封门砖。距开口深2.85米。洞室长2.4米，宽0.8米，高1.2米。封门和墓室均采用长方形条砖砌成。此处存在的汉代墓葬为该区域的汉代墓葬分布、内涵以及历史文化研究具有一定意义。所在地原为耕地，村委会设立砖厂。由于砖厂长期机械取土，对墓群造成一定的破坏，整体保存现状较差。

### 15. 曲兴墓群（汉）

曲兴墓群（图五五、图五六）位于齐镇曲兴村二组西南约50米断崖的东侧，地势南高北低，为缓坡台地。东南邻营头镇大万户村，南邻南寨村九组，西邻南寨村八组，东北邻曲兴村二组。墓群平面略呈长方形，东西长约150米，南北宽约100米，面积约为15000平方米。在墓群西侧断崖上暴露墓葬2座。由北向南分为M1和M2，M1残存墓室和部分封门砖，墓道已遭受破坏。距开口深约1.5米，残留洞室，高1.6米，宽1.4米。M2由于断崖坍塌，仅可见墓葬洞室上部少许。墓群现为耕地，在西侧断崖上暴露墓葬2座，保存现状较差。

### 16. 下西铭墓群（汉）

下西铭墓群（图五七、图五八）位于齐镇下西铭村三组（原齐西村）南的耕田内，地势南高北低，为缓坡台地。东为农田，南邻上庙村，西距姜眉公路约200米，北邻下西铭村三组。墓群平面略呈正方形，东西约50

图五五　曲兴墓群全景
图五六　曲兴墓群墓葬局部
图五七　下西铭墓群全景
图五八　下西铭墓群局部

米,南北约50米,面积约2500平方米。现存两个圆丘形大墓冢,1988年调查为3个墓冢,呈"品"字形,东南侧的墓冢现已被夷为平地。现存有墓冢的墓葬2座,两墓冢之间距离约30米。东北侧墓冢1:底径约25米,残高6.5米。西南侧墓冢2:底径约14米,残高3.5米,局部曾遭破坏,墓冢夯层厚0.7米。有多处盗扰现象。从如此巨大的封土的墓葬可以断定是汉代当地的显赫贵族。墓群所在地现为耕地,两个圆丘形的大土冢,荒草丛生,西南部有大量现代墓,保存现状较差。

### 17. 周东墓(不详)

周东墓(图五九)位于齐镇西凉阁村八组(周东村)东北约100米处的耕田内,地势南高北低,为缓坡台地。西南邻周东村,西距甘沟河约600米,北邻金渠镇的拐沟窑村。墓葬呈不规则圆形的大土冢,东西宽约10米,南北长约11米,最高处约2米。由于没有明显的特征,无法对其年代作出判断。墓葬所在地现为耕地,地表有不规则圆形的大土冢,荒草丛生,保存现状较差。

### 18. 玉皇庙(清)

玉皇庙(图六〇、图六一)位于齐镇官亭村二组西北角,地势南高北低,较为平坦。东、北两侧为耕地,南为村居民居住区,西侧为村中农耕道路。寺庙平面呈长方形,东西长约18米,宽约10米,面积约180平方米。该庙俗称北庙,早称瑶上庵,有玉皇阁、三清殿等建筑;

图五九
周东墓全景

| | |
|---|---|
| 60 | 61 |
| 62 | 63 |

又修建钟楼、五圣阁等；现在仅剩三清殿。三清殿坐北向南，面宽五间18米，进深一间10米，柱径0.43米，柱高5.15米，无廊深，三阶基高0.4米。为砖、木、土坯结构，五架梁无斗拱。硬山顶，屋面施灰色板瓦，前、后檐单步梁。前檐边施勾头滴水。空心莲花中脊，两端各有一龙头吻。前檐下有现代彩绘花卉、植物、人物等图案，正面中间有四开扇方格门。该庙于乾隆三十七年（1772年）神像改换，重修墙垣；嘉庆十八年（1813年）重修庙宇；道光十二年（1832年）又重修，庙内现存现代泥塑像等。另外庙内现存石刻2通，"瑶上庵重修碑记""城隍会刘家崖修渡并联草碑记"和"玄帝宫"横匾1个。该庙建筑虽几经重修，是眉县少有的保存尚好的清代庙宇。柱身（脚）、屋架等木构件均有裂缝，檩枋部分已经糟朽，中脊西端已经残缺，门窗皆变形，裂缝。保存现状一般。

图六〇
玉皇庙远景

图六一
玉皇庙梁架

图六二
圣母庙全景

图六三
圣母庙梁架

## 19. 圣母庙（清）

圣母庙（图六二、图六三）位于齐镇村二组北端西侧。地势南高北低，较为平坦。东侧为村中街道，南距镇政府大门约300米，西距眉斜公路525米，北侧为通村路。该庙坐北向南，为砖、木、土坯结构，面宽三间9米，进深一间8米，柱径0.25米，柱高3.08米，无廊深。三架梁。硬山顶，屋面施灰色板瓦，前檐边施勾头滴水。莲花中脊，两端有兽吻。檐下设斗拱7朵，中间3朵，两边各2朵。一斗二升，挂象鼻曲栌，耍头外雕龙首，室内为刻雕卷尾。斗拱为民间作法。前檐下有现代彩绘花卉、植物、人物等图案。正面中间有两扇栅栏式窄长门，两侧各有1扇三扇栅栏式窗。庙内现存现代圣母、武士泥塑像等。该庙创建于嘉庆二十二年（1817年），在同治十二年（1873年）重修，1980年因道路改造由道路东侧移至现址重修，1994年又重修。《创建圣母庙碑记》碑现镶嵌在前檐下东侧墙壁角内，保存较好。其为石灰岩石质，半圆形碑首，长方形碑身。通高1.78米，宽0.67米。厚度不详。浑圆，高浮雕二龙戏珠图案。碑首高0.65米。碑身两侧阴刻有连续字纹作为边框。中间阴刻行书碑文。碑阴情况不详，碑座已佚。额题为篆体"皇清"，首题为行书"创建圣母庙碑记"，碑文有22行；《重修圣母庙碑记》碑现镶嵌圣母庙前檐下西侧墙壁内，保存较好。其为石灰岩石质。半圆形碑首，长方形碑身。通高1.85米，宽0.65米。厚度不详。碑首浑圆，高浮雕二龙戏珠图案。碑首高0.65米。碑身阳面四边阴刻长方形边框。中间阴刻行书碑文。碑阴情况不详。碑座已佚。碑文额题为楷书"皇清"，首题为行书"重修圣母庙碑记"，碑文为24行行书。

### 20. 太白庙（清）

太白庙（图六四、图六五）位于齐镇村五组西侧南新街以南8米处。地势南高北低，较为平坦。东接齐镇六组，南为齐镇七、八组，西邻眉县至斜峪关公路，北距镇南新街8米。坐西向东，为清代建筑。面宽三间8.6米，进深一间8米，柱径0.28米，柱高3米。三架梁。砖、木、土坯结构。硬山顶，屋面施灰色板瓦，前檐边施勾头滴水，后屋面中部加施三道筒瓦。莲花中脊，两端有兽吻。檐下设斗拱3朵，中间、两边各1朵。一斗一升，斗拱为民间作法。前檐下现代彩绘花卉、植物、人物等图案。正面中间有两扇窄长门，两侧各有一个栅栏式窗。庙内现存现代泥塑像等。该庙建筑虽几经重修，是眉县少有的保存尚好的清代太白庙。柱身（脚）、屋架等木构件均有裂缝，檩枋部分已经糟朽，中脊西端已经残缺，门窗皆变形，裂缝，保存现状一般。

### 21. 兴隆堡三圣宝殿（清）

兴隆堡三圣宝殿（图六六）位于齐镇上庙村六组（兴隆堡村）大白粉厂北约10米处，地势南高北低，为缓坡台地。东邻上西铭村，南邻大白粉厂（原砖厂），西邻姜眉公路，北邻下西铭村。该殿面宽一间3米，进深一间4.5米，无廊深，为砖木结构。硬山顶，屋面施灰色板瓦，檐边施勾头

64
65
66
67

滴水莲花中脊。前檐下有现代彩绘花卉、植物、人物等图案。该殿大部分已经被改造，保存现状较差。

### 22. 刘先三懿行碑（清）

刘先三懿行碑（图六七）位于齐镇村十组村民刘姓家族宅院内。该碑为石灰岩石质。碑身长2.45米，宽0.76米，厚0.25米。原碑首不存，现刘族后人自行用水泥粗劣仿制了一个碑首。碑身两侧浅浮雕人物、花卉图案，间以线刻花卉、动物纹为边框。中间阴刻楷书碑文："敕授承德郎候铨照磨先三刘公道碑。"碑阴阴刻有长篇碑文。碑座已佚。碑文首题行书："饬授承德郎侯铨府照磨先三刘公懿行序"，正文有行书34行："公姓刘氏讳庚字先三号上童为富平望族其先有元京北路知……生于道光二十三年（1843年）三月十三日卒于光绪十四年四月初五享……王登瀛顿首拜撰……王步瀛顿首拜书丹。"该碑碑文记载了刘先三的生平事迹等，为当地刘姓家族的渊源和历史提供资料，碑文记载的事件也能为地方研究提供有力佐证。书丹人王步瀛系眉县历史名人，碑文具有一定的书法艺术价值。石碑现树立在刘家后人一宅院内，保存现状一般。

**图六四**
太白庙全景

**图六五**
太白庙梁架

**图六六**
兴隆堡三圣殿全景

**图六七**
刘先三懿行碑近景

## 23. 官村庵石造像（不详）

官村庵石造像（图六八、图六九）位于官村庵村二组老君庙内。石像为砂岩石质，通高1.88米，宽1米，厚0.3米。呈坐姿，头戴莲花冠，圆阔脸，双目微闭，长垂耳，长须髯。身着对襟宽袖道袍，于胸前打结，长帛下垂。右手持一如意靠右肩，右手扶于左膝上。足部残缺。造像浑圆，雕刻粗糙。现置于官村庵村二组街道边的小庙内，石像被人为刷涂油漆，保存现状一般。

## 24. 梅惠渠（清至今）

梅惠渠（图七〇、图七一）位于斜峪关村二组南约200米处的斜峪关口鸡冠石附近。东为姜眉公路，南为鸡冠石，西侧为南北向石头河，北为斜峪关村二组。渠首放水闸房屋平面为一座曲尺形建筑，面宽2间6米，进深1间5米，面积约30平方米。有水泥浇筑的梁、柱、台等构件搭建的主体，三架梁大开阔式木质结构，两侧竖长条木板封板，中间小方格状窗，上部古式方格和细棱组成的木构件。硬山式顶，近现代板瓦。山墙上部木质三角封板上，浮雕半圆形"水利"和三个圆形"梅""惠""渠"等字样装饰。水渠为梯形，侧面采用石条砌成或水泥板贴成。清康熙六年（1667年），县令梅遇率众视察水源，确定渠线，在斜谷关口鸡冠石附近建堰，引水至石龙庙，创修东西两渠。各长15千米，灌千余顷田地，灌区民众称为"梅公渠"。民国二十四年（1935年）泾洛渠工程局整修梅公渠，四年后完成渠首工程，次年又整修完成3条干渠，12条支渠，总长140多千米，灌溉面积8.4万多亩，改名为"梅惠渠"。1950～1957

图六八　官村庵石造像近景
图六九　官村庵老君庙

图七〇 梅惠渠北干渠
图七一 梅惠渠渠首

年，进行两次大整修，水坝横亘东西，长123.4米，顶宽1.5米，高1.5米。1958年改建了东干渠，1967年在原北干渠基础上改建了西干渠。1969年开工修建石头河水库。1980年下闸蓄水后，梅惠渠改低坝引长流水为库水灌溉，控制灌溉面积15.4万亩，其中眉县12.75万亩。1984年，梅惠渠由县水电局交省石头河水库灌溉管理处管理。1987年10月成立石头河水库灌溉管理局，将梅惠渠东干渠改为石头河水库北干渠。1989年后，北、西两干渠灌溉眉县齐镇镇、城关镇、第五村镇三个乡镇农田8.7万亩。该渠自清代康熙年间一直延续到近现代，经过屡次重修改造，成为一座大型水利灌溉工程，能够彻底解决附近农田灌溉、人畜饮水等问题，具有重要的历史价值和重大的现实意义。放水闸房屋建筑木质结构存在木板残缺、糟朽、裂缝等，现内砌有砖墙予以保护，保存现状一般。

## 25. 石头河水库

石头河水库（图七二、图七三）位于齐镇斜谷村斜峪关口鸡冠石附近。水库库址东邻眉姜公路，南迄太白县鹦鸽嘴以北的中滩，西依山坡，北起关口温家山，长约8000米，宽200～300米，总面积约200万平方米。是一座具有防洪、灌溉、发电、城市供水、水产养殖等综合利用大（Ⅱ）型现代水利工程。该水库一带的水利建设兴起于清朝"梅公渠"，民国时增修为"梅惠渠"。而石头河水库始建于1971年，1980年下闸蓄水，1984年，梅惠渠由县水电局交省石头河水库灌溉管理处管理。1987年10月成立石头河水库灌溉管理局，1994年通过国家验收，1996年开始向西安市供水，2000年国家安排专项资金进行了除险加固，消除了右坝肩渗漏等隐患。枢纽工程由拦河坝、输水洞、溢洪道、泄洪洞、坝后电站等五部分组成。拦河坝为黏土心墙砂卵石坝，大坝高114米，高度居全国土石坝前四名之一。坝底宽4.54米，顶宽10

米，顶长560米。总库容1.47亿立方米，有效库容1.2亿立方米。水库设计灌溉面积128万亩。有效解除了西安水荒。水库运行以来，兴利减灾效益显著，为陕西经济社会发展做出了重要贡献。该水库在清代康熙年间的梅惠渠的基础上，经过近现代连年建设，已经为一座大型现代化水利设施。能够彻底解决农田灌溉、人畜饮水、城市供水、发电等问题，具有极其重要的历史价值和重大的现实意义。大坝两侧均是大卵石砌成，坝上现代化设施，路灯、大理石、护栏花岗岩路面，雄伟壮观。

### 26. 官村庵碾盘（清）

官村庵碾盘（图七四）位于官村庵村二组关帝老君菩萨庙外平地上。碾盘为砂岩质，表面平整光滑，中部因长期碾磨而稍下陷。直径1.9米，厚0.32米，孔径0.11米。侧面刻有"道光元年（1821年）三月官碾一合……"。该石碾盘造型朴素，有明确纪年，是反映当地的农业生产文化的实物资料。闲置于村二组的关帝老君菩萨庙外平地上，穿孔已经被后人填实抹平，保存现状较差。

图七二
石头河水库大坝

图七三
石头河水库

图七四
关村庵碾盘

## （二）太白县鹦鸽镇

太白县鹦鸽镇共发现不可移动文物22处，其中古遗址9处，古墓葬1处，古建筑7处，石刻4处，其他1处。

### 1. 楚家坪南遗址（新石器时代仰韶文化半坡晚期）

楚家坪南遗址（图七五、图七六）位于鹦鸽镇瓦窑坡村楚家坪（自然村）南5米处，地处斜水上游（石头河）西岸的山坡台地上，地势西高东低，呈阶梯状，高出石头河河床约50米。东距石头河约1000米，北距北沟断崖约80米，西为村民住宅，南为耕地，生产、生活土路从遗址东北部穿过，遗址西部被村庄叠压。遗址平面略呈长方形，南北长约60米，东西宽约50米，面积约为3000平方米。在遗址中部的断坎上暴露有长约6米、厚0.3～0.8米的文化层，土色呈褐色，内含红烧土块和少量的陶片。并发现袋状灰坑1座，开口距地表约0.5米，口宽0.6米，底宽1.3米，深0.7米。坑内土色灰褐，土质较硬，含有少量的红烧土块及少量陶片。采集到新石器时代仰韶文化半坡晚期的尖底瓶、陶罐等残片和石凿等。楚家坪南遗址是在斜水上游（太白段）目前首次发现的最早的人类文化遗存。遗址区现为村民住宅区，村中道路拓宽时对遗址东北部有一定影响，保存现状一般。

### 2. 牟家坪东遗址（新石器时代仰韶文化晚期、西周、宋）

牟家坪东遗址（图七七、图七八）位于鹦鸽镇鹦鸽街村牟家坪（自然村）东约5米的石头河西岸二级台地上，地势西高东低，呈缓坡状。北至泉水沟，东到石头河西岸二级台地边沿，南到苇子沟。平面呈不规则形，东西长约100米，南北宽约80米，面积约8000平方米。遗址区断坎上未发现文化层和灰坑，耕地内可见陶器残片，采集到新石器时代仰韶文化的尖底瓶，西周时期的陶鬲、陶罐，宋代的陶缸、陶罐、瓷碗等残片。牟家坪东遗址现为耕地，保存不完整，保存现状一般。

75

76

77

78

**图七五**
楚家坪南遗址远景

**图七六**
楚家坪南遗址标本

**图七七**
牟家坪东遗址远景

**图七八**
牟家坪东遗址标本

### 3. 鹦鸽北遗址（西周、唐、宋）

鹦鸽北遗址（图七九、图八〇）位于鹦鸽镇鹦鸽街村四组北约100米的石头河与吉利河交汇的山峁上，地势平坦。北依山峁，东、西、南三面均为断坎。平面略呈长方形，南北长约80米，东西宽约20米，面积约为1600平方米。遗址区南部断坎上暴露有长约4米、厚约0.5米的文化层，褐色土质，内含有少量的板瓦残片和灰烬。未见灰坑。采集到西周时期的陶罐，唐代的板瓦，宋代的板瓦等残片。遗址现为耕地，保存现状一般。

### 4. 南瓦窑坡遗址（西周、汉）

南瓦窑坡遗址（图八一、图八二）位于鹦鸽镇瓦窑坡村南瓦窑坡（自然村）东北约50米的平缓坡地上，地势东北高西南低，呈缓坡状。东到坡

图七九　鹦鸽北遗址标本
图八〇　鹦鸽北遗址远景
图八一　南瓦窑坡遗址标本
图八二　南瓦窑坡遗址全景

跟，西北距通村水泥路约10米，南距寺北沟约30米。平面略呈长方形，南北长约200米，东西宽约100米，面积约为20000平方米。遗址区断坎较低，未见文化层和灰坑。仅在地表上采集到西周时期的陶鬲、陶罐，汉代的陶钵、陶罐等残片。遗址区现为耕地，保存现状一般。

### 5. 楚家坪遗址（宋）

楚家坪遗址（图八三、图八四）位于鹦鸽镇瓦窑坡村楚家坪（自然村）西北约15米处的坡地上，地势西北高东南低，呈缓坡状。西到坡跟，东距石头河约1000米，北距北沟约20米。平面略呈长方形，东西长约100米，南北宽约50米，面积约为5000平方米。在遗址区东部断坎上暴露有长约3米、厚约0.3米的文化层，褐色土质，内含物较少。未见灰坑。仅

83

84

85

86

图八三
楚家坪遗址全景

图八四
楚家坪遗址标本

图八五
北瓦窑坡遗址远景

图八六
北瓦窑坡遗址标本

在地表上采集到宋代的瓷罐、陶罐等残片。遗址区现为耕地，保存现状一般。

### 6. 北瓦窑坡遗址（宋）

北瓦窑坡遗址（图八五、图八六）位于鹦鸽镇瓦窑坡村北瓦窑坡（自然村）北约10米处的山坡上，地势东高西低，呈陡坡状。北依山梁，南距北瓦窑坡村约10米，其东10米为一大沟，西为耕地。平面呈椭圆形，东西长约100米，南北宽约80米，面积约8000平方米。未发现文化层和灰坑，在遗址区内地面采集到宋代的板瓦、陶罐等残片。北瓦窑坡遗址现为耕地，保存现状一般。

### 7. 鹦鸽嘴遗址（宋）

鹦鸽嘴遗址（图八七、图八八）位于鹦鸽镇鹦鸽街村四组石头河西岸半山腰坡地上，地势东高西低，呈陡坡状。西至土路，东、北均为断坎，南到村民住宅。平面略呈长方形，东西长约100米，南北宽约80米，面积约为8000平方米。遗址区西部断坎上暴露有长约10米、厚约0.6米的文化层，褐色土质，内含板瓦残片较多。并在东部断坎上发现灰坑1座，呈不规则形，宽约1.8米，深约1.2米，浅灰色土质，内含少量的板瓦残片和红烧土块及灰烬。采集到宋代的板瓦等残片。遗址区北部现为耕地，南部为村民住宅，平整土地和村民住宅建设对遗址有一定影响。

### 8. 牟家坪南遗址（宋）

牟家坪南遗址（图八九、图九〇）位于鹦鸽镇鹦鸽街村牟家坪（自然村）南约5米的石头河西岸二级台地上，地势西北高东南低，呈缓坡状。北距苇子沟约20米，东为断坎，南到坡边，通村水泥路从遗址中部经过。平面呈长方形，南北长约80米，东西宽约50米，面积约4000平方米。遗址区断坎上暴露有长约15米、厚0.4～0.6米的文化层，褐色土质，内含板瓦残片较多。未见灰坑。采集到宋代的板瓦、筒瓦、陶盆、陶罐等残片。牟家坪南遗址现为耕地，保存不完整。平整土地、道路拓宽对遗址造成一定程度的影响。

### 9. 六家村堡址（清）

六家村堡址（图九一、图九二）位于鹦鸽镇六家村五组东北约300米处的石头河与山岔河交汇的南部山顶上，地势陡峭。南为山梁，东、西、

图八七　鹦鸽嘴遗址标本
图八八　鹦鸽嘴遗址远景

图八九  牟家坪南遗址全景
图九〇  牟家坪南遗址标本
图九一  六家村堡址远景
图九二  六家村堡址城墙

北至断崖。堡址呈长方形，南北长约55米，东西宽约50米，面积约2750平方米。城墙仅存西北段和西南段。残余高8～12米，宽约5.5米。城墙夯筑而成，平夯，夯层厚5.5～6.5厘米。在堡址地表上有较多板瓦等建筑残片，采集有清代的板瓦、筒瓦等残片。据此可判定六家村堡址时代为清代。六家村堡址保存不完整，城墙仅存西北段和西南段。

## 10. 牟家坪墓（汉）

牟家坪墓（图九三）位于鹦鸽镇鹦鸽街村牟家坪（自然村）东约20米的石头河西岸二级台地上，地势西高东低，呈缓坡状。东为断坎，北距水泉沟约50米，南距苇子沟约15米。发现墓葬1座，暴露土洞墓室上部，宽为1米，暴露高度0.5米。在附近田坎、耕地上可见长方形墓砖。据村民当

图九三
牟家坪墓全景

地村民介绍：1998年在此处平整土地时发现汉代砖式墓1座，出土陶罐、陶仓、陶壶、铜镜、五铢钱币等，出土文物存于太白县文化馆。

## 11. 关帝庙（清）

关帝庙（图九四～图九六）位于鹦鸽镇瓦窑坡村北瓦窑坡（自然村）南端，地势平坦。南为断崖，北距村民住宅约10米。始建于清代，1994年曾维修。坐北向南，砖土木结构，面阔3间，进深2间。建筑高约4米，东西面宽8.5米，南北进深约8米，面积约68平方米。4架人字梁，柱高2.4米，径0.2米。硬山灰瓦顶，灰瓦正脊。前檐下梁枋上有人物、花卉等彩绘，4朵柱头铺作，间施补间铺作。中间对开四扇门，两侧栅栏窗。山墙头有花卉砖雕。庙内梁架上有彩绘。庙外台阶上树立石碑1通，为创修菩萨庙碑，碑首、碑身为青石质，碑座花岗岩质。碑首半圆形，高浮雕二龙戏珠，长方形碑额，阴刻篆体"皇清"二字，碑阴浅浮雕双凤朝阳。高0.8米，宽0.65米，厚0.22米。碑身长方形，两侧线刻人物图案、几何形图案，楷书阴刻正文，共11行，满行48字，记载道光二十年（1840年）当地逢旱祈雨成功之事，及创修菩萨庙事宜等。落年款咸丰三年（1853年）。碑阴阴刻庙宇产权和功德、善缘之士人名。关帝庙结构稳定，1994年曾维修，保存基本完整。庙内现供有菩萨等塑像，有香火，村内有会长管理和保护。碑刻树立于庙前台阶下，碑身稍残。

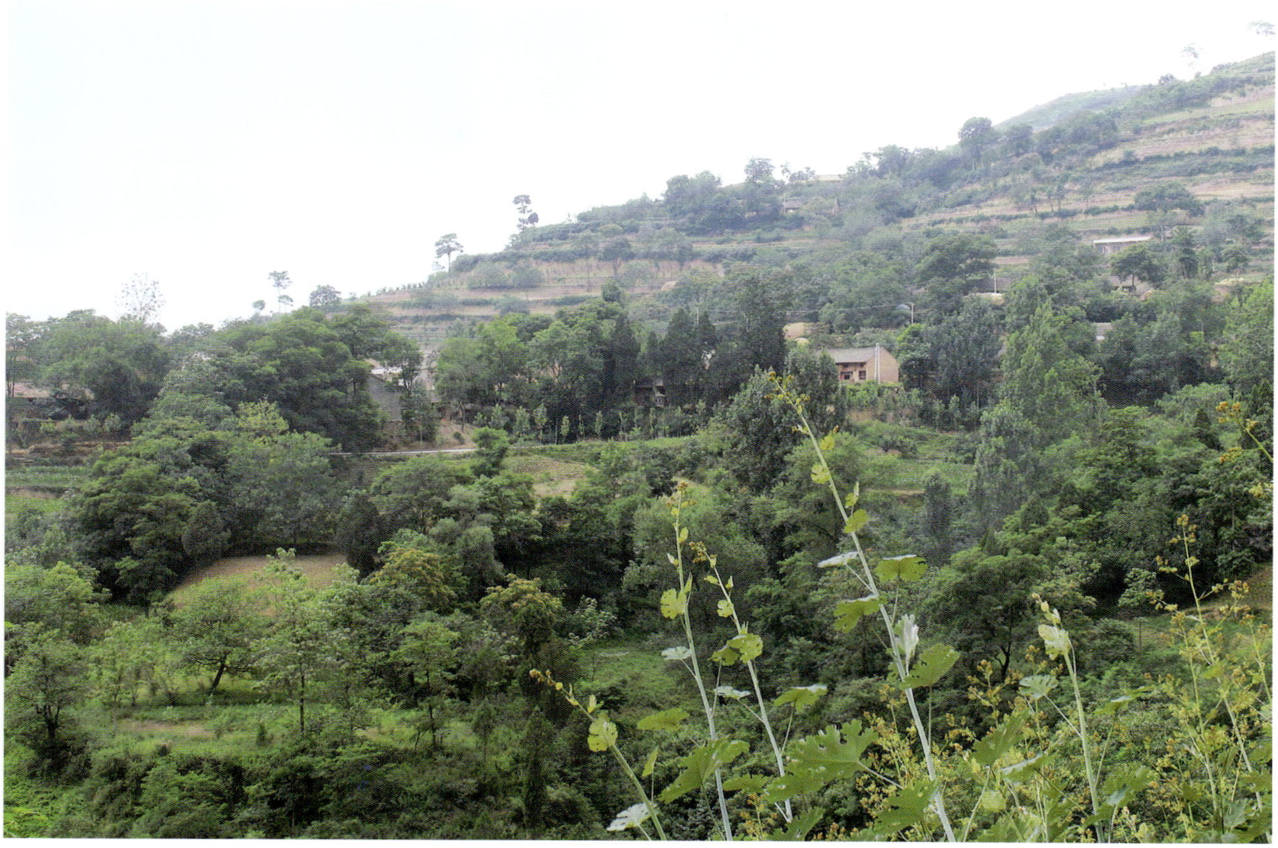
94

95

96



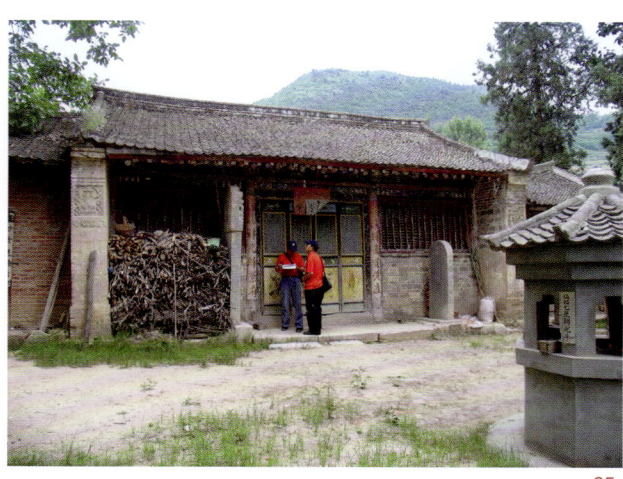

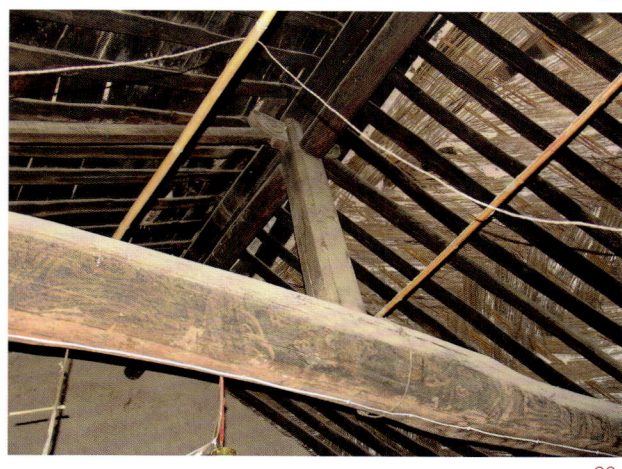

图九四
关帝庙远景
图九五
关帝庙近景
图九六
关帝庙梁架

## 12. 观音庙（清）

观音庙（图九七、图九八）位于鹦鸽镇六家村三组中部，地势平坦。西、南为村内水泥路，东、北邻村民住宅。始建于清代，至今未曾维修。坐北向南，砖土木结构，面阔1间，进深2间。建筑高约4米，东西面宽3.8米，南北进深6.4米，面积约24平方米。三架梁带单步梁，柱高2.2米，径0.2米。硬山灰瓦顶，花脊。前檐有人物、花卉等彩绘，施斗拱4朵，正中两朵为一斗三升。中间对开两扇门，两侧栅栏窗。庙内梁架上有彩绘，山

墙上壁画剥落严重，模糊不清。观音庙结构不稳定，西山墙裂缝严重。屋顶少许板瓦脱落，正脊残缺，庙内壁画剥落严重。

### 13. 七圣宫（清）

七圣宫（图九九）位于鹦鸽镇鹦鸽街村一组内，地势南高北低。南、北、东为村民住宅，西为村内土路。七圣宫始建于清代，1999年曾维修。坐东向西，砖土木结构，面阔5间，进深2间。建筑高约5.5米，南北面宽8.5米，东西进深13.5米，面积约115平方米。五架梁，柱高3.45米，径0.3米。硬山灰瓦顶，花脊。前檐下梁枋上有现代彩绘。中间对开两扇门，两侧栅栏窗。庙内梁架上有现代彩绘、山墙上有现代彩绘壁画。七圣宫结构稳定，前、后檐现代维修，其余保存有原始风格。

图九七
观音庙全景
图九八
观音庙梁架
图九九
七圣宫全景

图一〇〇
山神庙全景

### 14. 山神庙（清）

山神庙（图一〇〇）位于鹦鸽镇六家村三组东端，地势平坦。东为村内土路，南为打麦场，西邻村民住宅。始建于清代，近年曾维修。坐北向南，砖土木结构，面阔3间，进深2间。建筑高约4米，东西面宽6.9米，南北进深7.9米，面积约56平方米。三架梁带单步梁，柱高2.5米，径0.26米。硬山灰瓦顶，花脊。前檐有人物、花卉等彩绘，施斗拱5朵，正中三踩斗拱，两侧象首耍头，间隔一斗三升补间铺作。中间对开两扇门，两侧栅栏窗。庙内梁架上有彩绘，山墙上壁画剥落严重，分别为童子拜寿图、封神演义故事图等。山神庙结构稳定，屋顶少许板瓦脱落，正脊残缺，庙内壁画剥落严重。

### 15. 五朝埭关帝庙（清）

五朝埭关帝庙（图一〇一、图一〇二）位于鹦鸽镇鹦鸽衔村五朝棱村（自然村）北端，地势平坦。西、北为断崖，南为打麦场，东距村民住宅约10米。始建于清代，至今未曾维修。坐北面南，砖土木结构，面阔3间，进深2间。建筑高约4米，东西面宽5.8米，南北进深8.2米，面积约47平方米。3架梁带单步梁，柱高2.5米，径0.22米。硬山灰瓦顶，灰瓦正脊，屋顶正中施3垄筒瓦。前檐有人物、花卉等彩绘，施斗拱5朵，正中三踩斗拱，两侧象首耍头，间隔一斗三升补间铺作。中间对开四扇门，两侧栅栏窗。山墙头有花卉砖雕。庙内梁架上有彩绘，山墙上壁画剥落严重，可辨有八仙图、花卉图和三国故事图等。五朝埭关帝庙结构稳

定，北山墙有裂缝，墙根有酥粉现象，屋顶少许板瓦脱落。庙内壁画剥落严重。

### 16. 五朝埫五圣宫（清）

五朝埫五圣宫（图一〇三、图一〇四）位于鹦鸽镇鹦鸽街村五朝棱村（自然村）南端，地势平坦。西为断崖，东距村民住宅约5米。始建于清代，至今未曾维修。坐北向南，砖土木结构，面阔1间，进深2间。建筑高约4米，东西面宽4.6米，南北进深7.8米，面积约36平方米。4架梁，柱高2.7米，径0.26米。硬山灰瓦顶，灰瓦正脊。前檐施斗拱5朵，中间3朵均为一斗三升，两侧为象首耍头。中间对开两扇门，两侧栅栏窗。山墙头有花卉砖雕。殿内梁架上有彩绘，山墙上有壁画，剥落严重。五朝埫五圣宫结构稳定，墙根有酥粉现象，殿内壁画剥落严重。

### 17. 瓦窑坡五圣宫（清）

五圣宫（图一〇五、图一〇六）位于鹦鸽镇瓦窑坡村北瓦窑坡（自

图一〇一
五朝埫关帝庙远景

图一〇二
五朝埫关帝庙壁画

图一〇三
五朝埫五圣宫近景

图一〇四
五朝埫五圣宫梁架

图一〇五
瓦窑坡五圣宫远景
图一〇六
瓦窑坡五圣宫梁架

然村）内，地势西高东低。南为村民住宅，北为新建庙宇。五圣宫始建于清代，未曾维修，殿内山墙上重新彩绘。坐西向东，砖土木结构，面阔1间，进深1间半。建筑高约4米，南北面宽4.2米，东西进深5.7米，面积约24平方米。三架梁，柱高2.6米，径0.18米。硬山灰瓦顶，灰瓦正脊。前檐下梁枋上有彩绘。中间对开两扇门，两侧栅栏窗。山墙头有花卉砖雕。庙内梁架上有彩绘。五圣宫结构不稳定，山墙裂缝、倾斜严重，屋顶残缺严重。

### 18. 隆兴寺碑（明）

隆兴寺碑（图一〇七、图一〇八）位于鹦鸽镇瓦窑坡村南瓦窑坡（自然村）内的五圣宫东侧，地势平坦。西为断崖，东北距村民住宅约10米，南为耕地。隆兴寺碑为大理石质，碑首残缺，碑座佚失。高1.4米，宽0.65米，厚0.28米。碑身长方形，右上角残缺，左、右、下边饰蔓草纹，上侧阴刻篆体"□兴寺记"，正文阴刻楷书，共11行，满行28字，记载募捐重修隆兴寺过程等事宜，另载此地为凤翔府眉县。年款天顺三年（1459年）。碑阴记载募捐人名等。隆兴寺碑保存不完整，碑首残缺，碑座佚失，碑身右上角残缺。现树立于村内新修五圣庙的东侧。

### 19. 刘柏庵德行碑（清）

刘柏庵德行碑（图一〇九、图一一〇）位于鹦鸽镇鹦鸽街村二组南部的空地上，地势平坦。西为打麦场，东距村民岳录明住宅约5米。碑青石质，首、座均佚，高2.1米，宽0.71米，厚0.22米。碑身长方形，上、下均有榫，两侧浮雕人物、花卉图案，正文"例授贡元慎先例授贡元如玉恩荣耆老柏庵刘公昆季之道碑"，光绪二十八年（1902年）树立。碑阴记载刘昆季生平事迹，同时记载有同治二年（1863年）回民军过境，光绪十四

年（1888年）水灾泛滥，光绪二年（1876年）、十七年（1891年）年馑等事。刘柏庵德行碑保存不完整，首、座均佚失。

### 20. 鲁班桥石碑（清）

鲁班桥石碑（图一一一）位于鹦鸽镇六家村牛心石以南200米的山峡河西岸崖壁间的鲁班桥上，地势陡峭。东为山峡河，西为高山峭壁，南为鲁班桥石窟，北为小路。鲁班桥石碑为粗砂岩质，碑座佚失。碑首半圆形，高0.3米，宽0.69米，厚0.11米。正中减底楷书"皇清"二字，两侧

图一〇七
隆兴寺碑全景

图一〇八
隆兴寺碑近景

图一〇九
刘柏庵德行碑远景

图一一〇
刘柏庵德行碑近景

图一一一
鲁班桥石碑近景

圆形，内分别为"日""月"二字。碑阴为"万古不朽"四字。碑身长方形，正文阴刻楷书，字迹因风雨侵蚀，模糊不清，记载募捐修筑鲁班桥等事宜，年款为道光八年（1828年），碑阴记载功德和募捐人名。

## 21. 鲁班桥石窟（不详）

鲁班桥石窟（图一一二）位于鹦鸽镇六家村牛心石以南200米的山峡河西岸的崖壁上，地势陡峭。东为山峡河，西为高山峭壁，北至小冲沟。单窟，平面半圆形，拱顶，面宽0.6米，高0.95米，进深0.5米。其内造像已毁。石窟外四角各有1个小孔，上部小，下部大。应为搭建保护棚之用。在石窟外侧有3块砂岩石板搭建的供桌。石窟下方又有一小龛，面宽0.35米，高0.43米，进深0.8米，为石窟的供龛。石窟南侧1米处有"鲁班岩"题记。石窟南下为鲁班桥栈道遗址，旁树立有清道光八年（1828年）修桥碑1通。鲁班桥石窟保存不完整，造像已毁，题记下残缺。

图一一二
鲁班桥石窟近景

图一一三
岳家庄碾盘近景

## 22. 岳家庄碾盘（清）

岳家庄碾盘（图一一三）位于鹦鸽镇吉利沟村一组岳家庄（自然村）村外路边，地势南高北低，较为平坦。东距村民住宅约15米，南侧紧邻土路，西距吉利沟河约4米。花岗岩质，圆形，周边不太规整，直径1.95米，厚0.25米，中孔径0.12米，环带宽0.33米。侧面竖题楷书"嘉庆二十四年（1819年）四月岳家庄"。碾盘闲置于村外路边，表面风化严重，保存现状一般。

## 第二节

## 桃川段

　　由太白县桃川镇老爷岭至五里坡顶（即衙岭），此段道路全长约21千米，行政区划隶属于太白县桃川镇。桃川镇位于太白县东部，东接鹦鸽镇，西连嘴头镇，北邻原高龙乡（高龙乡现已并入鹦鸽镇），南依黄柏塬乡，镇政府驻灵丹庙村（图一一四）。石头河（即斜水）发源于衙岭，其在桃川镇境内又称桃川河，东西向贯穿全镇，交通便利，水资源丰富。桃川镇相传为"死诸葛吓走生仲达"故事发生地，三国时期，诸葛亮出斜谷北伐，病死于五丈原后秘不发丧，沿褒斜道退往蜀地，在经过桃川西端的五里坡（即衙岭）时，被司马懿领兵追上，见山顶诸葛亮的木制人像，以为诸葛亮还存活于世，因怕伏兵将至，随即率军仓皇逃跑，而得名"逃

图一一四
桃川镇环境

（桃）川"。这里川道通直，地势开阔，河谷南北宽300～1200米，地形平坦，自然条件相对较好，四季分明，降水充沛，适宜于农业发展，是太白县一处重要的粮食产区。镇内村落多集中于河南岸呈东西向分布，较为密集，人口众多，姜眉公路沿石头河南岸东西向横穿桃川镇，交通便利。

## 一、古道道路遗迹

从太白县桃川镇杨下村（下河坝，GPS：N：34°03′03.5″，E：107°36′02.8″，海拔1050米）到太白县桃川镇双岔子村（五里坡根底，GPS：N：34°02′56.1″，E：107°26′19.2″，海拔1459米），道路全长约17.6千米，总体走向呈东西向，行政区划隶属于太白县桃川镇。

此段道路横贯整个桃川镇，东接老爷岭古道，西通五里坡古道，地理环境较为优越，是太白县第二大川道，河谷宽阔，川道通直，石头河在此区域内流速平缓，水浅滩多，河道靠近北侧山根自西向东而行，南侧河岸一、二级阶地面积广阔，土层深厚，农田广布，阶地以南为浅山丘陵，海拔低且坡度缓，适宜于林木果树生长，村落多集中于此呈东西向分布（图一一五、图一一六）。

图一一五
老爷岭南坡下下河坝村远景

图一一六
下河坝村与远处老爷岭

## （一）连云驿

褒斜道自老爷岭下的杨下村（下河坝）起，一路向西至双岔村子，然后经五里坡古道到达其顶端的衙岭。沿途经过白杨塬村（图一一七）、柳树店村、灵丹庙村（图一一八）、桃川镇、魁星楼村、路平沟村、店子上村、杜家庄村、双岔子村。从桃川镇杨下村（下河坝）起西行约1.3千米到达白杨塬村，沿村南侧山根继续西行约2千米到达柳树店村，继续向西约660米进入灵丹庙村老街，沿老街穿村而过向西约600米，到达桃川镇镇政府所在地，继续沿此路西行2千米便可进入魁星楼村中。此段路位于现姜眉公路（眉县至太白路段）以南约300米，全长约7千米，均从村中穿行而过，行至魁星楼村后方与姜眉公路（眉县至太白路段）重合。该路段为太白区成立以前就已通行，最早为嘴头至齐镇路（桃川段）的一部分，属人畜道，经过多次拓宽维修，路面硬化现为水泥路。灵丹庙村现为鹦鸽镇镇政府所在地，村中仅有一条东西向老街，为1954～1955年太白区成立后在原有嘴头至齐镇的骡马道基础上，拓宽修建而成。村中街道两侧尚存几处民国时期的村民住宅，旧时这里曾设置有商铺客栈，是褒斜道桃川段一处重要物资中转点，据《旧唐书·宣宗纪》记载，公元849年，唐朝政府对江口以北的褒斜道进行了再次重修，并在太白境内设置了松岭驿、连云驿、平川驿、白云驿、芝田驿五个驿站，而连云驿据考证就是今桃川镇灵丹庙村[20]。出魁星楼村后继续西行，河谷逐渐变窄，褒斜道经此与姜眉公

[20] （后晋）刘昫：《旧唐书·卷十八下·宣宗纪》，中华书局，1988年，第625页。

图一一七
白杨塬村

图一一八
灵丹庙村老街

路（眉县至太白路段）重合，沿南岸坡根约1.5千米到达路平沟村，继续西行约2.3千米至店子上村，由店子上村向西约1.3千米到达杜家庄村，由杜家庄村道路折向西南行约1.4千米到达双岔子村，从双岔子村西侧过石头河最终行至五里坡根底，距离约1千米。

此路段属经过太白县第二大川道——桃川，由下河坝村一路向西，路线平直，通行便利，石头河从川道由东向西逐渐变窄，水流缓变急，地势西高东低，沿线村庄密布，农田接连成片。褒斜道从下河坝村至魁星楼村位于姜眉公路（眉县至太白路段）以南，从所经村庄中穿行而过，现为水泥路面。自魁星楼村起直至双岔子村，由于河谷渐窄，褒斜道与姜眉公路部分重合。

## （二）五里坡古道

从太白县桃川镇双岔子村二组西南约1000米（处于石头河西岸，GPS：N：34°02′56.1″，E：107°26′19.2″，海拔1459米）到太白县嘴头镇蒿谷堆村一组北约1000米（处于虢川河东岸约500米，GPS：N：34°03′34.2″，E：107°25′36.4″，海拔1720米），道路全长约2.5千米，此段路已废弃多年，为砂石路面。行政区划隶属于太白县桃川镇（图一一九～图一二五）。

五里坡，又称衙岭，是褒斜道一处重要地理坐标，是褒、斜二水的分水岭和共同的发源地。五里坡古道地处南北两山之间的河谷内，自东向西沿山谷而上到达坡顶，连通嘴头、桃川两镇。自双岔子村向西南方向行约500米，过石头河到达其西岸的山谷东口，顺山谷而行约300米，越过姜眉公路的涵洞，随即进入其南侧的五里坡古道，现存路基宽1.5～2米，坡度约20°，沿斜坡向上行，道路平缓。继续前行约250米，越过谷内小河，水量稀少，应为季节性河流，沿其北岸前行，坡度逐渐变大，最大处约

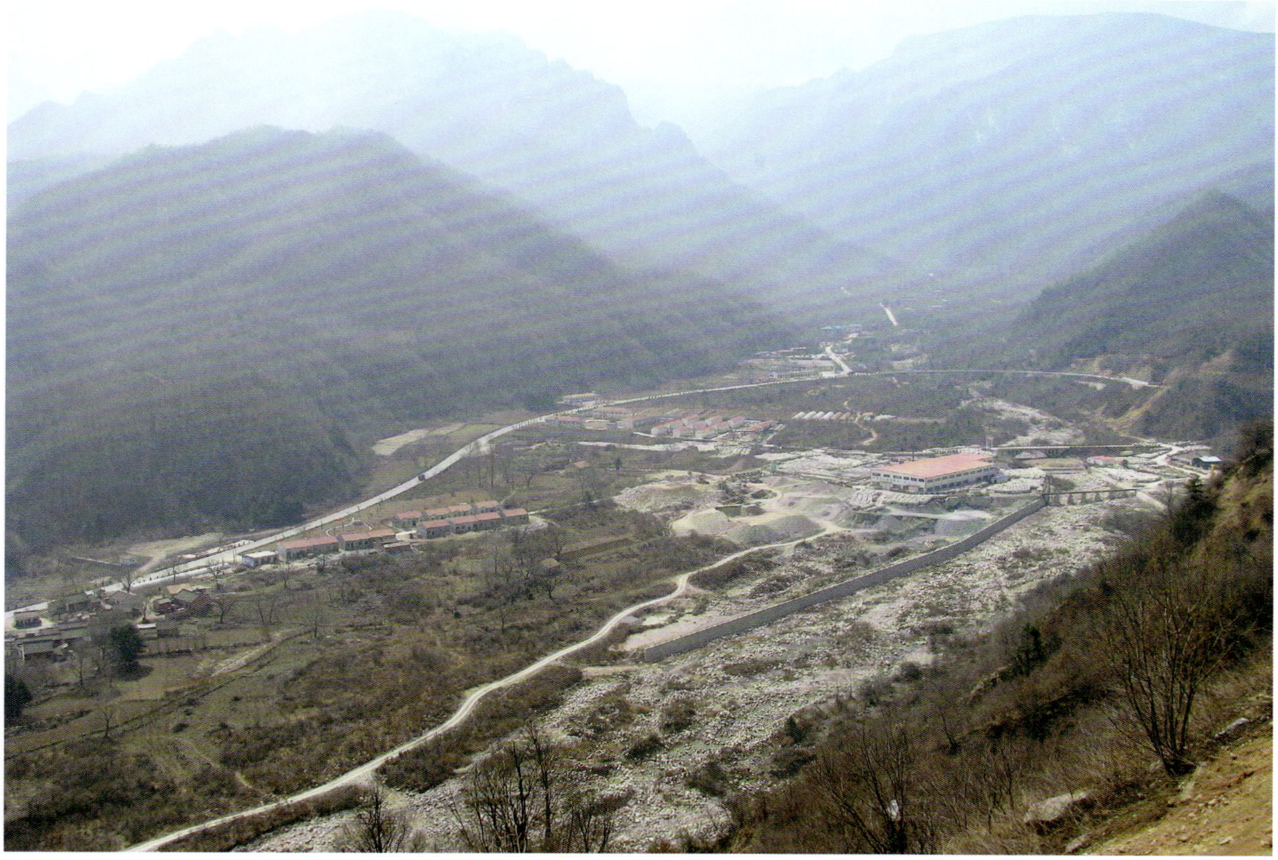
119

120

121

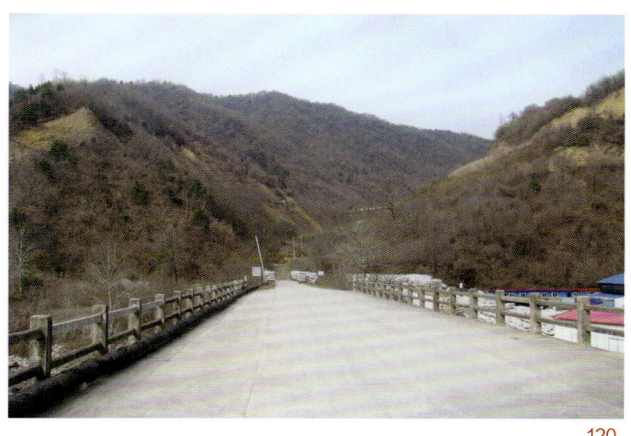

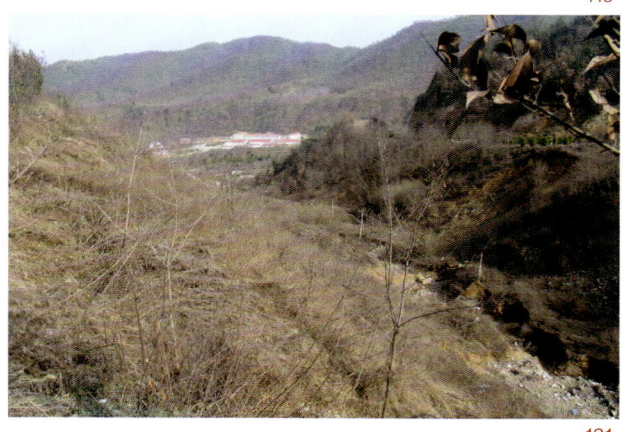

图一一九
桃川与五里坡交汇处远景
图一二〇
五里坡下山谷东口
图一二一
五里坡东侧山谷

30°，路面北高南低，逐步变陡。顺古道上行约850米，发现自北侧小沟内流出一条小溪汇入小河，过小溪继续沿北岸道路前行，有一段下行缓坡，后又顺山坡而上，路面时缓时陡，因废弃多年灌木丛生、植被茂密。约上行450米，小河北折处，因河水冲刷河道严重，碎石遍布河道。越过小河到南岸，蜿蜒上行，路基变窄，宽约1米，路况愈加陡峭，坡度约40°。继续前行约50米，遇一高坡断坎，南部堆积石头、砖瓦残块，顶部北侧有约4平方米平地，路面中部低凹，宽约0.5米。发现断坎北侧有一条南来的山沟小溪汇入五里坡小河，跨过小河，东北高处断崖发生垮塌，埋没部分道路。

122

123

图一二二
五里坡山谷内古道路面

图一二三
五里坡古道与1972年旧路交汇处

沿五里坡小河北岸发现道路，路基如上述，稍平缓，灌木密布。路面覆盖有很厚的枝叶杂草，似草滩湿地。继续向西前行约300米，到达1972年修建的嘴鹦公路上，道路平坦，路面宽阔，铺有细石子，路南侧有宝鸡到汉中输气管线。前行300米，到达终点五里坡顶。

　　五里坡古道以其独特的地理位置，成为往返于关中、汉中两地的咽喉要道，作为古代连通嘴头、桃川的唯一道路，成为褒斜道上一处重要的交通节点。褒斜道经五里坡古道便将褒水、斜水衔接起来，虽然其纵贯地形复杂且群山绵延千里的秦岭山脉，却不需要翻越一座大山，仅通过一个小山坡遍使褒斜道通途百里，这不仅集中体现了古人的高超智慧，也是中国交通史上的一项创举。

图一二四
五里坡西侧谷口

图一二五
五里坡顶正在修建文化公园

## 二、沿线文物

本段均在太白县境内，东西向横穿整个桃川镇，该镇地处石头河上游，河流川道开阔平坦，自然条件较为优越，在以往的调查中均未发现早期人类活动遗存，在本次调查中，在石头河北岸枣园村发现有西周时期的文化遗存，可见自西周时期就有先民聚居于桃川。

太白县桃川镇共发现不可移动文物14处，其中古遗址4处，古建筑2处，石刻7处，其他1处。

### 1. 白杨塬关帝庙址（清）

白杨塬关帝庙址（图一二六、图一二七）位于白杨塬村小学西北角约5米处。地势较平坦开阔，略呈南高北低。庙址东、北两侧为通村砂石路，西邻沟壑，南接白杨塬村小学。庙址平面呈正方形，边长约20米，占地面积约400平方米。原有庙宇已经塌颓，20世纪80年代末村民在原址上建有3间大殿和1座厢房，遗留有1通圆首连体碑石，石灰岩质，碑首高0.8米，宽0.73米，厚0.21米，高浮雕二龙戏珠图案，亭额，额题篆书"皇清"二字，碑体高1.95米，宽0.73米，厚0.21米，碑面书楷体文字，正文10行，满行60字，碑题为"重修关帝庙碑记"，内容记述"桃川白杨塬旧有关帝庙三间创自前人因年久远风雨侵蚀……道光辛卯年（1831年）庙前有梁姓捐地基一所东至西四丈长南至北二丈三尺七寸宽……"等。落款为："咸丰九年（1859年）岁次乙未桃月穀旦吉日立，邑儒学生员弟子朱常煜熏沐撰文　邑儒学生员弟子陈时亨熏沐书丹。"边框宽10厘米，浅浮雕八仙人物和花卉图案。白杨塬关帝庙址总体保存状况较差，原有庙宇已经坍塌被毁，仅存石碑1通，现存建筑为20世纪80年代修建。

### 2. 白杨塬太白庙址（清）

白杨塬太白庙址（图一二八、图一二九）位于白杨塬村西南约8000米的山梁上。地势较平坦开阔，略呈北高南低。庙址东为山坪，西邻落马沟、照壁崖，南对山峰，北侧山坡下为后河。庙址东西长约30米，南北宽约20米，占地面积约600平方米。原有庙宇已经塌颓，现仅保存1座用片石衬垒的3间残墙体，东西长约10米，南北宽约6米，墙体厚0.6米，残高约5.5米，在南檐墙中部有1个圆形木窗子，"福"字格，直径约0.8米。20世纪80年代初村民在原址上建有3间大殿和1座厢房，遗留有1通长方形碑石，石灰岩质，碑首放置一旁，高0.6米，宽0.77米，厚0.11米，为高浮雕二龙戏珠图案，长方形额，额题篆书"皇清"二字，碑体左上角残缺，高1.35米，宽0.79米，厚0.11米，碑面书楷体，正文11行，满行40字，碑题为"重修太白庙碑记"，内容叙述了此地原有太白神殿1间，后有眉邑吏员刘江业扩其旧址，独立建正殿3间，廊厦一时具备。因年久庙堂无完整，于道光廿五年（1845年）绛州商人刘若泰重修此庙的事宜。落款为：道光二十六年（1846年）六月初一敬立，朱常煜撰文并书，工匠张德昌、何久方。白杨塬太白庙址总体保存状况较差，原有庙宇已经坍塌被毁，仅存石碑1通，现存建筑为20世纪80年代修建。

### 3. 大沙沟造纸作坊遗址（清）

大沙沟造纸作坊遗址（图一三〇）位于店子上村沙沟（自然村）南约1200米山谷口。地势南高北低，呈缓坡状。遗址东依大山，西邻大沙

图一二六
白杨塬关帝庙址全景

图一二七
白杨塬关帝庙址碑刻

图一二八
白杨塬太白庙址远景

图一二九
白杨塬太白庙址近景

沟一号发电站，南、北两侧为退耕还林荒地。遗址平面呈长方形，南北长约300米，东西宽约50米，面积约15000平方米。在遗址区西侧有一条蜿蜒的片石垒砌墙体，断续长约80米，宽0.8～1米，残高0.6～2.5米；在遗址区中部遗存有1通石碾盘，砂岩质，直径2.2米，厚0.46米，轴孔径0.16厘米，占地面积约5平方米。碾盘早已废弃不用，碌碡已佚。在其侧面有楷书"道光乙未年（1835年）□□□黄置"等字样的刻铭；在遗址区中部偏北处，有1处用圆石垒砌的瓢状石坑，长约6米，宽约4米，据村民介绍此处为水磨臼用的坑，多年前还有磨坊遗迹残存；在磨坊坑北侧约30米处有一白灰堆，长约10米，高约2米，是制纸作坊用来腐蚀竹子的辅料，村民介绍原来白灰堆很大，有部分白灰已被村民拉走使用。该遗址区内分布有制纸作坊所应有的基本设施和遗物，而且当地人们世代相传为制纸作坊，虽然地方史志没有相关记述，但是从这些相关遗迹遗物看，此处应该是制纸作坊遗址。大沙沟造纸作坊遗址总体保存状况较差，遗址表面覆盖着密集的低矮灌木，片石垒砌墙体坍塌严重，遗址中部现存砂岩制碾盘1通，偏北处有圆石垒砌的瓢状水磨坑1处，在磨坊北侧约30米有1处白灰堆。

### 4. 路平沟寨址（清）

路平沟寨址（图一三一、图一三二）位于路平沟村路平沟自然村南约1500米处。地势南高北低，呈缓坡状。东邻山坡，南临路平沟谷口，西接通路平沟大瀑布的砂石路，北距人工种植的板栗园约100米。石堡寨平面呈长方形，南北长约150米，东西宽约80米，总面积约12000平方米。墙垣系采用片石和圆石堆砌而成，层层有收分，墙基宽约6.5米，残高1.5～5.5米，墙顶宽约1.4米。唯在北侧设一个门道，宽约2米，未见门框和门墩遗迹。在寨堡内东北角和西北角两处建有登上城墙的石踏步，城内东西两侧沿城墙各有1个石砌水槽，长约100米，宽约4米，深约0.8米，城中心孤岛内地势较平坦，现荒草茂盛难以细察。这种以石头衬砌的寨堡在宝鸡地区比较少见，太白县县志等方志未有记述，只是提到在民国十四年时，境内有据可查的大股土匪就有9股以上，匪首韩业建等在桃川境内活动猖獗。走访村民有两种说法：一说系民国以前的制纸作坊遗迹；一说为清末到民国初年时人们防范土匪流寇所建。路平沟寨址总体保存状况一般，由于废弃年代久远，寨址内外植被茂密，现残存石砌城墙和堡内水槽。

图一三〇
大沙沟造纸作坊遗址全景

## 5. 岳水宫（清）

岳水宫（图一三三、图一三四）位于杜家庄村一组杜家庄小学西侧5米处的岳水宫寺院内，地势南高北低，呈缓坡状。寺院东邻杜家庄小学，西依通村水泥路，南临村中街道，北侧为耕地。为一座坐北向南的单体建筑，台基东西长约9.25米，南北宽约8.95米，高0.45米，占地面积约75平方米。始建不详，面阔3间，进深两间，硬山灰瓦顶，透花屋脊，檐部施勾头滴水瓦，三架梁，前檐带单步梁，圆椽木望板，原有彩绘已斑驳不清；山墙为土坯砖包墙；柱高3.2米，柱径0.33米。殿前还保留有1通清代道光十一年（1831年）"公议分认遗粮碑记"碑石。岳水宫总体建筑结构稳定，东、西山墙没裂缝，台基部分沉降，屋顶为近年翻修，现为当地宗教祭拜场所，保存一般。

## 6. 枣园村崖居（不详）

枣园村（图一三五）崖居位于枣园村四组西北约80米的山峰崖面上。地势北高南低，十分陡峭，东、西、北三面皆为山峰，南临桃川河北岸台

图一三一
路平沟寨址远景

图一三二
路平沟寨址石墙

图一三三
岳水宫全景

图一三四
岳水宫大殿

131

132

133

134

图一三五
枣园村崖居

地。在距地表约50米的崖面上暴露有一个近似三角形的洞口，高约4米，宽约3米，为一洞窟，深约30米，宽约3米。据村民介绍，三十年前曾经有人进入洞内，洞内地面平整，似人为修整而成，据推测应为防御土匪所开凿，开凿年代疑为清代。枣园村崖居总体保存状况一般，崖居开凿于峭壁之上，地势险峻，洞口周围生长有密集的灌木。

### 7. 佛爷洞石窟（清）

佛爷洞石窟（图一三六、图一三七）位于枣园村三组北约10千米的山峰崖壁上。地势北高南低，十分陡峭。东、西、北三面环山，南临深壑。在佛爷洞山峰南侧有一处高约20米的石崖，石窟就开凿在石崖下方，为一长方形洞窟，窟门高1.7米，宽1.05米；窟洞高1.76米，宽2.63米，长2.27

图一三六
佛爷洞石窟远景
图一三七
佛爷洞石窟造像

米，占地面积约6平方米。在洞窟上方约7米处，分布有两个直径约0.2米的圆孔，内插有石条，是以前修建前檐棚护时的木柱支点。在门两侧和门楣有楷书楹联，现字迹大多已经漫漶不清。窟内正面有一半圆形石台，东西长2.63米，高0.54米，最宽处0.86米，最窄处0.46米；左右两侧各有1个长1.48米、宽0.4米、高0.36米的石台。在3个石台上原供奉有一佛二弟子三尊圆雕造像，2001年佛头和两尊弟子造像被盗，为加强保护，佛像现被搬到原枣园村村委会房内供奉保护。佛像为身披袈裟跌迦趺坐，坐在莲花须弥座上，从其风格分析，应该是清代的造像。佛爷洞石窟总体保存状况差，由于退耕还林多年，石窟周围生长有密集的植被，窟内佛像头和两尊弟子造像于2001年被盗，保留部分破坏严重。

### 8. 公议分认遗粮碑（清）

公议分认遗粮碑（图一三八）位于杜家庄村一组杜家庄小学西侧5米处的岳水宫寺庙内的正殿前檐下。该石碑石灰岩质，身首一体。碑首高0.71米，宽0.74米，厚0.2米，为高浮雕二龙戏珠图案，长方形额，额题篆书"皇清"二字；碑身高1.44米，宽0.74米，厚0.2米，碑题为"公议分认遗粮碑记"，楷书文字，正文7行，满行30字。内容叙述了岐山县桃川里五边甲旧有两户人家逃亡，遗留下钱粮税共计三两八钱六分，长期拖欠，无法征收。为了解决这个问题，县令张贴告示，要求由现存十二户承认。为此，十二户人家公议，招一客户吴惠廷，让他承担钱粮一两五钱五分，余下钱粮由十二户分担。不久吴惠廷亡故，于是十二户又商议，改由杨廷魁一人承担钱粮，其余十一家协力帮办。到道光十一年（1831年）十二户又重新商议，公认遗粮一两二钱八分，下余尽数入岳水宫公置地内，每年承担的粮钱由主持自讨，□□十二家户头经理，从此拖欠粮款悉清，再无丝毫遗粮。为了防止年久无凭据，特刻石立碑为记。落款为："孔继谱书丹　石匠傅兴邦　耆大清道光十一年（1831年）岁次辛卯仲秋月榖旦。"线刻人物边框，框内文字书法艺术一般。公议分认遗粮碑记碑的保存状况一般，现立于岳水宫正殿前檐下，无保存措施，风雨侵蚀导致石碑部分字体漫漶不堪。

### 9. 孙公元配王孺人碑（清）

孙公元配王孺人碑（图一三九）位于白杨塬村柳树店（自然村）村民曾广玉家院内。占地面积约2平方米。为1通长方形碑石，石灰岩质，首座皆佚。高2.08米，宽0.7米，厚0.19米。碑文楷书，有文字13行，满行47字。碑题为"敕验节孝齐操孙公元配王孺人碑记"，内容记述王孺人"恪守妇道，上敬公婆，下抚子女"的美德。孙公元配王孺人碑总体保存状况较差，现放置于村民曾广玉家院子西北角，石碑上堆放有杂物，字迹漫漶严重。

## 10. 万丕德行碑（清）

万丕德行碑（图一四〇）位于灵丹庙村一组村南约100米的村民新建太白庙院内。占地面积约2平方米。为1通长方形碑石，石灰岩质，首、座皆佚。高1.51米，宽0.63米，厚0.14米。碑文楷书，有文字11行，满行40字。内容记述了万丕生卒年不详，民国初年太白县名医，医术高超，品格

图一三八
公议分认遗粮碑

图一三九
孙公元配王孺人碑

图一四〇
万丕德行碑

高尚，其子万志忠，曾任第四联保主任，川道贼匪潜踪等。落款为："乙酉科拔贡代理眉县知事程西□撰文西北大学史学系毕业生千阳县县长赵□书丹。"万丕德行碑保存状况较差，该碑石原存桃川镇政府院内，2002年被村民搬到此庙存放，字迹漫漶。

### 11. 燕德明墓碑（清）

燕德明墓碑（图一四一）位于枣园村五组村中村民新建的七圣宫门前约5米处。占地面积约2平方米。为一通圆首连体碑石，座佚，石灰岩质。碑高1.17米，宽0.58米，厚0.18米，碑题为"皇清处士燕公讳德明大人之墓"，楷书文字，左侧刻"旹道光十三年（1833年）岁次癸巳仲冬月榖旦"，右侧刻"男燕廷相率孙应楷 应选 应举及曾孙元叩首上石"。线刻边框。墓葬所在地不详。燕德明墓碑总体保存状况较差，现倒置于七圣宫门前，未有保护措施。

### 12. 燕国栋墓碑（清）

燕国栋墓碑（图一四二）位于枣园村五组村中村民新建的七圣宫门前约7米处。占地面积约2平方米。为1通长方体碑石，首座皆佚，石灰岩质。碑高1.22米，宽0.62米，厚0.18米，碑题为"显考太学生国栋燕老大人墓碑"，楷书文字，右侧刻"扶邑府学生员眷弟邓瑞西拜撰并书"，左侧刻

图一四一 燕德明墓碑
图一四二 燕国栋墓碑

"岂道光十八年（1838年）岁次戊戌仲冬月中浣穀旦"。在碑石的左下方有数行小字，刻的是立石的儿孙姓名。蔓草纹边框。墓葬所在地不详。燕国栋墓碑总体保存状况较差，石碑现倒置于七圣宫门前，未有保护措施，保存情况一般。

### 13. 俞老孺人墓位碑（清）

俞老孺人墓位碑（图一四三）镶于魁星楼村二组废弃磨坊后檐墙下，占地面积约2平方米。为一长方体碑石，座佚，石灰岩质。碑高1.2米，宽0.62米，厚度不详，碑题"皇清待诰新故慈母秦门俞老孺人墓位"，楷书文字，正文10行，满行30字。内容记述："吾母自楚至秦屡迁义方受尽风霜之苦唯我不禁等蒙启龙天之庇佑，祖系湖北施南府咸丰县义悌里下四甲秦家坝周家屋背生长，大限殁于辛丑年（1841年）二月二十九日戊时"等。落款为："岂清道光二十七年（1847年）二月二十二日穀旦 儿孙辈十余人立石。"边栏刻有蔓草纹。在碑石上方还镶有两个长1.18米、宽0.16米的条石，刻有楷书"龙脉吉地归此穴 荫佑儿孙瓜蔓绵"楹联，推测为原墓门两侧的刻石。俞老孺人墓位碑总体保存状况一般，现碑石镶嵌于墙基下，未有保护措施，石碑周围生长有茂密的植被。

### 14. 沙羊店碾盘（清）

沙羊店碾盘（图一四四）位于店子上村一组村民李黑旦家北约20米的姜眉公路北侧约2米处。占地面积约5平方米。为一砂岩质的圆形碾盘，直径1.95，厚0.42米，轴孔径0.1米，碾盘已经废弃不用。在碾盘侧面阴刻楷书"光绪五年（1879年） 杨乾"等字样的题记。石碾盘是太白地区清代民间传统粮食、调味品加工的实物见证，有一定的研究价值。沙羊店碾盘总体保存状况一般，现已闲置不用，风雨侵蚀导致碾盘侧面部分文字漫漶不堪。

图一四三 俞老孺人墓位碑
图一四四 沙羊店碾盘

## 第三节

# 嘴头段

由太白县嘴头镇五里坡顶至嘴头镇下白云村土地梁（自然村），此段道路全长约43千米，行政区划隶属于太白县嘴头镇（图一四五）。太白县嘴头镇位于太白县中部，地处虢川河北岸，四周群山环绕，峰峦环抱，各山嘴延聚此地而得名嘴头。自然条件优越，为开阔、平坦之山间盆地，是太白县最大的农业生产区。自褒斜道开通以来，就经由嘴头街穿城而过，自明代开始，设虢川巡检司负责管辖区内军政事宜，直到清末。新中国成立前太白历代均未设县，1953年设立省属县级太白区，1958年并入宝鸡市，1961年设太白县至今，嘴头镇现为太白县人民政府驻地。其县城以嘴头街为中心，东界黄凤山村之彭家院，西界翠玑山（老君洞）脚下之后庄

**图一四五**
嘴头镇环境

河畔，北界李家沟村之场坊口和红星村之倒湾口，南界虢川河畔。自太白区成立以后，经过多年的发展建设，嘴头镇成为太白县政治、文化、经济中心。

褒斜道在嘴头镇境内主要沿虢川河北岸穿村而行，经太白县县城后转向西南方向，沿姜眉公路南下至王家堎镇。区域内村庄沿河岸分布，村民居住集中，人口众多，经济发达，交通便利，村内外皆有水泥路可直通干道公路，耕地接连成片，水资源充沛，为农业生产提供了有利条件。

嘴头镇原为褒斜道太白境内的重要城镇，旧时因南北往返的客商云集而经贸交通发达。现在的嘴头镇经过不断地拓展和建设，交通四通八达，共有公路干线5条，支线8条，公路通车里程621千米，西安通往汉中的姜眉公路穿境而过，是陕西通往大西南的交通要道。

## 一、古道道路遗迹

从太白县嘴头镇蒿谷堆村一组东北约1000米（处于蒿谷堆河东岸约500米，GPS：N：34°03′34.2″，E：107°25′36.4″，海拔1720米）到太白县嘴头镇嘴头街（处于李家村河东岸，GPS：N：34°03′40.7″，E：107°18′34.9″，海拔1542米），道路全长约11千米，高度落差约180米，走向呈东西向，行政区划隶属于太白县嘴头镇（图一四六~图一四八）。

**图一四六**
五里坡西侧虢川河源头蒿谷堆河谷

147

148

149

150

**图一四七**
蒿谷堆一组新村以南姜眉公路

**图一四八**
虢川东端全景

**图一四九**
嘴头镇

**图一五○**
嘴头镇嘴头街村

## （一）平川驿

此段道路以五里坡西侧的蒿谷堆村一组为起点，终点为嘴头街村（图一四九、图一五○）。褒斜道自五里坡顶起，向西南约1千米至蒿谷堆村一组，继续沿虢川河北岸西行，前行约1千米至塘口村。据《旧唐书·宣宗纪》记载，公元849年，唐朝政府对江口以北的褒斜道进行了再次重修，并在太白境内设置了松岭驿、连云驿、平川驿、白云驿、芝田驿5个驿站，而平川驿据考证就是今嘴头镇塘口村。由塘口村向西约3.5千米达到拐里村，拐里村地处虢川东口，顺虢川河北岸，西行约2.5千米到达位于北山根下的黄凤山村（寨子坡），黄凤山是太白县城东约2千米处的一座小山，为县城东界，由此褒斜道与姜眉公路分道扬镳，向西北折，进入太白县县城，沿县城东大街西行约1千米，东西向横穿县城到达城西的嘴头街。此段褒斜道主要是沿虢川河北岸前行，区域内最大的河流就是虢川河，流向自东向西。其北岸依次有自北向南流向的蒿谷堆河、上河、牛家沟河；南岸有自南向北流向的落叶松河、石头沟河等较大支流汇入虢川河。沿线自然条件优越，为太白地区最大的河谷盆地，这里地势开阔，南北宽1000～3500米，东西长约9000米，地形平坦，村庄密布，人口众多，耕地接连成片，农业生产发达，交通便利，村庄均有通村水泥路与公路干线连通。自塘口至黄凤山段，褒斜道与现在的姜眉公路重合。而黄凤山经太白县城东大街至嘴头街之间的路段，位于姜眉公路以北约500米，由于城镇建设其旧貌已不可考，现已全部铺设为水泥公路。

太白县城位于嘴头镇中部，地处虢川河北岸，四周群山环绕，为一较开阔、平坦之山间小盆地，海拔1560米。县城以嘴头街为中心，东界黄凤山村之彭家院，西界翠玑山（老君洞）脚下之后庄河畔，北界李家沟村之场坊口和红星村之倒湾口，南界虢川河畔，面积1.5平方千米。明清时期，嘴头镇就是褒斜道上一处重要的商贸重镇和物资集散地。旧时街道顺地形而建弯曲不平，总体为南北向，分上街、中街、下街，街道两侧设有商铺、客栈，中街建有山西会馆、戏楼，为方便民众交易，分设集市三处，经济较为繁荣。由嘴头镇的嘴头街向北可陈仓虢镇、天王；向东可沿褒斜道经桃川、鹦鸽至眉县齐镇；向西行经两河口至关山，翻朱沟梁，出靖口达凤县平木；向西南行沿褒斜道至两河口，顺红岩河谷南下可达汉中留坝；向南经方才关，入观音峡可达二郎坝、黄柏塬。可以说嘴头镇不仅是褒斜道上一处商贸重镇，也是褒斜道上一个非常重要的交通枢纽。自清末民国，商旅以其便利，改走故道，致使褒斜道日益衰落，嘴头街也逐渐凋敝。1953年太白区政府成立初，其驻地就设在嘴头镇的嘴头街，此时的嘴头街仅为两条约500米长的小街道，宽不过6米，无排水条件，雨天渍泥没踝，晴天尘土飞扬。1953年后，太白区人民政府开始对原有街道进行规划并整修、改造。与此同时，为了改善太白地区的交通条件，方便群众出行以及物资运输，决定将由嘴头镇向外衔接的6条人畜道加以修缮、拓宽。经过多年的努力，及数次改造使嘴头镇逐步恢复了往昔的繁华，现在的嘴头镇交通四通八达，共有公路干线5条，支线8条，公路通车里程621千米，西安通往汉中的姜眉公路穿境而过，是我省通往大西南的交通要道。210省道穿境而过，从东、南、西、北可分别通往西安、汉中、凤县、宝鸡，东距西安市210千米、咸阳国际机场201千米，北距宝鸡64千米，距西宝高速公路45千米，距310国道43千米，出入境十分方便。

## （二）白云驿

从太白县嘴头镇嘴头街（县城西端位于虢川河北岸约500米，GPS：N：34°03′40.7″，E：107°18′34.9″，海拔1542米）到太白县嘴头镇下白云村土地梁自然村北约200米（处于虢川河东岸约8米GPS：N：33°55′58.5″，E：107°10′17.0″，海拔1267米），道路全长约27千米，海拔落差约280米。行政区划隶属于太白县嘴头镇。

此段路以嘴头街中心为起点，止于土地梁北坡下。自嘴头街起，以东北向西南方向，沿白云河（红岩河）的北岸，经鹦鸽川（图一五一），至阳坡庄、梅湾，约8千米到达两河口。在两河口西约500米位置，河流与道路向南折，沿红岩河西岸，经关山、陈家坪、大院子、上黑湾（马鞍桥）、下黑湾、李家山，南行约7千米到达上白云村（图一五二）。上白云村原为白云乡政府驻地，2001年太白县实行撤乡并镇，将原白云乡合并至嘴头镇管辖。据《旧唐书·宣宗纪》记载，公元849年，唐朝政府对江口以北的褒斜道进行了再次重修，并在太白境内设置了松岭驿、连云驿、平川驿、白云驿、芝田驿5个驿站，而白云驿据考证就是今嘴头镇上白云村（图一五三）。上白云村是褒斜道红岩河流域一处重要的交通节点，村中辟有一条南北向老街长约350米，旧时街道两侧曾设有商铺、客栈，供来往商旅落脚休息，在街道南端尚存几处民国时期的居民住房（图一五四），褒斜道沿白云老街由北向南穿村而过，至村南山根的庙宇石佛宫与姜眉公路汇合（图一五五）。出上白云村继续南行约3千米为下白云村（图一五六～图一五八），褒斜道继续沿河西岸前行，从下白云村中

图一五一
嘴头镇西南鹦鸽川村远景

152

153

154

155

156

157

158

图一五二
褒斜道与姜眉公路分叉处
上白云村

图一五三
上白云村老街道

图一五四
上白云村老街民居

图一五五
上白云村南石佛寺褒斜道
与姜眉公路交汇处

图一五六
褒斜道与姜眉公路分叉处
下白云村

图一五七
下白云村老街道

图一五八
下白云村老街道南段

**图一五九**
橡岭河隧道北口与1958年修建的老桥桥墩

**图一六〇**
橡岭河隧道西侧橡子岭村

**图一六一**
橡子岭村老街

**图一六二**
橡子岭村老街从橡岭河隧道南口桥下通过

穿过，村南约300米处的磨河坝，过河至南岸。沿南岸山坡下小路西行至橡子岭，红岩河在此地180°转向，由东向西流向转弯，变成由西向东流向（图一五九～图一六三）。在橡子岭村东沿红岩河北岸东行，过大河坝（贵子沟）、小南沟、西瓜滩、大南沟，继续沿红岩河东岸向南前行约6千米到达古迹街村。走访当地村民得知，古迹街村，原本为褒斜道上一处较为繁荣的小村，褒斜道从村中穿过，沿路两侧曾设商铺、客栈，为来往商旅提供食宿，至清末民国，褒斜道日益衰落，古迹街村也逐渐没落，村民大部已经迁走，现存4户人家（图一六四～图一六七）。据1988年第二次文物普查记载，古迹街村原有古迹街栈桥遗址1处，在位于村南红岩河中对峙的两块巨石上均发现开凿有方形桥柱孔，一石上有桥柱孔两个，方形，孔口边长0.2米，孔深0.3米，孔距3米；另一石上有孔1个，大小与上述两孔同。经2008年第三次文物普查，对该文物点复查时发现该栈桥遗址由于拓宽整修姜眉公路，疏浚河道，已经被破坏消失，遗迹全无。出古迹街村经过斜石崖、马槽沟、窝儿潭，南行约2.5千米到达此段终点土地梁北坡下。

图一六三
橡子岭村南东岸褒斜道与西岸姜眉公路隔红沿河而望

图一六四
古迹街村全景

图一六五
古迹街沿线褒斜道与姜眉公路线路重合

图一六六
古迹街至马槽沟隧道间褒斜道与姜眉公路线路一致

图一六七
古迹街村南至土地梁间褒斜道与姜眉公路一段较短分支

此段道路沿红岩河流域姜眉公路经太白县南侧的世纪大道，在嘴头街村南与210省道（麟游至留坝公路）汇合。自嘴头街村起，止于下白云村，自东北向西南方向，沿红岩河右岸、210省道线路行驶。此段道路在上白云村、下白云村、橡子岭村、马槽沟等路段偏离姜眉公路。上白云村、下白云村自村北部进入村庄，穿过村子中道路至村南出，为偏西的半圆弧形道路，现为水泥路面。橡子岭村、马槽沟路段均沿红岩河东岸前行，而姜眉公路在这两地均以隧道形式穿山而过。

在下白云村南约300米处的磨河坝，红岩河由南北流向，转为东西流向。该段河流自西向东桥梁3座。东侧桥梁为1958年修建，现已冲毁，可见直径约1.2米的圆形桥墩2个，及一段残长约4米、宽约1.4米、厚约0.4米的桥面。中间为姜眉公路大桥，南端至橡岭河隧道北口。西侧为1985年修建的橡子岭桥（1981年发大水冲毁原来桥梁，1985年重建）。北岸从姜眉公路分叉向西，经橡子岭桥，可至橡子岭村。

橡子岭至古迹街路段：红岩河在下白云村南为自东向西流向，在橡子岭村西转弯180°，改为自西向东，橡子岭耸立于中间。姜眉公路采用隧道穿过橡子岭，南北两侧均有桥梁。道路是自橡子岭村东行，至隧道南口，再西北至东南方向，止于西瓜滩。道路宽阔，为石子路面，汽车可通行，宽约3米。

古迹街至土地梁路段：此段道路继续沿着红岩河东岸前行，大部分道路沿袭现在的姜眉公路，部分小段偏离公路。古迹街南约1千米至马槽沟隧道北口外（图一六八～图一七一），有石子路，路面宽阔，汽车可通行，宽约3米，止于马槽口隧道南口。此段道路亦是沿红岩河东岸顺河谷山势曲折而行。

图一六八
马槽沟隧道北口褒斜道与姜眉公路分叉处

图一六九
马槽沟隧道以西红沿河东岸龙王庙

## （三）土地梁古道

起点位置：太白县嘴头镇古迹街村土地梁东侧坡根（GPS：N：33°55′58.5″，E：107°10′17.0″，海拔1320米）。梁顶位置：太白县嘴头镇古迹街村土地梁顶端（GPS：N：33°55′58.1″，E：107°10′06.1″，海拔1384米）。终点位置：太白县嘴头镇古迹街村土地梁西侧坡根（GPS：N：33°55′53.7″，E：107°09′59.2″，海拔1292米）。

土地梁（小地名）位于古迹街村西约4千米处（图一七二），东邻窝儿潭，西接瓦店子。红岩河顺山势自东向西流淌，土地梁为一条南北向马鞍形行山梁，由南侧山基向北凸出，姜眉公路沿河南岸山根经过（图一七三）。其东面半山坡上有4户村民住宅。古道全长约800米，直线距离约550米，呈东西向横穿山梁而过，东侧上山路短坡缓，西侧下山路长坡陡（图一七四、图一七五）。公路东侧土地梁自坡根起有一条顺山坡而上的山路，向西约320米后穿过一条南北向小冲沟溪，到达山梁上的土地梁村（图一七六），此段路为砂石路，宽约2米，可通农用车。由村西继

**图一七〇**
龙王庙内3通清代石碑

**图一七一**
龙王庙南岸褒斜道与远处马槽沟隧道

**图一七二**
土地梁远景

**图一七三**
土地梁西姜眉公路顺山势折北西行

**图一七四**
土地梁上古道与梁下姜眉公路远景

**图一七五**
土地梁顶土地梁村及其山下姜眉公路位置关系

**图一七六**
土地梁顶土地梁村

续沿山坡向北，到达梁顶最高处，梁顶有新修的高压输电线铁塔，由于修建铁塔，大量的建筑碎石堆砌在了古道之上，越过碎石堆向北绕过铁塔，古道向南折，路面开始逐渐变窄，道路宽0.5～1.8米，为砂石坡道，古道两侧，松树成林，灌木丛生，均为砂石路，部分路段雨水冲刷出现滑坡现象，垮塌严重，继续前行约170米，经过3处"之"字形陡峭路段，到达土地梁西侧坡根，随后与姜眉公路相接。接近坡根处，因雨水引发泥石流道路冲毁，行走较困难。

此段古道虽然要翻越南北向的土地梁，但是比沿红岩河岸通行要便捷，而现在的姜眉公路则选择沿红岩河岸绕过土地梁，其路程要比直接翻越土地梁远出许多。

## 二、沿线文物

本段贯穿太白县嘴头镇（撤乡并镇后原白云乡合并入嘴头镇），该镇地处虢川，属红岩河上游，河谷十分宽阔，地势平坦，自然条件优越。太白县境内早期新石器时代人类遗址均集中于嘴头镇，虢川内的红岩河北岸，且遗存较为丰富，可见自新石器时代、西周时期就有先民聚居于虢川。

### （一）太白县嘴头镇

太白县嘴头镇共发现不可移动文物24处，其中古遗址3处，古墓葬4处，古建筑3处，石刻14处。

#### 1. 北坡遗址（新石器时代仰韶文化庙底沟类型）

北坡遗址（图一七七、图一七八）位于黄凤山村一组（北坡自然村）西北约200米处的山坡上，红岩河支流黑龙江河从其西侧流过，地势北高南低，呈缓坡状。南距县城北环路约50米，东南距北坡村一组约200米，北距北坡村韩家梁（小地名，原农户已搬迁）约50米，西为断崖。遗址平面略呈长方形，南北长约180米，东西宽约150米，面积约27000平方米。发现文化层多处，灰坑1座（H1），房址1座（F1）。文化层长2～8米，厚0.5～1.2米，距地表0.8～1.2米；在遗址南部暴露一平面呈椭圆形的灰坑（H1），直径约5米，深度不详，地表散落大量陶片；F1位于H1西约3米的地埂上，距地表深2.3米，暴露居住面（经过火烤处理）一段，长约1米，居住面下叠压灰土，疑为一处半地穴式房址。采集有新石器时代仰韶文化庙底沟类型的泥质尖底瓶等陶器残片和半坡晚期类型的夹砂红陶、泥质红陶等陶器残片，可

177

178

**图一七七**
北坡遗址标本
**图一七八**
北坡遗址全景

图一七九　李家沟遗址全景
图一八〇　李家沟遗址标本

辨器形有缸、罐、瓮、钵、尖底瓶等。该遗址范围大，内涵丰富，该遗址现为耕地，种植有蔬菜等经济作物，保存现状一般。

### 2. 李家沟遗址（西周、春秋）

李家沟遗址（图一七九、图一八〇）位于李家沟村二组西南约50米李家沟河西岸二级台地上，地势西高东低，地形呈阶梯状。遗址东临断崖，北至生产路，南至断崖，西抵坡顶，南北长约100米，东西宽约80米，面积约8000平方米，平面大致呈簸箕状。在遗址区未发现文化层，仅在地表采集到西周、春秋时期的夹砂褐陶、夹砂灰陶、泥质灰陶片，纹饰主要为绳纹，可辨器物有陶鬲、陶罐等。该遗址是太白县比较重要的西周、春秋时期文化遗址，遗址依山临河，地处山坡。其东、南为断崖，特别是南边为一砖厂的取土场，对遗址有一定的威胁。

### 3. 嘴头街遗址（宋）

嘴头街遗址（图一八一、图一八二）位于嘴头街村四组东北约200米虢川河北岸姜眉公路北侧的二级阶地上，地势平坦，现为菜地。遗址东距军民路约300米，南距姜眉公路约10米，西距新建的农贸市场约200米，南北长约60米，东西50米，面积约3000平方米，平面呈长方形。2009年3月间当地村民在耕作时，发现宋代瓷器残片，采集到北宋耀窑青釉模印纹瓷片、青釉直棱纹瓷炉等器物残片，标本收藏于太白县文化馆。本次调查未发现遗迹现象，未采集到标本，保存状况一般。

### 4. 李家沟墓（春秋）

李家沟墓（图一八三）位于李家沟村二组西南150米砖厂取土场内，

2003年发现，经太白县文化馆文博人员现场调查，为一竖穴土坑墓，墓底距地表约6米，其他情况不详，出土春秋时期陶杯、陶盂、石圭等随葬品，现收藏于太白县文化馆。

### 5. 韩家梁墓（汉）

韩家梁墓（图一八四、图一八五）位于嘴头镇变电站北约50米环城北路路基下，2009年4月开挖环城北路路基时发现。因机械施工，墓葬严重破坏，形制不清。出土的汉代绿釉陶盉、陶灶等器物，后由太白县文化馆征集且收藏。本次调查未有新的墓葬发现，现为环城北路路基。

图一八一
嘴头街遗址标本

图一八二
嘴头街遗址全景

图一八三
李家沟墓全景

图一八四
韩家梁墓全景

图一八五
韩家梁墓出土器物

图一八六
方才关村明姐闰秋墓全景

图一八七
方才关村明姐闰秋墓墓碑

## 6. 方才关村明姐闰秋墓（清）

方才关村明姐闰秋墓（图一八六、图一八七）位于方才关村二组西南约200米的虢川河支流西河东岸上，地势南高北低，呈缓坡状。西距西河约150米，南距方才关三组约300米，东距太白县至洋县公路约100米，北距方才关二组约200米。墓冢已夷平，现为耕地，仅留墓碑1通，为石灰岩质，身首一体，失座。通高0.84米，宽0.33米，厚0.16米。圆首，中有"皇清"二字，碑身两边浅浮雕回纹边框，正中楷书题"少亡闺女明姐闰秋之墓"，咸丰九年（1859年）立。保存现状较差。

图一八八
坡翻村蒲桂墓墓碑

图一八九
坡翻村蒲桂墓墓碑碑首

### 7. 坡翻村蒲桂墓（清）

坡翻村蒲桂墓（图一八八、图一八九）位于李家沟村坡翻（五组）西50米处，宝鸡至太白县公路从其东侧穿过，地势北高南低，呈缓坡状。墓已夷平，仅保留墓碑1通，汉白玉质地，失座。墓碑身首一体，通高1.75米，宽0.64米，厚不详。碑阴首部浮雕"双凤朝阳"图案，圭额，额题"碑阴"二字；身部阴刻碑文，正文15行，行49字，记述了蒲氏生平及后嗣情况。碑阳面朝地下，年款不详，与其家族蒲恒山路碑形制相似，推测亦为清代晚期。墓已夷平，仅保留墓碑1座，保存现状较差。

### 8. 菩萨庙（清）

菩萨庙（图一九〇、图一九一）位于牛家沟村二组西南约5米处的黑龙江河西岸台地上，地势北高南低，呈缓坡状。坐西北向东南，砖木结构。面阔三间11米、进深三间6.5米，悬山灰瓦顶，透雕花脊，三架梁，前檐带单步梁，施三踩斗拱。檐柱高3.03米，柱径0.33米；金柱高3.87米，径0.36米。四扇隔扇门，直棂窗。殿前置乾隆四年（1739年）石香炉1件。该建筑于1988年当地村民进行了补修，梁架、墙体未动，现仍保持原有风貌。檐下、梁、枋、室内山墙上彩绘及殿内塑像均系补修时制作。现墙基有裂缝，保存现状一般。

### 9. 太白庙（清）

太白庙（图一九二）位于拐里村二组西南隅。为清代建筑群，现保留由南向北依次为太白庙正殿、药王殿、关帝殿的3座建筑，坐西向东。太白正殿面阔三间13米，进深三间6.1米，土坯墙，硬山灰瓦顶，砖脊，三

图一九〇
菩萨庙全景
图一九一
菩萨庙吊炉
图一九二
太白庙全景

架梁，前带单步梁。檐柱高3.3米，径0.28米；金柱高3.9米，径0.4米，前檐每间施斗拱1朵，隔扇门、直棂窗，屋内及檐下彩绘均为1982年补修时绘画。药王殿面阔二间进深二间，系1989年重修。关帝殿面阔三间12米，进深三间6.5米，砖包土坯墙，墙头有砖雕花卉图案，硬山灰瓦顶，砖脊，三架梁，后带单步梁。檐柱高3.8米，径0.26米；金柱高4.5，径0.4米，前檐每间施斗拱两朵，隔扇门、直棂窗，屋内及檐下彩绘均为1989年补修时绘画。有明崇祯、清乾隆、道光、咸丰年间建修碑记6通。该建筑群于

1982、1989年当地村民进行了补修，梁架、墙体未动，现仍保持原有风貌。檐下、梁、枋、室内山墙上彩绘及殿内塑像均系补修时制作。现墙基有裂缝，保存现状一般。

**图一九三**
宁虢宫魁星楼全景

**图一九四**
宁虢宫魁星楼碑刻

## 10. 宁虢宫魁星楼（清）

宁虢宫魁星楼（图一九三、图一九四）位于嘴头街村一组西南隅宁虢宫院内，地势北高南低，呈缓坡状。坐北面南，面阔三间12米，进深二间8米，三架梁，内设木板楼，砖包土坯墙，墙头有砖雕，条石明台，砖铺地面，中为门厅，次间为直棂窗，双扇木板门，门窗以上为装板。山墙墙基有裂缝。现庙内保留民国二十三年（1934年）重修宁虢宫娘娘庙碑1通，石灰岩质地，通高2.7米，宽0.71米，厚0.23米，碑身正文6行，行60字，楷体，记述了民国十九年（1930年）至二十三年重修上殿、献殿、大门楼阁等修建史。民国二十三年进行了重修，20世纪80年代改建了屋面，梁架保持原有风貌，未有松动。山墙墙基有裂缝，保存现状一般。

## 11. 老君洞摩崖题记（清）

老君洞摩崖题记（图一九五、图一九六）位于嘴头街村五组西约20米老君洞（道观）旁的山崖上，宝鸡至太白县公路从其东侧穿过，地势西高东低，呈陡坡状。题记刻于一块近三角形砂岩质巨石面上，分布在横宽0.6米、纵高0.4米的长方形阴线方框内，阴刻楷书文字12行，行8字。记述了嘴头胜仙山有朝阳洞，李应朝捐地十三亩七分给道观，并标明地界四至，主持李一福等人于嘉庆十四年（1809年）建房舍之事。该题记纪年明确，记事清楚，对研究老君洞历史沿革有一定的价值，题记周围的崖石已被道观修建时破坏，字迹漫漶不清，保存现状较差。

图二〇〇
创修关圣帝君碑

图二〇一
蒿谷堆村正风规事碑

圆首，浅浮雕"双凤朝阳"图案，额题楷书"皇清"二字，碑身正文楷书，10行，满行36字，两侧刻有花卉、几何纹图案边框，碑题"招垦里六甲为复古制以正风规事"，碑文记述了招垦里六甲自设立集贸市场以来，乡民一直公平交易，无尔虞我诈、私抽税用等行为，近来市场交易中出现经纪人随意定价低买高卖从中渔利乡民等不正之风，为此全社民众在同治五年（1866年）年公议订立条规："规定今后粮食买卖不得随意定价，要称平斗满，不能有欺诈行为，违者要处罚；乡民杀猪卖肉缴纳100文管理费用；牛马上市买卖双方直接交易，不须用经纪人说和"，碑文记事清楚，条款分明，是清代晚期村民自治、管理市场的重要史料，目前在宝鸡地区尚属首次发现，对研究清代晚期商贸活动具有重要价值。现树立于村内新修小庙前，字迹有漫漶现象，保存现状一般。

### 16. 黑龙庙碑（清）

黑龙庙碑（图二〇二）位于牛家沟村北约3000米处的黑龙庙院内，黑龙江河从其东侧由北向南流过，地势北高南低，呈陡坡状。黑龙庙碑为汉白玉质，失座，身首一体。高1.44米，宽0.55米，厚0.14米。半圆形碑首，浅浮雕"二龙戏珠"图案，方额上题篆书"皇清"二字，碑身阴刻正文5行，行28字，文记汉南黑龙江发源于此及寺庙沿革等事，李殿元撰，李柱书。在黑龙庙南约50米处的黑龙泉口旁镶嵌有"献黑龙江"碣，汉白玉质，横长方形，

图二〇二 黑龙庙碑
图二〇三 黄竹原张恒山路碑
图二〇四 盘茶河观音庙碑

长0.63米，宽0.33米，厚0.2米。四周浅浮雕蔓草花卉图案，正中刻铭楷书"献黑龙江"，道光十一年（1834年）四月吉日立。黑龙庙碑放置于黑龙庙内，失座，字迹漫漶不清；"献黑龙江"碣现镶嵌于黑龙泉口旁，保存现状一般。

### 17. 黄竹原张恒山路碑（清）

黄竹原张恒山路碑（图二〇三）位于牛家沟村黄竹原（小地名）西南约50米处通往黑龙庙的小路旁，黑龙江河从其东侧由北向南流过，地势北高南低，呈陡坡状。汉白玉质，身首分体。首高0.85米，宽0.75米，厚0.24米，高浮雕"双凤朝阳"图案，额题楷书"碑阴"二字；碑身高1.78米，宽0.7米，厚0.22米，中题"钦赐八品寿官恒山张公之路碑"，光绪二年（1876年）立石。碑身阴部阴刻碑记，正文11行，行44字，欧体楷书，记述了张公生平事迹，高焕章撰文，高焕监书丹。碑刻立于黄竹原通往黑龙庙的小路旁，碑阴字迹有漫漶现象。保存现状一般。

### 18. 盘茶河观音庙碑（清）

盘茶河观音庙碑（图二〇四）位于沪家塬村北约2000米的盘茶河香山寺院内，盘茶河从北向西流过，地势北高南低，呈陡坡状。石灰岩质地，身首一体，通高1.25米，宽0.55米，厚0.15米；汉白玉龟趺座，座长0.8米，宽0.5米，高0.4米。碑首碑阳、碑阴浅浮雕"二龙戏珠"图案，额题篆书"皇清""碑阴"二字，碑身两侧及下框有连环"回"字形边框，记述了修建观音庙的经过以及捐资人姓名、银两数。碑身下部断为两截，当地村民建有碑楼，现立于盘茶河香山寺前，字迹漫漶不清。碑保存现状一般。

图二〇五  坡翻村蒲恒山路碑

图二〇六  重修河洛寺圣母庙碑

图二〇七  重修圣母祠碑

### 19. 坡翻村蒲恒山路碑（清）

坡翻村蒲恒山路碑（图二〇五）位于李家沟村坡翻（五组）蒲志平家后院，宝鸡至太白县公路从其东侧穿过，地势北高南低，呈缓坡状。汉白玉质地，首、座皆失，碑身长1.75米，宽0.75米，厚0.19米；两侧阴刻云纹边框，中题"八品寿官显考恒山蒲府君之路碑"，同治九年（1870年）子孙立石。碑阴面朝地下，碑文内容不详。现置于坡翻村五组蒲志平家后院的杂草堆中，首、座皆失，个别字不清楚。此碑保存现状较差。

### 20. 重修河洛寺圣母庙碑（清）

重修河洛寺圣母庙碑（图二〇六）位于蒿谷堆村二组西南约10米处的小庙旁。汉白玉质地，身首一体，失座。通高1.85米，宽0.62米，厚0.16米。圆首，高浮雕"双凤朝阳"图案，额题篆书"皇清"二字，碑身阴刻碑文，碑题"重修河洛寺九天圣母庙碑"，9行，行33字，楷书，记述了圣母庙创建于道光十一年（1831年），道光二十七年（1847年）蒿谷堆四社民众重修之事。罗含章撰文并书，道光二十七年立石。两侧刻有减地浮雕蔓草纹图案边框。该碑文对研究太白县清代晚期宗教信仰等方面有一定参考价值，且书法较好，有一定艺术价值。放置于村西南约10米处的小庙旁，碑身下半部残断，字迹清楚。此碑保存现状较差。

### 21. 重修圣母祠碑（清）

重修圣母祠碑（图二〇七）位于嘴头街村一组西南隅宁虢宫院内，地势北高南低，呈缓坡状。祠毁圮，存碑刻2通，均汉白玉质，身首分体。

各通高1.86米，1.95米，均宽0.7米，厚0.18米。道光十年（1830年）立。其一"重修嘴头宁虢宫圣母祠碑"，碑首阳面浮雕"二龙戏珠"图案，内楷书"皇清"二字，碑文楷书，记圣母祠取象土、火、木三阴及其相生相依，滋生万物，造化于民等。程离撰文，杨步云书丹；碑阴记载捐资人姓名及钱两。其二为重修圣母祠捐资碑，碑阳碑首浮雕"二龙戏珠"图案，碑身两面均记载捐资人姓名及钱两。现立于宁虢宫殿前，字迹有漫漶现象，此碑保存现状一般。

### 22. 重修玉皇上帝宝庙碑（清）

重修玉皇上帝宝庙碑（图二〇八）位于拐里村二组西南隅太白庙内。一组二碑，均为汉白玉质，首、座皆失。一为重修玉皇上帝宝庙碑，碑身高1.78米，宽0.76米，厚0.19米，碑身阳面四周阴刻花卉边框，中部楷书正文，14行，行46字，记述了玉皇庙重修前的状况及原因，并追溯了重修过程。韩庆云、熏沐撰文并书丹，乾隆六十年（1795年）立，碑阴记载捐资人姓名及钱两。二为布施碑，碑身高1.75米，宽0.72米，厚0.19米，碑身四周阴刻回纹、花卉图案，碑阳、阴均为施金人姓名及钱两，楷书。首、座皆失，"重修玉皇上帝宝庙碑"立于太白庙院内，碑首为近年村民新配，布施碑放置于药王殿前，两碑字迹均有漫漶现象，保存现状一般。

### 23. 重修庙宇布施碑（清）

重修庙宇布施碑（图二〇九）位于拐里村二组西南隅太白庙内。原为1组2通，现仅存布施碑1通，石灰岩质，首、座皆失，碑身高1.5米，宽0.76米，厚0.16米，碑身四周阴刻回纹图案，碑阳、阴均为施金人姓名及

图二〇八　重修玉皇上帝宝庙碑

图二〇九　重修庙宇布施碑

图二一○
王振江懿行序碑

数量，楷书，道光三年（1823年）立石。现立于太白庙院内，碑首为近年村民所新配，字迹有漫漶现象，保存现状一般。

### 24. 王振江懿行序碑（民国时期）

王振江懿行序碑（图二一○）位于嘴头街村二组忠诚路124号门前，地势北高南低，较为平坦。汉白玉质地，身首一体，座已佚。通高1.45米，首宽0.59米，身宽0.57米，厚0.17米。半圆形首，浅浮雕"双凤朝阳"图案，长方形额，内楷书"碑阴"二字。碑题"宝鸡县第六区王公懿行序"，正文14行，满行32字，记述王振江生平，曾任保甲队长，在安徽遭毒人之手等事。该碑曾作井桩使用，碑首正中凿有一直径约0.1米的圆孔，字迹漫漶不清。保存现状较差。

## （二）太白县白云乡（现并入嘴头镇）

太白县白云乡（2009年撤乡并镇后，并入嘴头镇）共发现不可移动文物6处，其中古遗址2处，古墓葬1处，石刻2处，其他1处。

### 1. 陈家坪堡址（汉）

陈家坪堡址（图二一一、图二一二）位于上白云村与关山组之间，距上白云村陈家坪（自然村）西约300米处的红岩河西岸小台地上。据县志记载，该堡址疑为白云驿旧址。堡址西高东低。东至红岩河，西依高山，南、北均为山坡。堡址平面呈不规则方形，东西长约80米，南北宽约50米，面积约4000平方米。残存墙垣隐约可见，修姜眉公路时对堡址东部造成严重破坏。在断崖上可见北墙断面，墙为夯筑，底宽约12米，残高约6米，夯层厚0.1～0.12米。断面上有上下4层圆形柱孔，层距1.6米，孔径0.12米，深约3米，间距1～1.2米。堡内西北部尚存残墙一段，长约3米，

残高1～1.5米，宽0.8米。在公路边断崖上可见少量清代瓦片，采集有板瓦、陶缸等残片。陈家坪堡址保存状况较差。

### 2. 马槽沟矿洞遗址（不详）

马槽沟矿洞遗址（图二一三、图二一四）位于下白云村马槽沟（自然村）南约200米处、红岩河东岸的大山根。有2个矿洞，洞口不规则，间距2米，均向西。1号洞，口宽约1.6米，高约1.2米；洞内不规则，宽2～3.5米，高1.5～2.5米，进深约6米。2号洞，口宽1.3米，高1.5米；洞内不规则，宽约2米，高1.5～2米，进深约4米，洞壁下部有厚约0.25米的绿色石层，可能是铜矿石。两个矿洞总面积约30平方米，内部因采矿而挖穿。矿洞遗址位于山体根部，废弃不用，洞内堆有废石料，保存状况一般。

### 3. 下白云墓（宋）

下白云墓（图二一五、图二一六）位于下白云村东北约200米处的红

图二一一  陈家坪堡址近景
图二一二  陈家坪堡址标本
图二一三  马槽沟矿洞遗址洞口
图二一四  马槽沟矿洞遗址内部

图二一五 下白云墓远景
图二一六 下白云墓砖雕局部
图二一七 马槽沟崖居远景
图二一八 马槽沟崖居近景

岩河东岸坡地上。隔红岩河与下白云村相望，西距红岩河约30米。2009年3月埋设天然气管道时发现。墓葬为东西向砖室墓，墓室长3.5米，宽1.93米，高2.28米。砖室外填有沙、石，内壁有方砖雕。出土砖雕38块（规格为28厘米×28厘米）、铜镜1件、陶罐3件、铁器2件、铜饰2件、白色小瓷碗2件。出土器物现藏太白县文化馆。墓室砖雕及器物运至县文化馆收藏。

### 4. 马槽沟崖居（不详）

马槽沟崖居（图二一七、图二一八）位于下白云村马槽沟（自然村）西约100米处的山崖半腰处。属红岩河北岸，东距马槽沟隧道约400米。可见2个岩洞，上下排列，相距约15米。岩洞坐西北向东南，高出红岩河约100米。岩洞均为人工开凿，拱形顶，不甚规则，洞口高约4，宽约4米，进深不详。因山高林密，无法到达岩洞内。崖居位于高崖之上，为人工开凿，保存一般。

## 5. 上白云造像碑（唐）

上白云造像碑（图二一九、图二二〇）原位于上白云村东南约150米处的石佛寺内，东临姜眉公路和红岩河，西南依山崖。现藏于太白县文化馆。为汉白玉质，近似长方形，圆首。高0.7米，宽0.49米。碑身浮雕一佛二弟子，右边方框内有"大唐天宝元年（742年）岁次壬午四月八日书立，丰为□□七代先亡见存一□造"题记。该造像碑纪年明确，在太白县实属罕见，造像头、面部遭到破坏，村民用水泥将其修复，并施有彩绘，保存一般。

## 6. 永垂万世碑（清）

永垂万世碑（图二二一）位于下白云村古迹街（自然村）斜石崖东100米处的龙王庙前。砂岩质。圆首，身首一体，长方形碑座。通高1.55米，宽0.76米，厚0.15米；首部高0.31米；座长0.8米，宽0.4米，高0.33米。碑首阴刻楷书"永垂万世"，碑首中部有阴线刻半圆。碑首及碑身均为花边框。正文共4行，记述了龙王庙重修经过、捐资者姓名及捐资金额。巴洲冯学礼撰并书。落款为："光绪三年（1877年）岁次丁丑孟□谷旦。"碑石露天置于正在修建的龙王庙前，碑面局部脱落，文字缺失；碑阴不平；碑座与碑分离。

图二一九  上白云造像碑
图二二〇  上白云造像碑局部
图二二一  永垂万世碑近景

## 第四节

# 王家堎段

由太白县嘴头镇郝家坪村半截沟至太白、留坝两县交界处的磨坪村，此段道路全长约17千米，行政区划隶属于太白县王家堎镇（图二二二）。王家堎镇位于太白县西南角，是太白县辖区面积最小的一个乡镇。其境内河谷蜿蜒曲折，由于河水下切，呈"V"字形，川道狭长，群山拱峙，沟壑纵横。红岩河为其辖区内主要河流，为汉江支流属长江水系。褒斜道于王家堎段内所经均沿红岩河东、西两岸曲折向南，沿途村庄稀少，村民居住分散，耕地零星点缀于河道两侧的山根缓坡，交通较为闭塞，仅红岩河河谷遥有过境的姜眉公路，农业、经济、交通较为落后。王家堎段由于地势险峻，沿河开凿有栈道，虽然数量不多，但是却占了褒斜道在太白境内遗迹的绝大部分，为研究褒斜道在红岩河流域的走向分布提供了宝贵的实物资料。

图二二二　王家堎镇环境

# 一、古道道路遗迹

## （一）郝家坪栈道遗址西端至铁炉沟口栈道遗址北端

起点位置：太白县嘴头镇郝家坪村东约200米（处于红岩河西岸，GPS：N：33°56′21.3″，E：107°09′35.6″，海拔1248米），终点位置：太白县王家堎镇板桥村铁炉沟口北约50米（处于红岩河东岸约8米，GPS：N：33°55′32.7″，E：107°07′21.4″，海拔1154米）。此段道路全长约8千米。行政区划分别隶属于嘴头镇、王家堎镇。

郝家坪栈道（图二二三）遗址是本次调查新发现的一处栈道遗迹，位于太白县嘴头镇下白云村郝家坪（小地名）西北约300米的红岩河北岸山根坡地上，平均坡度约10度，栈孔开凿于在坡根的岩石上临近水面，栈道东端为连体坡形崖面约20度，东与沙石河滩相连，西与小台地下的沙石坡道相接。栈道长约40米，东西走向，距现水面高0.5～1米。现存栈孔35个，呈"一"字形断续排列，西端17个，中部10个，东端8个，方形栈孔，口稍大于底，平底，内壁上有放射性凿痕，目测边长0.13～0.18米，

图二二三　郝家坪栈道全景

图二二四
郝家坪村

深0.1~0.15米，间距约0.5米。红岩河由东向西切近崖壁流淌，水流湍急，河道宽约30米，南岸生长有茂密的灌木和柳树，宝鸡至汉中天然气管道从河道南岸经过，姜眉公路顺山势东西向通过。

郝家坪村（图二二四）现有一户村民住宅，位于栈道的西部小台地上，靠近山体有部分耕地，红岩河上有木质简易桥可通过，属太白县嘴头镇下白云村管辖。据当地村民叙述郝家坪栈道原保存较好，由于山体坍塌和常年河水冲刷以及风雨侵蚀，致使部分栈孔无存。自郝家坪栈道遗址西端起，经过郝家坪村，在村西过河至红岩河南岸，沿南岸至后沟，经新店子、道开门，到达高桥。由高桥过河至红岩河西岸，向南沿途经过大沟口、寇家关、元坝子，到达油房嘴村，自村南过河至东岸的过河口，沿东岸经锈石岩、黄泥坪、炕湾、叶家湾、铁炉坝，最终到达铁炉沟口。

郝家坪栈道遗址位于红岩河北岸的崖壁下，西端为红岩河北岸稍显宽阔的河滩地带，向西上行经过一段长约100米的小山坡，到达一处北高南低，相对平坦的小台地，此为郝家坪村所在地。继续沿红岩河北岸的小道，向西约300米过红岩河至其河南岸，继续前行约200米河流向西折，经南岸一条较宽阔的石子路西行约400米，红岩河再次转弯，折向西南，顺河东岸继续向南约300米至后沟（图二二五）。

后沟经高桥至寇家关，红岩河在此段呈"S"形继续向南流。自后沟至高桥距离较短约300米，沿河岸的新店子、道开门、高桥，由于修建姜眉公路，原有村庄现已搬迁，仅在高桥村的红岩河北岸分布着几户村民住宅（图二二六）。在南岸河流左转弯处过河至北岸，北岸西有一小山包东

225

226

227

228

西伸向河岸，小山包下的山坡小路（图二二七），经大沟口，右转至寇家关村。

寇家关至元坝子段，红岩河继续呈"S"形向南流（图二二八）。自寇家关起，沿红岩河西岸砂石路向东南（图二二九），前行约450米，再向西南方向前行约1千米到达元坝子。

自元坝子起，沿红岩河西岸的山坡砂石路（图二三〇），向西南方向约200米，折向西北，继续前行约300米到达油房嘴。穿过油房嘴村庄至村南的小坡下过河（图二三一），至红岩河东岸的过河口，再次与姜眉公路重合。

自过河口，沿红岩河东岸向南，姜眉公路与之重合，经锈石岩、黄泥坪（元坝子村委会所在地）、炕湾、叶家湾，至铁炉坝（图二三二）。

在姜眉公路板桥隧道北口有岔路向东（图二三三），便可到达铁炉坝村，红岩河在此流向呈"∽"形，沿村东红岩河北岸前行约350米，红岩河流向南折，其东为一条较大山沟，名为铁炉沟，与红岩河交汇处为铁炉沟口。

图二二五 后沟村
图二二六 高桥村
图二二七 高桥村南红沿河东岸古道
图二二八 寇家关村远景

在此段除上述道路和姜眉公路外，还有一条20世纪50年代修建的石子道路，宽约4米，可行汽车。自高桥起（现有太白县林业局管护站），沿河流的东岸向南，经过寇家关的柿树坪村，止于元坝子街东南的沙湾村，与姜眉公路重合。

229

230

231

232

233

图二二九
寇家关与姜眉公路交汇处
图二三〇
元坝子村西古道
图二三一
泊房嘴村南过河口
图二三二
铁炉坝村与古道
图二三三
板桥隧道北口

## （二）铁炉沟口栈道遗址南端至凤凰坝栈桥遗址西端

起点位置：太白县王家堎镇板桥村铁炉沟口北约50米（处于红岩河东岸约8米，GPS：N：33°55′32.7″，E：107°07′21.4″，海拔1154米），终点位置：太白县王家堎镇和平村二组（上铜车坝）东南约50米（处于红岩河西岸，GPS：N：33°50′56.1″，E：107°05′43.8″，海拔1064米）。

铁炉沟口栈道遗址（图二三四）位于板桥村铁炉沟口（小地名）东北约200米的红岩河东岸崖壁上，在距离河岸高约8米处的崖壁上有长约20米的废弃小道，小道中部可见有天然条状石桩3根（自北向南编号K1、K2、K3）插入崖体，桩上有厚约0.1米的石质垫板，间距约1.5米，其北端K1桩孔似圆柱形，外露长约0.2米，径约0.15米；南端2个K2、K3桩孔间距约0.3米，其中K2桩孔外露长约0.3米，径约0.12米，K3桩孔外露长约0.2米，径约0.3米。南约6米废弃矿洞，与小道相连。根据调查情况推测，该处栈道应为采矿而建的临时便道。栈道边沿长满荒草和灌木，由于滑坡塌陷，现已中断无法通行。

铁炉沟口栈道遗址南端至凤凰坝栈桥遗址全长约2.5千米，行政隶属于

图二三四 铁炉沟口栈道遗址

235

236

237

238

图二三五　马兰滩村与姜眉公路

图二三六　马兰滩古道与姜眉公路交汇

图二三七　板桥村向南

图二三八　松坪子大桥

王家垯镇。自铁炉沟口栈道遗址南端起，沿红岩河东岸，经马兰滩、张家坪、板桥村、院子里、油房湾，至松坪子。自松坪子过河至红岩河西岸，经上河坝，至王家垯中明村，经桃儿岭、柿树沟口，至上铜车坝。上铜车坝东南约50米，即为凤凰坝栈桥遗址的西端。

经铁炉沟口栈道遗址向西南过马兰滩（图二三五），至姜眉公路板桥隧道南口，与姜眉公路交汇（图二三六）。红岩河在此呈"S"形转弯，南至张家坪村。继续沿红岩河东岸，西南前行约1千米至板桥村（图二三七）。出板桥村向西南约500米过院子里、油房湾（姜眉公路王家垯隧道北口），红岩河在此呈"L"形向东折，前行约300米可达松坪子。

红岩河自松坪子北部约50米处转弯，流向由东向南。松坪子（图二三八）现有1座1986年11月修建的桥梁。此处曾在20世纪50年代修建过桥梁，1981年遭洪水冲毁，仅存桥墩。经松坪子大桥过河后，沿西岸山坡下道路向南，经上河坝，过羊肠沟，至王家垯镇中明村。穿过中明村街道，自村南沿红岩河西岸，经桃儿岭、柿树沟口，止于上铜车坝。上铜车坝东南约50米，即为凤凰坝栈桥遗址西端。

## （三）凤凰坝栈桥遗址西端至油房沟栈道遗址北端

起点位置：太白县王家堎镇和平村四组凤凰坝西南约200米（处于红岩河东岸，GPS：N：33°50′55.1″，E：107°05′44.6″，海拔1043米），终点位置：太白县王家堎镇和平村二组油房沟栈道遗址北端（处于红岩河东岸，GPS：N：33°50′19.1″，E：107°05′53.7″，海拔1045米）。

凤凰坝栈桥遗址（图二三九、图二四〇）是本次调查新发现的一处栈桥遗迹，位于王家堎镇和平村三组凤凰坝（小地名）西南约150米处的红岩河中。该栈桥遗迹仅存方形栈孔2个，开凿于河道中1块约4平方米的岩石上，由于地处河床中部，两面流水湍急，调查时无法靠近，目测西距姜眉公路约12米，呈东西向排列，间距约1.2米，高出水面约0.7米，边长约0.25米，深度不详。此处红岩河宽约50米，自北向南从此处流过。东岸为农田，东北约150米处有3户村民住宅，西岸为姜眉公路（210国道），外侧为桐车坝（小地名），有村民住宅约7户。河道被水常年冲刷形成几个凹槽，水流湍急河道上遍布卵石。

图二三九　凤凰坝栈桥遗址远景

图二四〇 凤凰坝栈桥遗址近景

由凤凰坝栈桥遗址过河，到达红岩河东岸的凤凰坝西南约200米处。此段道路自凤凰坝村南为起点，终点止于油房沟栈道遗址，全长约1千米。前段为南北向，再左转，沿东岸山崖西侧绕过高山，直达终点。凤凰坝村南的河道东侧有条小路，南北向，宽约1.2米，沙土路面，稍平坦。道路沿红岩河东岸的山坡下延伸南行，止于油房坪栈道遗址的北端。

由上铜车坝即凤凰坝栈桥遗址西侧，沿凤凰坝栈桥向东过河，止于河东岸凤凰坝村西南约200米处。

## （四）油房坪栈道遗址南端至西坝栈道遗址北端

起点位置：太白县王家堎镇和平村三组红岩村北约300米油房沟栈道遗址南端（处于红岩河东岸，GPS：N：33°50′18.7″，E：107°05′53.8″，海拔1046米）。终点位置：太白县王家堎镇和平村三组西坝村南西坝栈道遗址北端（处于红岩河西岸约100米，GPS：N：33°50′08.6″，E：107°06′05.4″，海拔1064米）。

以油房坪栈道遗址南端为起点，止于西坝栈道遗址北端，全长直线距离约500米。道路于此区域呈"Z"字形。路线为自油房坪栈道南端起，沿红岩河东岸边的河滩小道向南，南行一段后过河至红岩河西岸，沿西岸的山坡下道路南行至西坝村，穿过村庄至村南到达西坝栈道遗址北端。

油房坪栈道遗址位于太白县王家堎镇和平村油房坪（又叫红岩自然村）西北约300米的红岩河东岸崖壁下，南距西坝栈道约800米。东靠山，西为红岩河河道，栈道栈孔开凿于崖面之上，呈南北走向，栈孔分布长约25米，均为方形栈孔，其北面有栈孔6个，西面有栈孔24个，南侧有栈孔4个，共计栈孔34个。

北面6个栈孔分三层，每层各2孔，下层栈孔距水面约0.3米，间距约1.15米，栈孔进深平直，边长0.18~0.2米，深0.14~0.2米，孔壁上有凿痕；中层2个栈孔不再一平行线上，高差0.1米，间距0.3米，距下层高0.3米，栈孔长0.18~0.2米，宽0.1~0.18米，深0.13~0.17米；上层2个栈孔略小，进深外高内低，呈斜直状，间距约0.5米，距中层孔高0.2~0.6米，孔边长0.1米，深0.2~0.3米，孔壁上有凿痕。

西面有栈孔24个，呈南北向分布在长约12.5米的崖面上，多为方孔，个别栈孔稍呈斜状，栈孔边沿均有凿痕。分3层，上层5个，中层9个，底层10个。底层10个栈孔呈一列分布，栈孔边长0.18~0.2米，深0.1~0.25米，间距0.6~0.18米，距水面高0.2~0.3米；中层9个栈孔分布上下错落，零乱无规律，栈孔边长0.16~0.18米，深0.12~0.18米，间距0.7~1.3米，上下间距0.2米。上层5个栈孔相对较小，与中层上孔上下相对应，栈孔边长0.11~0.17米，深0.16~0.19米，间距2~4米，距中层上孔间距0.2~0.3米。

南面崖体根部分布有栈孔4个，基本与西面底部栈孔在一水平线上，栈孔边长0.18~0.2米，深0.18~0.23米，间距0.4~1.2米。栈孔所在崖面上部约6米处，有一条20世纪60年代修建的水渠，形似槽道，现已废弃。油房坪栈道遗址（图二四一、图二四二）栈孔多，分布密集，尤其中层栈孔错落无序，相互间难以对应连接，底层栈孔基本在一水平面上，孔径也大，据此推测底层栈孔应为架设立柱支撑的横梁孔，中层及上层的栈孔可能是栈道铺设路面及搭盖棚顶的横梁孔。

经过调查，红岩河东岸为红岩村（和平村三组），村南东岸为悬崖绝壁，崖壁下水流湍急，未发现有栈道遗址存在，故无法向南通行。西岸的西坝村距离西侧山崖较远，在其村南发现的两条栈道遗址具备南北通行条件。由此推测在油房坪栈道遗址和西坝栈道遗址之间的河道可能有栈桥遗址存在，本次调查未发现栈桥遗址。

自1950年至今，历次拓宽加固修筑公路，一直沿着红岩河西岸山坡或崖壁下南北通行，直接从上铜车坝，经下铜车坝、鸡上架、上坪、弯弯店、西沟口（台子上），止于西坝村。

图二四一
油房坪栈道遗址远景

图二四二
油房坪栈道遗址近景

241

242

## （五）西坝栈道遗址南端至磨坪村

起点位置：宝鸡市太白县王家堎镇和平村三组西坝南约100米（处于红岩河西岸约100米，GPS：N：33°50′08.1″，E：107°06′07.8″，海拔1053米）。终点位置：宝鸡市太白县与汉中市留坝县交界处（GPS：N：33°49′30.1″，E：107°05′43.5″，海拔1000米）。行政区划隶属于太白县王家堎镇。

自西坝栈道遗址南端为起点，经庙岭子，过红岩河，至吊坝，在吊坝村南再次过河经窑房南下至浑水沟口，继续向南到达汉中市留坝县磨坪村，全长约8千米。

西坝栈道遗址位于和平村西坝（自然村）南约200米的石崖嘴上，东距红岩里村约200米，山体向西凸形成石崖，东、北两面为断崖，南侧上为一处小台地。西坝栈道遗由栈道、碥道组成，栈道位于东部，碥道在西部，栈道由东向西形成转折，栈孔分布于东、北两面断崖上，东部崖面长约22米，高约20米，共有10个栈孔，基本在一个水平面上。由东向西依次编号为K1~K10。均为方形孔，边长0.27~0.34米，深0.11~0.46米，口稍大于底，孔壁上有凿痕，高出地面1.2~2米。K1、K2孔间距3.35米，稍高于K1栈孔约0.1米；K2、K3间距9.95米，K3稍高于K2约0.2米；K4在转弯处，距K3间距3.58米，稍高于K3约0.1米；K5距K4间距约2.7米，稍低于K4约0.2米；K6距K5间距2.33米，稍低于K5约0.2米；K7距K6间距3米，稍低于K6约0.2米；K8、K7间距2.08米，K8稍低于K7约0.1米；K9、K8间距2.05米，两孔平直；K10、K9间距3米，稍低于K9栈孔约0.2米。

在K4、K5、K6下方均有斜撑孔，共计4个，呈半圆形，口大底小，直径0.12~0.17米，深0.06~0.15米，其中K4下有斜撑栈孔1个，与K4垂直间距约1米；K5下斜撑栈孔与K4相同，在其左侧另有斜撑孔1个，两斜撑孔间距约0.25米。K6下斜撑孔偏右，与K6间距约0.9米。

K10号栈孔向西约6米处的崖壁上垂直分布的栈孔9个，距地面高约10米，由于地形所限无法靠近测量，间距约0.4米，孔似正方形，下面4个栈孔稍大，目测边长约0.2米，上端5个栈孔相对较小，目测边长约0.16米，其中顶端2个栈孔内插入自然石条，外露长约0.4米，径约0.16米，深度不详，未与其他衔接。

西坝栈道遗址西端，另有一条碥道，开凿于崖面之上，外为垒石碥道，全长约25米，宽0.7~1米。碥道中间路面有明显的凿痕，长约3米，宽约0.6米。在碥道中上部道路外侧有7根石质横梁斜插入崖体，上为土石混合铺设路面，间距0.5~1米，石横梁呈长方形条状，长短不一，暴露最长的约为1.2米，最短的约0.7米。

西坝栈道遗址东约30米处为姜眉公路210省道，南有土地庙，遗址所在山崖顶修建有现代亭阁一处，北部为西坝村民住宅，西坝栈道遗址保护碑竖于遗址的东侧，遗址所在崖壁有太白县政府悬挂的"褒斜古栈道"标识。当地镇政府施工修整其外围地面，将要在栈道下方新建一个湖泊，恢复栈道原貌，将此处建成褒斜古栈道旅游景点（图二四三~图二四六）。

西坝栈道遗址分两条道路，一条沿山崖下的方形栈孔建造的平梁式栈道，绕山崖北、东侧至南端；另一条在靠近村西南角的山崖下有一条斜坡栈道，沿此自西北向东南翻越小山梁，梁上为一台地。推测第一条栈道时代应早于第二条。南端约100米为庙母宫（龙王庙）所在地，即庙岭子。自庙岭子过河至吊坝村，原有栈桥遗址，后因修建公路现已不存。吊坝村在红岩河东岸（图二四七），地势东高西低，较为开阔。村东背靠高山悬崖，北、南均为悬崖峭壁，无法通行。吊坝对岸的庙岭子南部也为悬崖绝壁亦无法通行。虽未在村南发现栈桥、栈道遗址，但此处河道平缓，具备过河通行能力，由此过河至对岸到达窑房。自窑房起，沿红岩河西岸，经过浑水沟口，进入留坝县境内，此次褒斜道调查的终点江口镇磨坪村。

图二四三
西坝栈道遗址远景
图二四四
西坝栈道近景
图二四五
西坝栈道局部
图二四六
西坝栈道局部

243

244

245

246

图二四七 吊坝村

## 二、沿线文物

本段均在太白县境内，仅涉及王家堎镇一个乡镇，该镇地处红岩河下游，河谷曲折，较为狭长，人口稀少，耕作条件较差，早期人类遗址匮乏，且文物遗存总量较少，栈道、栈桥遗存多集中于此。

太白县王家堎镇共发现不可移动文物11处，其中古遗址1处，古墓葬5处，古建筑2处，石刻3处。

### 1. 王家堎遗址（汉）

王家堎遗址（图二四八、图二四九）位于中明村二组南约20米的红岩河西岸台地上。地势平坦。遗址东距红岩河约8米，南至土鸡养殖场约10米，西邻210省道，北距加油站约20米。遗址平面呈不规则长方形，南北长约60米，东西宽约50米，面积约3000平方米。在遗址中部断坎上暴露长约10米、厚0.2～0.5米的文化层，内含大量陶片。采集到汉代绳纹板瓦、筒瓦残片。遗址现为耕地，种植有玉米、马铃薯等农作物。210省道从遗址西侧通过，遗址保存较差。

### 2. 蔡氏家族墓地（清）

蔡氏家族墓地（图二五○）位于三道沟村（中明村三组）西侧约50米的三道沟南、北两岸，村民蔡朝卿住宅西侧。现存墓冢3座，墓、碑齐全，墓冢均为圆丘形，表面覆以石块，其中三道沟北岸为蔡何氏墓冢和蔡

**图二四八**
王家堎遗址全景

**图二四九**
王家堎遗址标本

**图二五〇**
蔡氏家族墓地近景

学荣墓冢，墓冢均高约1.5米，直径2.7米；三道沟南岸保留蔡宏斌墓冢1座，墓冢建于宽约5米、高约1.2米的石质台基上，墓碑下有圆形碑座，墓冢东侧有直径约0.18米的松树1棵。部分墓碑两侧石构件有阴刻楹联，文字因石质开裂漫漶不清，立碑年代为道光、咸丰年间。据碑文看蔡氏祖籍湖南常德府桃源县下苏村，后迁居此地。墓冢位于沟边坡地上，有零星村民居住，墓冢周围杂草丛生，保存较差。

### 3. 贺生璜墓（清）

贺生璜墓（图二五一）位于中明村左家垹（自然村）东北约150米的山坡上，地势东高西低，呈缓坡状。墓葬地面封土已平，墓室结构不详。墓主贺生璜，清代人。现左家垹杜青友家院外遗留长方形墓碑1通，青石质，首、座佚失。墓碑残长1.18米，宽0.73米，厚0.12米。碑身上部横刻楷书大字"万里烟霞"四个大字。正中刻有"皇清待赐故显考贺公讳生璜字万明老大人墓位"。右侧刻有序文9行，满行29字，大意为"贺生璜生于乾隆丙子年（1756年）八月二十日，长沙湘县三十七都丰乐里府板台保人，后迁移至此。并颂赞死者及简述死者生平事迹"。因文字漫漶不清，难以通读。无撰文、书丹、立石人姓名，年款不清。墓葬所在地现为荒坡。墓碑倒置于地，有残损。

### 4. 吴德满墓（清）

吴德满墓（图二五二）位于中明村红岩（自然村）东约50米的山坡上，地势东高西低，呈缓坡状。墓葬封土已平，墓室结构不详。墓主吴德满，清代人。遗留长方形墓碑1通，青石质，首、座佚失。墓碑残长0.61米，宽0.51米，厚0.11米。墓碑上刻有"皇清待赠显考吴公讳德满……"。大意为颂赞死者及简述死者生平事迹和死况，末行年款为"大清咸丰五年（1855年）岁次乙卯仲春月上浣……"。序文共6行，满行17字。无撰文、书丹、立石人姓名。墓葬所在地现为荒坡。墓碑倒置于地，有残损，部分字迹模糊。

图二五一
贺生璜墓墓碑

图二五二
吴德满墓墓碑

图二五三　吴仁墓墓碑

### 5. 吴仁墓（清）

吴仁墓（图二五三）位于中明村红岩（自然村）东南约350米的山坡上，地势东高西低，呈缓坡状。墓葬封土已平，墓室结构不详。墓主吴仁，清代人。遗留长方形墓碑1通，现置于和平村委会院内。青石质，首、座佚失。残长0.9米，宽0.5米，厚0.1米。墓碑上刻有"将之本固者业……"。大意为颂赞死者及简述死者生平事迹，末行年款为"大清咸丰七年（1857年）岁次丁卯季春月之……"。碑文共7行，满行28字。撰文、书丹、立石人姓名均模糊不清。墓葬所在地现为荒坡。墓碑倒置于地，首、座均佚。墓碑有残损，部分模糊。

### 6. 熊大书墓（清）

熊大书墓（图二五四、图二五五）位于中明村三组西约30米的荒坡上，地势西高东低，呈陡坡状。墓主熊大书（？—1854），道光至咸丰年间本地乡绅。祖籍豫章（今江西南昌），后迁居此地。墓葬封土圆丘形，底径4.5米，高2.5米。墓葬前有石构件多块，均叠压放置。其中一块上刻有"一念不忘俎豆"，另一块上刻有"竹风囗书囗凌云"，均为楷书。墓碑为大理石质，长方形。长1.2米，宽0.5米，厚0.18米。碑身中部大字"清故考（妣）熊囗讳大书（吕氏）字谨彰（慈惠）老大（孺）人之墓位"。墓碑左侧有碑文9行，满行33字。记述墓主生平及品德，右侧竖列子孙姓名，最后为年款及撰文、书丹、题记人姓名。墓葬现被荒草覆盖，墓葬石构件散落于墓冢四周，墓碑倒置于墓葬前，字迹模糊不清。墓葬东南2米处有柏树1棵。保存状况较差。

## 7. 板桥村崖居（不详）

板桥村崖居（图二五六）位于板桥村东北约200米的山崖上。地势东高西低，呈陡坡状。崖居为一孔洞穴，距地面高约70米。目测洞口呈不规则三角形。高约2.5米，宽约3米。该崖居位置险要，无法到达，进深不得而知。据当地村民介绍，该洞穴是为躲避匪乱而修建的。该崖周围杂草密布，隐蔽性和安全性相当高。洞口灌木茂盛，有坍塌现象。

**图二五四**
熊大书墓近景
**图二五五**
熊大书墓墓碑
**图二五六**
板桥村崖居

图二五七
红岩村崖居远景

### 8. 红岩村崖居（不详）

红岩村崖居（图二五七）位于红岩村北约80米的山崖上。地势东高西低，呈陡坡状。崖居为一孔洞穴，坐东面西，距地面高约50米。目测洞高约3米，宽约2.5米，因为无法进入，进深无法得知。据早年曾进入过崖居内的村民介绍，洞内有人工修凿的石阶等，可容纳数十人居住。该崖居地势险要，周围杂草密布，隐蔽性和安全性相当高。洞口灌木茂盛，有坍塌现象。

### 9. 除弊安民告示碑（清）

除弊安民告示碑（图二五八、图二五九）位于中明村西坝（自然村）新修地母宫北墙前2米处，地势西高东低，呈缓坡状。石碑为砂岩质，身首一体，圆首，座佚，通高1.16米，宽0.6米，厚0.08米。碑首上端由线雕花卉和动物图案。长方形额，额题不详。碑文楷书字体，正文11行，满行35字。碑文记述了陕西汉中镇留坝营游府参将王仅先，体察当地"地瘠民贫"，明令革除军营"官索夫马价，兵索口岸钱"等积弊一事。光绪九年（1883年）立石。碑刻现竖立于庙前，露天放置，无保护措施。字迹因风雨侵蚀风化严重，表面有大量苔藓，碑体边沿有残损，保存较差。

258

259

图二五八
除弊安民告示碑近景
图二五九
除弊安民告示碑局部

## 10. 台子山庙碑（清）

台子山庙碑（图二六〇）位于板桥村台子山干柴沟口，地势西北高东南低，呈缓坡状。碑刻石灰岩质，身首一体。圆首、长方形碑身，座佚。碑高1.07米，宽0.54米，厚0.11米。碑首无饰，横刻楷书大字"万古千秋"四字。碑身刻有正文6行，满行26字。大意记述了维修干柴沟口囗圣庙过程及捐款人姓名、钱数等事宜。末书"书丹 罗仓 杜冉 金龙 石工杨万福

图二六〇 台子山庙碑
图二六一 中明村碾盘

画工 韩福 咸丰十年（1860年）孟冬 上浣首事 董占芳 占癸 占弓 占芹等全立"。碑刻现倒置于路旁，无保护措施，字迹有风化现象。周围散落有3个石门墩。

### 11. 中明村碾盘（清）

中明村碾盘（图二六一）位于中明村二组，原乡政府财政所院外水渠上。占地面积约5平方米。碾盘为砂岩质，圆形，直径1.9米，厚0.3米，轴孔径0.08米。碾盘已经废弃不用，碌碡佚失。在侧面刻有楷书"嘉庆拾陆年（1811年）四月七日"等字样。碾盘周围堆放有柴火等杂物。字迹有风化现象。

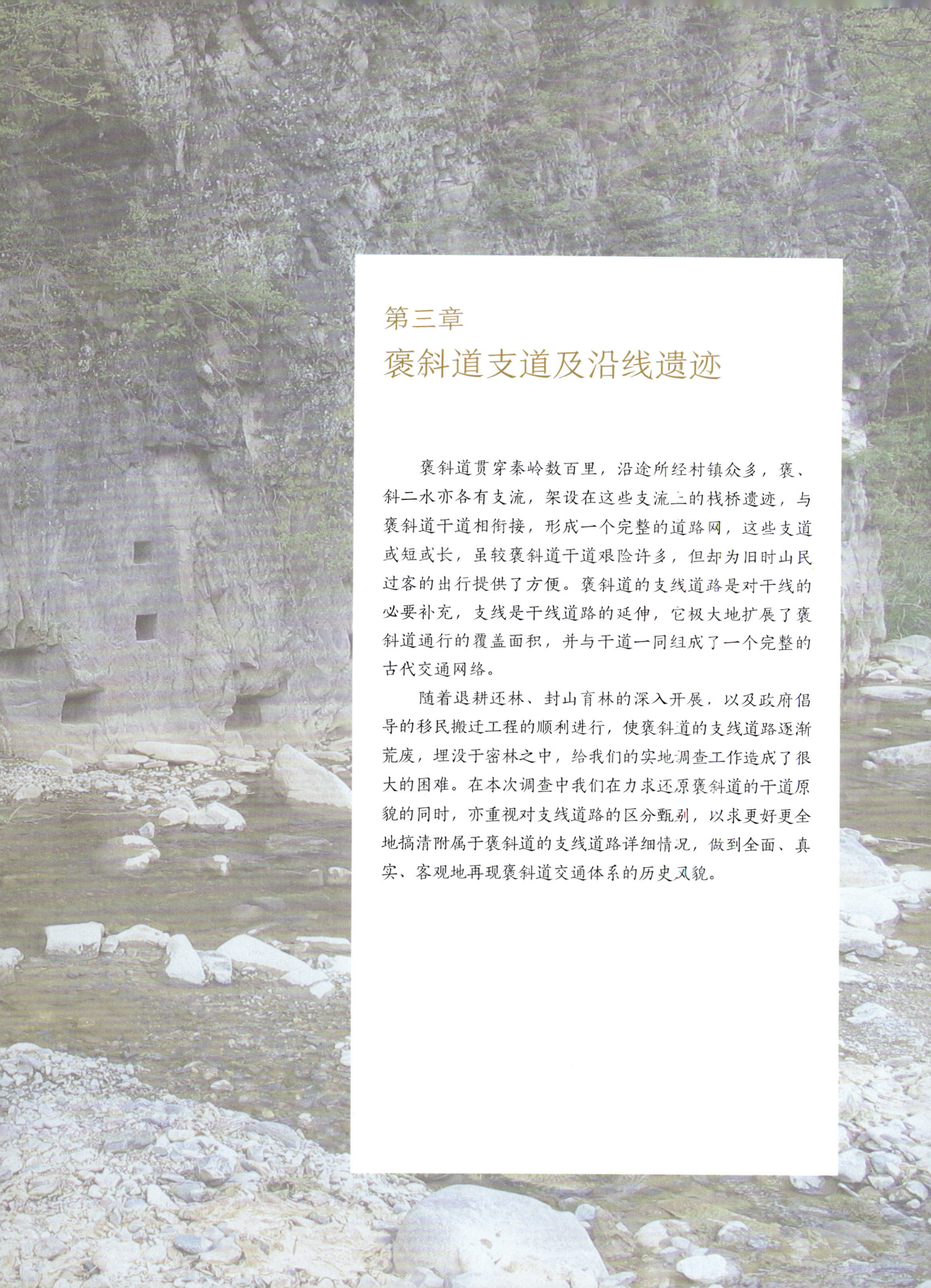

# 第三章
# 褒斜道支道及沿线遗迹

　　褒斜道贯穿秦岭数百里，沿途所经村镇众多，褒、斜二水亦各有支流，架设在这些支流上的栈桥遗迹，与褒斜道干道相衔接，形成一个完整的道路网，这些支道或短或长，虽较褒斜道干道艰险许多，但却为旧时山民过客的出行提供了方便。褒斜道的支线道路是对干线的必要补充，支线是干线道路的延伸，它极大地扩展了褒斜道通行的覆盖面积，并与干道一同组成了一个完整的古代交通网络。

　　随着退耕还林、封山育林的深入开展，以及政府倡导的移民搬迁工程的顺利进行，使褒斜道的支线道路逐渐荒废，埋没于密林之中，给我们的实地调查工作造成了很大的困难。在本次调查中我们在力求还原褒斜道的干道原貌的同时，亦重视对支线道路的区分甄别，以求更好更全地搞清附属于褒斜道的支线道路详细情况，做到全面、真实、客观地再现褒斜道交通体系的历史风貌。

## 第一节

# 西河栈道

在太白县王家堎镇西侧，与之比邻的凤县坪坎镇境内，有一条与红岩河（褒水）流向一致（同为自北向南）且相对平行的河流，名为西河（抑或中曲河），西河与红岩河中间相隔一条南北向山脉，东西宽7~12千米，该河流是汉江水系褒河重要支流，发源于岩湾北部秦岭沟，经岩湾、坪坎至倒贴金出境，进入留坝县境内，在江口镇以南约4千米的周院子汇入红岩河，在凤县境内流长35千米。中曲河又名车道河，由凤县平木镇，经坪坎达留坝江口，沿途发现栈道遗迹多处，1988年第二次文物普查中，沿中曲河河谷经行调查，沿线共发现栈道遗址3处、摩崖题刻1方，因其位于红岩河西侧仅一山之隔，命名为西河栈道，收录于《中国文物地图集·陕西分册》[21]。根据1988年文物普查的记录来看，西河栈道："路线沿袭褒河支流西河河谷分布，南接褒斜道遗址留坝段，向北经坪坎、平木乡，折向东入太白县境，与褒斜道主线连通。"全线发现栈道遗址3处、摩崖题刻1方，属褒斜道西侧的支线遗址。具体是由褒斜道自太白县嘴头镇以西约7千米两河口，向西北方向分出一支线沿河谷而上，经店子岔向西，顺山谷越过东西宽约3.8千米的南北向山梁，到达太白县靖口镇强里川村，顺石沟河而下，到达靖口镇，沿黄牛河经靖口镇向西至凤县境内，横穿平木镇平木村后，转向南沿西河河谷纵穿坪坎镇，延伸入留坝县江口镇西南约4千米的西河口，在江西营村并入褒斜道干道。可以说西河栈道就是褒斜道的西线分支。

经过本次调查，我们发现西河栈道的路线与1988年文物普查的记录有所出入。在凤县平木镇向东至太白县靖口段，并未发现古道道路遗迹，因此我们推测西河栈道并未折向东，而是经坪坎、平木镇继续沿杨家河继续向北，与杨家河栈道（2009年第三次全国文物普查中发现）相接，南北贯通故道、褒斜道。

通过对坪坎、平木两个乡镇沿途的古代道路遗迹的调查，证明了西河栈道的路线走向，并未经平木镇折向东，而是继续向北延伸。太白县靖口镇境内未发现古代道路遗迹。第二次全国文物普查全线发现栈道遗址3处、摩崖题刻1方。2009年第三次全国文物普查全线发现栈道遗址9处，平木镇发现1处栈道遗址，即小庄坪栈道遗址。坪坎镇内共发现碾子坝栈道遗址、吊坝子栈道遗址、鸡冠崖栈道遗址、谭家坝栈道遗址、水獭沟栈道遗址、丹桂沟口栈道遗址、周家楞栈道遗址、老庄栈桥遗址等8处栈道

[21]《中国文物地图集·陕西分册（下）》，西安地图出版社，1998年，第341页。

遗址。共发现栈孔64个，有方孔和圆孔，圆孔孔径0.1～0.2米，方孔边长0.12～0.15米，深0.08～0.15不等；另在鸡冠崖栈道遗址旁发现踏步6级，宽0.6～0.8米，台阶高0.17米。西河栈道属褒斜道西侧的支线道路。该栈道遗址对于凤县和太白县古代交通状况、人口迁徙、道路修筑技术等方面的研究有重要价值。

# 一、古道道路遗迹

## （一）小庄坪至孔棺村

起点：凤县平木镇小庄坪栈道遗址（GPS：N：33°56′59.8″，E：107°00′55.3″，海拔1198米），终点：坪坎镇坪次村（GPS：N：33°51′37.5″，E：106°59′41.0″，海拔1106米），道路全长约10.4千米，海拔落差约92米。行政区划隶属于凤县平木、坪坎镇。

自小庄坪栈道遗址向南，沿西河顺流而下约3800米，经硬沟门、龙潭子，在朱家坪南约900米处与车道河交汇，进入坪坎镇，称为中曲河。继续沿河水向南行2600米，此段河谷宽度不足50米，到达黄梨园，河谷逐渐变宽，在西岸形成一个月牙形台地，南北长约310米，东西宽约105米，有村民7户，住宅均紧靠西侧山根，临近核（桃坝）坪（坎）公路（以下简称核坪公路）。核坪公路于2008年12月建成通车，路面宽4.5～5米，全长19.5千米，北起凤县岩湾乡核桃坪村，与眉凤公路相接，南至坪坎镇政府，极大改善了坪坎镇的交通。南出黄梨园，途经朱家坪、新房里，前行约4000米，便是孔棺村，一条小支流角沟河在此与中曲河交汇，呈"Y"形，形成南北长约1000米、东西宽40～380米的冲积台地，孔棺村人口住户较多，村民住宅相对集中，核坪公路从村中南北穿过，交通便利。本段古道遗迹共有2处。

### 1. 小庄坪栈道遗址

小庄坪栈道遗址（图二六二、图二六三）（GPS：N：33°56′59.8″，E：107°00′55.3″，海拔1198米）位于凤县平木镇平木村六组（河西）小庄坪西南约1000米处的黄牛河西岸崖壁间（当地人称偏桥）。东南至西北走向，全长约25米，距河面高1.4～3.5米。桥已毁，仅存栈孔7个。分布于两处岩石上，两处岩石相距约18米。西北部岩石上有5个栈孔，成弧形分布，孔距1～1.4米。其中圆孔2个，孔径0.18米，深0.16～0.19米；椭圆孔1个，径0.13～0.2米，深0.15米；方孔2个，孔边长0.15～0.18米，深0.14米。东南部岩石上发现2个栈孔，其中圆孔1个，直径约0.2米，深度不详；方孔1个，边长0.15米，深0.12米。该栈道遗址是从平木至坪坎古道上的一处栈道，属于西河栈道，是西河栈道和杨家河栈道衔接处。

262

263

### 2. 老庄栈桥遗址

老庄栈桥遗址（图二六四、图二六五）（GPS：N：33°50′54.7″，E：106°56′56.5″，海拔1100米）位于凤县坪坎镇老庄（自然村）东南约100米的中曲河北岸河滩上。地势北高南低，呈缓坡状。栈桥遗址东距老庄拦水坝约150米，南距核桃坝至坪坎水泥路约50米，西距通往老庄吊桥约70米，北挨山坡。在靠近中曲河北岸的河滩岩石上，共发现桩孔7个，全长约12米，沿中曲河流向为南北走向。桩孔为方形，边长0.13~0.15米，深0.14~0.16米，孔距0.48~1.5米。部分桩孔位于水面以下。石桩和路面均已不存，该栈桥为西河栈道遗址的一部分。

### （二）坪坎村至倒贴金

起点：凤县坪坎村（GPS：N：33°51′37.5″，E：106°59′41.0″，海拔1106米），终点：坪坎镇倒贴金村（GPS：N：33°47′46.4″，E：106°59′51.60″，海拔1045米），道路全长约10.3千米，海拔落差约61米。行政区划隶属于坪坎镇。

图二六二
小庄坪栈道遗址远景

图二六三
小庄坪栈道遗址近景

图二六四
老庄栈桥遗址全景

南出孔棺村沿中曲河西岸大约4000米，经黑牛坪，到达坪坎村，坪坎村现为坪坎镇人民政府所在地，村西侧有银母寺沟河汇入中曲河，形成一个小的冲击台地，南北长约660米，东西宽约220米，坪坎村住多集中于核坪公路东侧，户口少于孔棺村，银母寺沟内有铅锌矿开采，矿业发达，交通便利，核坪公路止于此。出坪坎村，沿砂石便道，南行约2800米，经田园竹，过河东岸至丹桂沟口，中曲河河道中有多处挖沙淘金厂，部分河段断流，河道被占，对周围地貌及环境影响大。丹桂沟河在此汇入中曲河，在河东岸冲积形成半月形台地，村民居住于台地之上。出村南行，河道由于挖沙淘金逐渐加宽，沿河东岸砂石路向南行进约1900米，为谭家坝因地形阻挡，中曲河在此折向西约750米，复折向南，谭家坝位于此段北岸的冲积台地上，台地东西长约500米，南北宽约100米，耕地较多，并有两座吊桥与东、西两岸的砂石路连接，出村顺砂石路前行约1600米，到达倒贴金村，倒贴金为凤县与留坝县交界处，村民住宅均建于河东岸狭长的台地上，本段调查止于此。本段共有6处古道遗存。

图二六五 老庄栈桥遗址局部

## 1. 碾子坝栈道遗址

碾子坝栈道遗址（图二六六）（GPS：N：33°50′17.3″，E：106°59′46.6″，海拔1058米）位于凤县坪坎镇碾子坝（自然村）西南约150米的中曲河南岸石崖上。地势西高东低，呈缓坡状。栈道遗址东临中曲河，南挨石崖，西北距丹桂沟约20米。栈道沿中曲河为东西走向，全长约20米，距水面高0.5~1.2米。共发现方形栈道14个，边长0.08~0.11米，深0.2米。孔距0.15~1.65米。栈道石桩和路面均已不存。

## 2. 吊坝子栈道遗址

吊坝子栈道遗址（图二六七、图二六八）（GPS：N：33°49′34.2″，E：106°59′47.7″，海拔1004米）位于凤县坪坎镇倒贴金村吊坝子（自然村）东南约500米处的中曲河西岸紧挨河面的一处陡峭崖壁上。地势西高东低，呈缓坡状。栈道残存长约28米，宽1~1.5米，距水面高0.1~5米。另有部分栈孔处于河面以下。在崖壁上分布有21个方形栈孔，其中最底层有9孔，边长为0.2米，深0.15米，孔间距0.3~1.1米。

图二六六
碾子坝栈道遗址远景

267

268

中层有6孔，边长0.15～0.2米，孔间距0.5～1.8米。最上层距水面高约4米，水平依次分布有6个栈孔，边长0.15米，间距1～2米。

### 3. 鸡冠崖栈道遗址

鸡冠崖栈道遗址（图二六九、图二七〇）（GPS：N：33°49′46.1″，E：107°00′12.3″，海拔1072米）位于倒贴金村谭家坝（自然村）东北约180米的鸡冠崖崖面上。遗址所在的崖面上方东约50米为坪坎至倒贴金砂石路，南距吊坝子约800米，西南距谭家坝约180米，北距碾子坝约2000米。在鸡冠崖底部有一长约20米的巨石延伸至中曲河中，在巨石靠近崖体部位有一栈孔，方形，边长为0.18米，深0.12米。

**图二六七**
吊坝子栈道遗址远景
**图二六八**
吊坝子栈道遗址近景
**图二六九**
鸡冠崖栈道遗址踏步

在巨石于鸡冠崖相连的部位有人工开凿的踏步6级。长约6米，宽0.6～0.8米，台阶高0.17米。推测该栈道在桩孔上打入石桩，铺设路面，紧靠鸡冠崖沿河流方向修造，踏步是为了河边栈道与上方道路上下方便。

#### 4. 谭家坝栈桥遗址

谭家坝栈桥遗址（图二七一、图二七二）（GPS：N：33°49′40.3″，E：107°00′13.1″，海拔1048米）位于凤县坪坎镇倒贴金村谭家坝（自然村）东约100米的中曲河西侧的河滩一块巨石上。地势较平坦。该遗址东距坪坎至倒贴金砂石路约150米，西距谭家坝约100米，南、北均为河滩。在河滩一块面积约4平方米的巨石斜面上，凿有2个栈孔，一孔为方形，边长0.15米，深0.22米。另一孔为不规则圆形，直径0.18米，深0.22米。两孔间距1.1米。该岩石为一块独立的巨石，处于河滩中间。

#### 5. 水獭沟栈道遗址

水獭沟栈道遗址（图二七三、图二七四）（GPS：N：33°49′37.9″，E：107°00′13.1″，海拔1035米）位于凤县坪坎镇倒

图二七〇　鸡冠崖栈道遗址栈孔

图二七一
谭家坝栈桥遗址远景
图二七二
谭家坝栈桥遗址近景

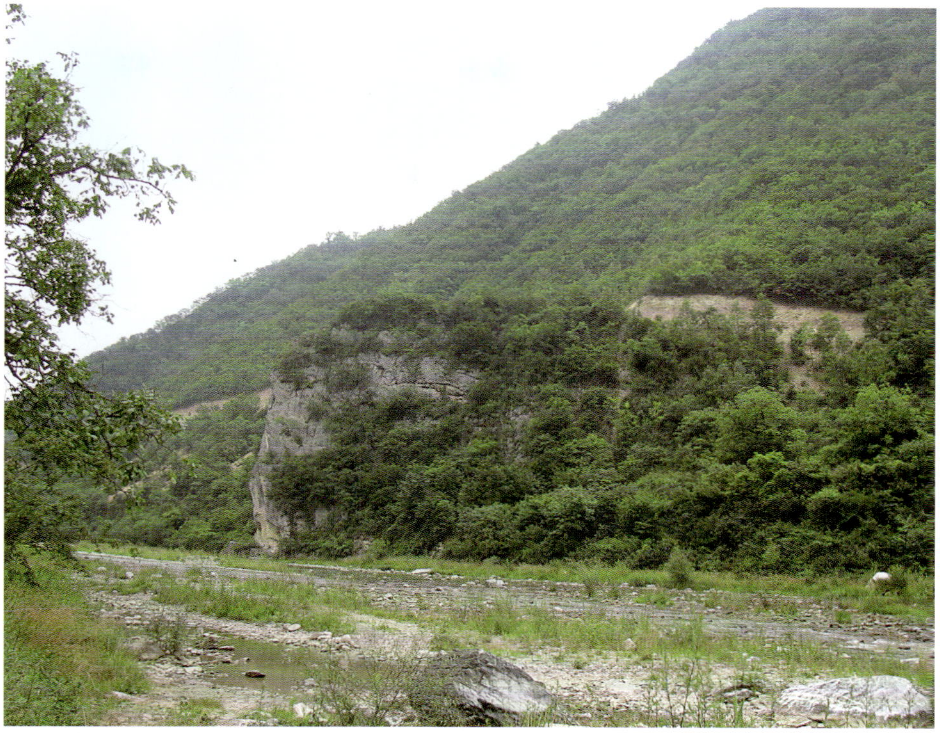
271



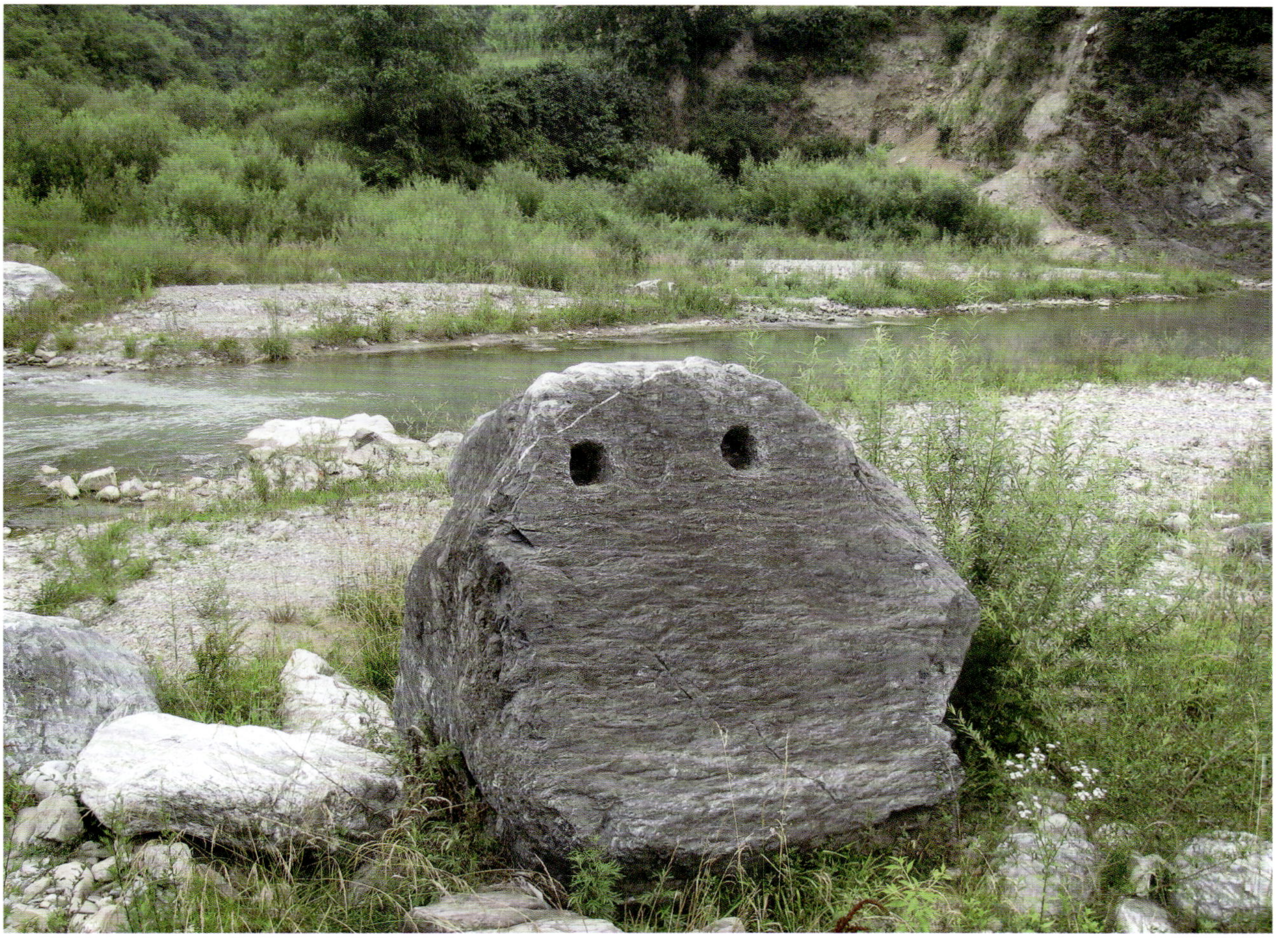
272

图二七三　水獭沟栈道遗址远景

图二七四　水獭沟栈道遗址近景

贴金村谭家坝（自然村）东南约150米的中曲河东岸山崖上。东距坪次至倒贴金砂石路约50米，南为山谷，西北距谭家坝约150米，北距鸡冠崖约120米。在中曲河东岸靠近河面的岩石上遗留有栈孔10个，为南北走向。栈道遗址长约10米，栈孔呈方形，边长0.08~0.12米，深0.1~0.15米，孔间距0.3~2.8米。

### 6. 丹桂沟口栈道遗址

丹桂沟口栈道遗址（图二七五、图二七六）（GPS：N：33°50′15.9″，E：106°59′37.0″，海拔1142米）位于凤县坪坎镇一组西约400米的丹桂沟河北岸岩石上。地势为两边高，中间低，东距丹桂沟河与中曲河交汇处约300米，南、西、北均为山崖。在距丹桂沟河河床高约1米河岸岩石上，遗留5个栈孔，栈孔呈水平状分布，东西走向。栈孔为方形，边长0.12~0.15米，深0.15~0.17米，间距0.6~0.8米。

### 7. 周家楞栈桥遗址

周家楞栈桥遗址（图二七七、图二七八）（GPS：N：33°57′59.3″，E：106°59′33.9″，海拔1075米）位于凤县坪坎镇周家楞（自然村）西南约50米的中曲河一块与山体相连的岩石上。石块长约15米，部分深入河内，高出水面约1~2.5米。在岩面上分布有4个栈孔，为东西走向横跨中曲河。其中两孔为方形，边长0.13~0.2米，深0.3米，孔距1.1~3米。在岩石侧面有6个侧孔，孔半径0.15米，深0.2~0.5米，孔距1.1~3米。

**图二七五** 丹桂沟口栈道遗址远景

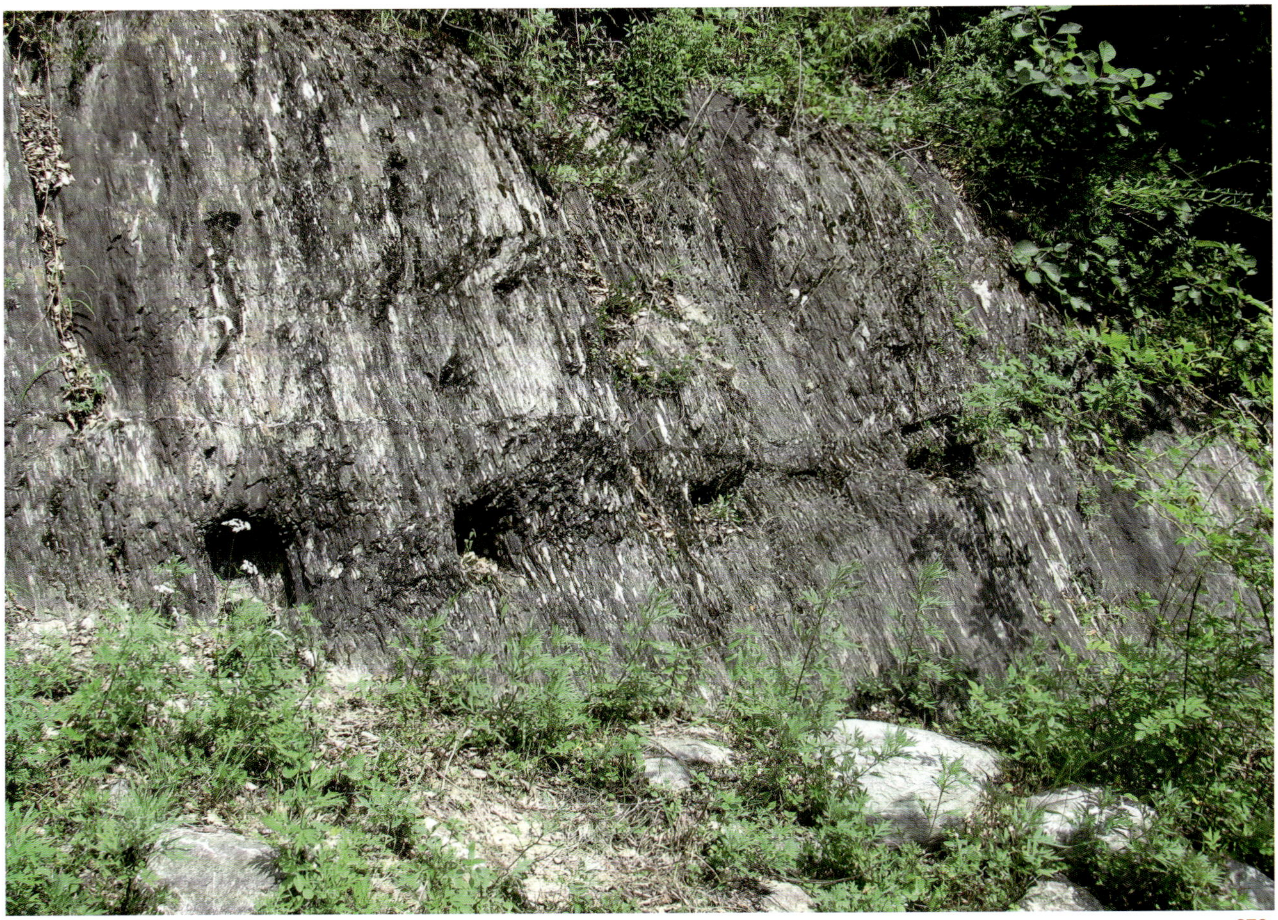

276

277

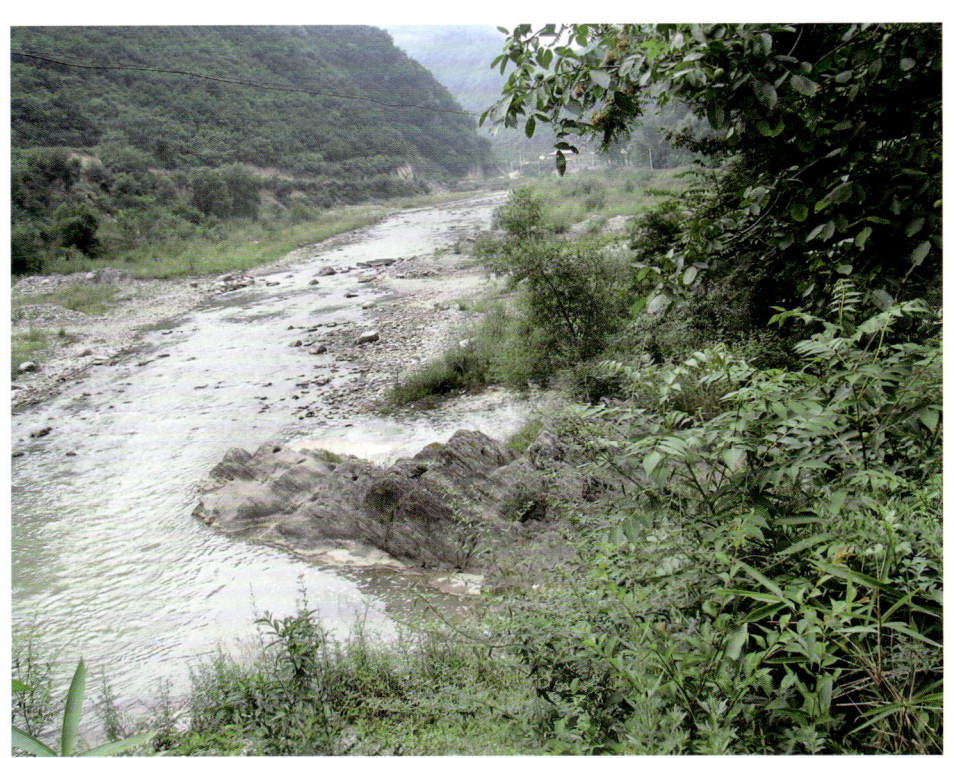

图二七六
丹桂沟口栈道遗址近景
图二七七
周家楞栈桥遗址远景
图二七八
周家楞栈桥遗址近景

## 二、沿线文物

### （一）凤县坪坎镇

坪坎镇地处中曲河下游，沿岸没有发现早期人类活动的遗址，文物遗存以清代墓葬为主。

凤县坪坎镇共发现不可移动文物共13处，其中古遗址2处，古墓葬6处，古建筑2座，石刻2个，其他1个。

#### 1. 长安寺庙址（清）

长安寺庙址（图二七九、图二八〇）位于坪坎镇孔棺村吴家庄（自然村）西南约70米的中曲河西岸半山腰上。地势西南高东北低，呈陡坡状。东距核桃坝至坪坎水泥路约30米，南、西均为山崖。北距孔棺沟约40米。庙址东西长约10米，南北宽约8米，面积约80平方米。原有庙宇建筑1967年拆毁，20世纪90年代村民集资在原庙址上重建土木结构的单体建筑庙宇

3间，在长安寺北侧空地上发现长方形石碑1通，石灰岩质，身首一体。碑刻通高1.68米，宽0.76米，厚0.15米。额题为横书"广种福□"四字，碑文为楷书阴刻，有文字16行，满行36字，碑文记述捐资修建长安寺的经过以及捐资人姓名等。其中捐资人姓名和捐资数额有界格。落款为"大清光绪十八年岁（1892年）次戊戌月建在□□吉日□碑"。无撰文和书丹人。寺庙原有建筑已毁，庙东侧遗留石碑1通。碑刻现倒置于地，有风化现象，部分字迹模糊，碑身亦有多处残损。

### 2. 银母寺古矿址（不详）

银母寺古矿址（图二八一、图二八二）位于坪坎镇银母寺三组南约1000米的半山腰上，地势南高北低，呈陡坡状。东、南、西三面均为山梁，北距铜岭沟（河）约500米。矿洞所处的山体呈东西走向，矿洞口朝北，距铜岭沟面高约350米。在半山腰残留矿洞1处，洞口呈竖立的椭圆形，最宽处0.8米，高1.5米。进洞口后为一段长约2米的水平洞穴，高1.8米，宽2.2米，洞壁岩石呈灰褐色，夹杂有大块的白色氧化锌结晶体皮面。在该洞穴尽头，有一直上直下的长方形竖洞，长5，宽0.8米，进深约17米，洞壁上有三角形脚窝，宽0.17米，高0.2米，进深0.15米，窝间距0.7～0.8米，竖洞底分为两个水

图二七九　长安寺庙址远景

图二八〇
长安寺庙址碑刻
图二八一
银母寺古矿遗址
图二八二
银母寺古矿遗址矿洞

平岔洞，一朝东南向开挖，洞长5米，宽1.5米，高2米。一朝西南向开挖，长7米，宽1.65米，高2.3米。矿洞壁表面光滑，壁上残留银白色氧化锌皮面。据银母寺村委会主任介绍，该矿洞传说为唐代初期尉迟敬德带兵在此开挖铅锌矿所遗留，原有古矿洞多处，1988年西北有色矿业公司接管以来，大部分古矿洞被利用、毁坏，仅存此洞。在银母寺村中有一棵娑罗树，据林业部门测定，树龄为1400年，大体为唐贞观时期所栽植，与村民介绍的唐初时代所吻合。该矿址时代早，遗迹明确。矿洞壁残留大片白色氧化锌皮面，表层光滑，因后人不断进入，大部分遗迹被破坏，保存较差。

### 3. 柏树坪墓群（清）

柏树坪墓群（图二八三、图二八四）位于坪坎镇坪坎村柏树坪（自然村）西约20米的丹桂沟河北岸二级台地上，地势北高南低，呈缓坡状。墓

图二八三　柏树坪墓群远景

图二八四　柏树坪墓群局部

群东距柏树坪约20米，南距丹桂沟河约15米，西、北均为山坡。墓群平面呈不规则形，东西长约20米，南北宽约10米，面积约200平方米。墓群由3座墓葬组成，分别为M1、M2、M3。M1坐北面南，封土呈半圆丘状，由脸盆大小石块堆砌而成，墓主不详。墓冢南北长约6米，东西宽2米，高1.3米。M2位于M1右侧5米处，坐北面南，封土呈半圆丘状，墓冢亦由石块堆砌而成。南北长约7米，东西宽2.5米，高1.7米，在墓冢前有楼阁状碑楼，由碑座、碑身（上、下两层）和塔刹三部分组成。下层墓碑两边有石条，右侧条石上刻有"旺上高照牛眠地"7个楷书大字，左侧对应刻有"秀水环抱马鬃茔"。墓碑石灰岩质，身首一体。通高1.8米，宽1米，厚无法测量。碑正中阴刻楷书"清故祖考张翁朝荣老人之茔墓"，正文7行，满行15字，大意记述了张老先生的生平事迹和功德等事宜，落款为"咸丰六年（1856年）二月十九日立"。上层碑刻为长方形，高0.5米，宽0.3米。正中阴刻楷书"□□若今"四字。两侧阴刻楷书"茔墓千秋固　子孙万代兴"对联。塔刹现已丢失。M3位于M2右下方约5米处，墓冢形制、构造、大小与M1相同。3座墓葬中均有盗掘痕迹，墓葬砌石有松散现象。其中M2墓塔石构件部分被毁。墓地周围有少量成年柏树。保存状况较差。

### 4. 二道沟僧人墓塔（清）

二道沟僧人墓塔（图二八五、图二八六）位于坪坎镇坪坎村柏树坪（自然村）西约1000米的二道沟北岸台地上。地势北高南低，呈缓坡状。墓塔南距二道沟约30米，西、北为山坡，胡洞沟在墓塔北约50米处与二道沟交汇。墓葬封土已平，墓室结构不详。墓塔现已倾倒，周围散落有3个六棱形石柱，均为石灰岩质。1号石柱高0.45米，边宽0.35米，中间有一直径为0.1米的圆孔。在该石柱的3个侧面，有浮雕人物图案。2号石柱高0.5米，边宽0.4米。其中一个侧面阴刻楷书"随禅俗□张代□建　敕授菩萨成和尚比丘上下　尼了　广禅　大清咸丰元年（1851年）仲夏月上浣日吉　立"，

3号石柱高0.32米，边长0.18米，无纹饰和图案。二道沟僧人墓塔现已倾倒，石构件散落于周围，墓葬封土已平，有盗扰痕迹。周围杂草丛生，保存状况较差。

### 5. 高家院墓群（清）

高家院墓群（图二八七、图二八八）位于坪坎镇坪坎村一组高家院（自然村）周宏华家西北5米处的山坡上，地势北高南低，呈缓坡状。墓群东距周宏华家约5米，南距坪坎至倒贴金砂石路约30米，西距柏树坪村约500米，北为山坡。墓群平面呈长方形，东西长约20米，南北宽约10米，面积约200平方米。现存墓葬两座（M1、M2），M1坐北面南，封土为半圆丘状，由石块堆砌而成。墓冢南北长7米，东西宽3米，高1.3米。墓冢前有楼阁式碑亭，石灰岩质，高1.9米，宽2.8米。墓碑为长方形，地面部分高0.92米，宽0.6米，厚不详。碑刻正中阴刻"……刘母谢老孺人……"，

图二八五　二道沟僧人墓塔远景
图二八六　二道沟僧人墓塔局部
图二八七　高家院墓群墓葬
图二八八　高家院墓群墓葬

正文为楷书，内容记述了谢老孺人生卒年月以及生平事迹等。落款字迹漫漶不清。两侧条石上刻有对联一副，右侧为"山清水秀即□□"，左侧字迹模糊不清，字体均为楷书。M2位于M1东侧约5米处，M2坐北面南，封土为半圆丘状，由石块堆砌而成。墓冢南北长7米，东西宽3米，高1.3米。墓冢前有楼阁式碑亭，石灰岩质，高2.2米，宽2.8米。墓碑为长方形，地面部分高1.1米，宽0.6米，厚不详。碑刻因风化严重，字迹漫漶不清。两侧条石上刻有对联一副，右侧为"秀凝荒□牛眠□"，左侧"日照佳城□□□"。上层部分对联为"万古佳城 佑启后人"。据当地人介绍，该两座墓葬为清代修建。高家院墓群碑亭雕刻细腻，书法较好，对了解清代凤县南部地区葬俗制度和清代石刻工艺有一定价值。墓葬现为荒坡，碑亭上长满青苔，墓冢砌石有散落。保存状况较差。

### 6. 坪坎村沈门杨氏墓（清）

坪坎村沈门杨氏墓（图二八九、图二九〇）位于坪坎村一组村民陈启仁家西南约200米，地势南高北低，呈缓坡状。墓葬东、南、西为山坡，北距丹桂沟河约100米。该墓坐东南向西北。封土为半圆丘状，由石块堆砌而成。墓冢长约6米，宽4米，高1.3米。墓冢前荒坡上倒置一长方形石碑，石灰岩质，碑首、座佚失。墓碑长1.05米，宽0.65米，厚0.12米。碑刻正中阴刻"皇清待诰大懿德□故慈母沈门杨氏老孺人一位正魂之坟墓位"，正文为楷书，内容记述了杨老夫人生卒年月以及生平事迹等。落款为"皇上嘉庆贰□年□□在"。该墓葬周围现为荒坡，杂草丛生，墓冢有盗洞，墓碑文字漫漶不清。保存状况较差。

### 7. 钱昌焜夫妇墓（清）

钱昌焜夫妇墓（图二九一）位于坪坎镇坪坎村一组村民陈启仁家东南约150米，地势南高北低，呈缓坡状。墓葬东、南、西为山坡，北距丹桂沟河约100米。该墓坐东南向西北。封土为半圆丘状，由石块堆砌而成。墓冢长约6米，宽3米，高1.3米。墓冢前有碑亭，均为石灰岩质，墓碑为长方形，长1.2米，宽0.45米，厚不详。碑刻正中阴刻"清故恩深显考（妣）钱昌焜（邓氏）老 大（孺）人之坟墓"，正文为楷书，内容记述了钱氏夫妇生卒年月以及生平事迹等。落款为"大清道光七年（1827年）丁亥岁三月□日钱□□"。两侧条石上刻有对联一副，右侧为"面向文山座甲地"，左侧为"脉后方斗癸元□"，字体均为楷书。墓葬现为荒坡，碑亭上长满青苔，墓冢砌石有散落。有盗掘痕迹。保存状况较差。

### 8. 周家楞墓（清）

周家楞墓（图二九二）位于坪坎镇坪坎村周家楞（自然村）南约30米的梯田中。地势南高北低，呈缓坡状。墓葬东、南、西均为梯田，北距周

图二八九
坪坎村沈门杨氏墓近景
图二九〇
坪坎村沈门杨氏墓碑刻
图二九一
钱昌焜夫妇墓近景

家楞约30米。墓葬紧靠断坎，坐南向北，封土呈半圆丘状，底径约2米。墓葬前有庑顶式碑亭，高1.3米，宽1.4米。由条石和碑刻组成，均为石灰岩质。碑亭有对联一副"子孙富贵万载兴 自迁葬茔申真龙"，字体为楷书。墓碑为长方形，石灰岩质，高1.1米，宽0.6米。正中阴刻"故显考妣李公孝享字 母胡氏长……"，正文记述了李公夫妇祖籍江南安庆府，后迁徙至本地，李氏夫妇的生卒年月以及生平事迹等事件。落款为"大清嘉庆二十三年（1818年）岁次戊寅九月立"。墓葬位于半坡的梯田中，紧靠断坎，因墓葬上周围生长有大量灌木，封土形状不明显。碑刻因石质风化，脱落严重，字迹模糊不清。保存状况较差。

图二九二
周家楞墓近景

### 9. 山寨崖崖居群（不详）

山寨崖崖居群（图二九三）位于坪坎村张家塬（自然村）南约400米的中曲河南岸山崖上。地势南高北低，陡坡状。该崖居群共有4孔洞穴，洞口朝北，高出河床约250多米，由东向西依次水平分布有3个洞穴，该3孔洞穴洞口均呈不规则形，高约2.8米，宽约3米，进深不详，在洞口可见有木栏杆。在该3孔洞穴上方约5米处有第4孔洞穴，洞高约2.4米，宽约2.8米，比下面3孔较小。因20世纪80年代岩石崩塌，绝大部分道路已不存，在崖壁上隐约可见断续片石、木材铺筑的小路通往该崖居群。据早年曾进入过洞穴的村民介绍，该崖居群是清代村民为了躲避土匪侵扰而修建，下面3孔是居住场所，里面修凿有台阶，地面经过整修，可容纳数十人居住，上面1孔洞穴是贮藏粮食、杂物的库房。该崖居群规模较大，地势陡峭险要，是防范匪扰的绝佳之地。该崖居群地处较高，所在山崖崖体有崩塌现象，通往崖洞的道路绝大部分不存，洞穴口长满杂草和灌木，保存状况较差。

### 10. 寨子崖崖居（不详）

寨子崖崖居（图二九四）位于坪坎村三组东北约200米的中曲河东岸的崖壁上。地势东高西低，呈陡坡状。崖居所在的崖面当地人叫寨子崖，洞穴口朝西，距中曲河河床高出约50多米。洞穴口呈长方形，高约5米，宽约3米，深度因无法进入不得而知。在洞口上方和右侧各有一孔径约为

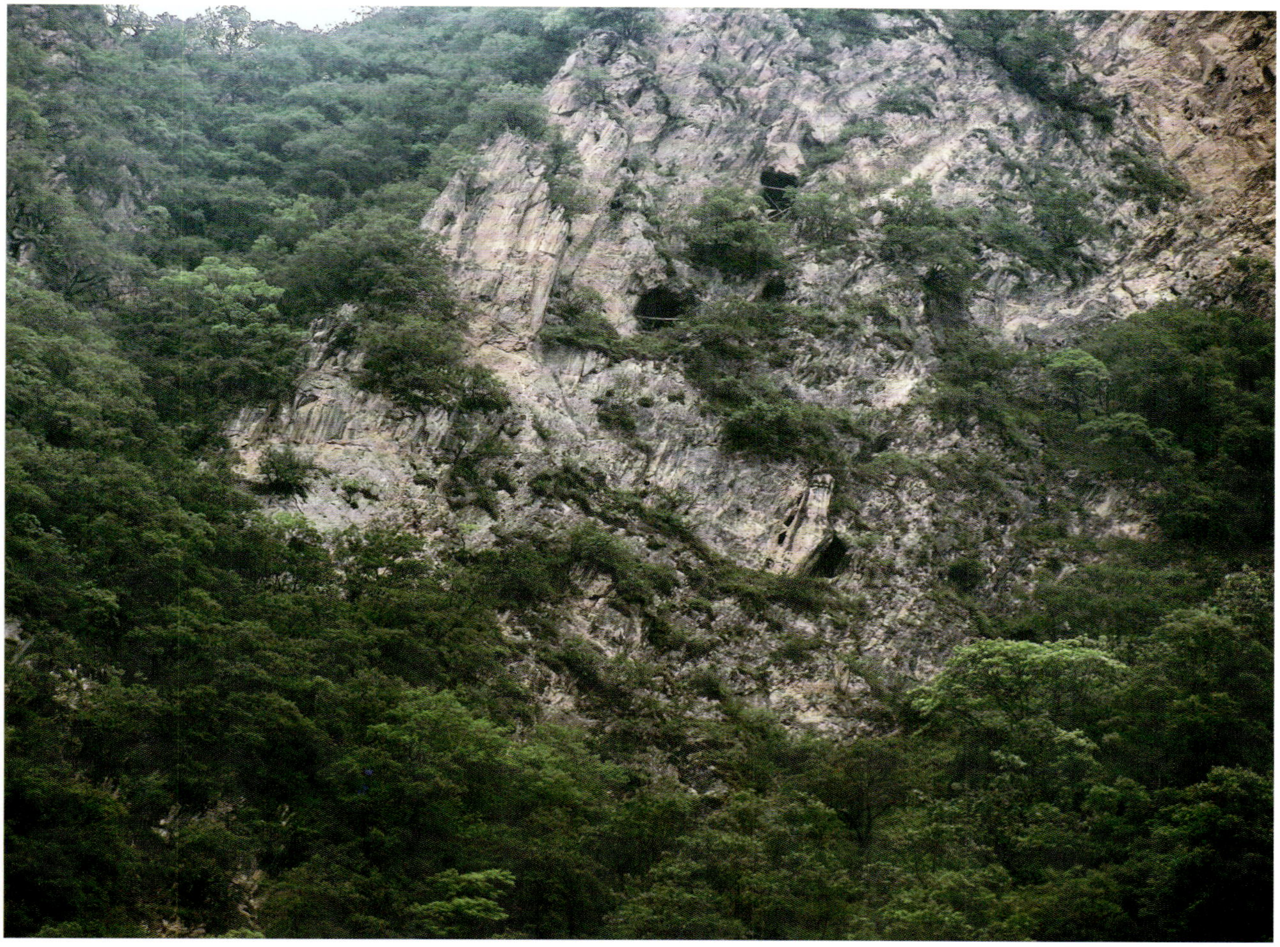

293

图二九三
山寨崖崖居远景
图二九四
寨子崖崖居远景

294

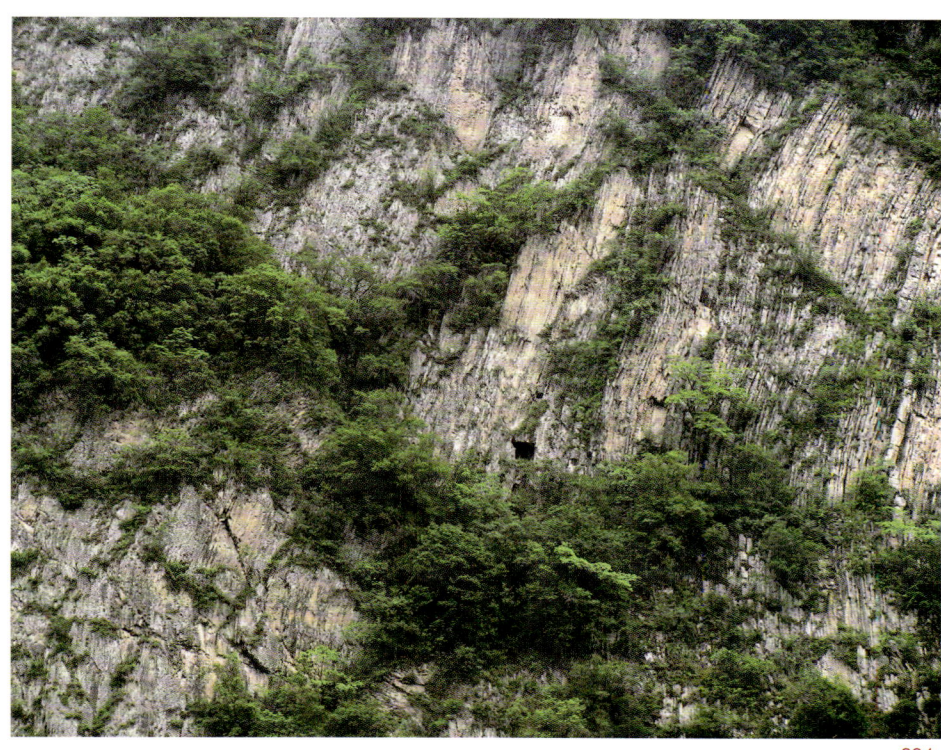

0.2米的未完工小孔，作用不明。据当地村民介绍，该崖居是早年村民为躲避匪扰修建，有盘山小道可通洞内。现山崖下部小路已毁，中部残存长约15米由片石铺砌的羊肠小道。崖居位于半山腰，洞口部分被树木和灌木覆盖，下山小路大部分损毁，保存状况较差。

### 11. 鸡冠崖摩崖题记（清）

鸡冠崖摩崖（图二九五）题记位于倒贴金村谭家坝（自然村）东北约200米的鸡冠崖崖面上，处于中曲河东岸，坐东面西。题记所在的崖面上方东约50米为坪坎至倒贴金砂石路，南距吊坝子约800米，西南距谭家坝约200米，北距碾子坝约2000米。题记刻在距地面高约5米的人工打磨处理后的岩面上，修凿有一石碑形制的摩崖题记，高0.65米，宽0.5米。在碑首样部位从右向左刻有"用垂万古"四字。字体为楷书，字高0.1米，宽0.12米。在碑身部位刻有20行正文，满行36字。大意记述了善男信女捐资修建道路等事宜和捐资人姓名和捐资金额。落款为"大清道光二十五年（1845年）季春月同　立"。在题记左上方0.2米处竖写有"长生永泰"四字，字高0.2米，宽0.18米。无撰文和书丹人名。题记所在的岩石与崖体之间有裂缝，可见有雨水渗透痕迹，存在开裂崩落危险。题记有裂纹，加之岩石突兀，风吹雨淋，题记字迹多漫漶不清。保存状况较差。

### 12. 立神像记事碑（清）

立神像记事碑（图二九六）位于坪坎村柏树坪（自然村）西北约1000米的胡洞沟与丹桂沟交汇的西北角台地上。地势西北高东南低，呈陡坡状。西距二道沟口约200米，东距柏树坪约1000米，南距丹桂沟河约50米，北为山坡。碑刻竖立于山坡一块平地上，碑刻为石灰岩质，身首一体，座佚。通高1.31米，宽0.64米，厚0.07米。圆首部楷书"万古千秋"四个大字。碑身长方形，刻有楷书正文16行，满行27字，内容大意为建造神像之事和捐资人姓名与捐资额。碑刻竖立于露天，碑刻前有香火痕迹，无保护措施，周围无神像与庙宇建筑。碑身有风化现象。保存状况一般。

### 13. 老庄碾盘（清）

老庄碾盘（图二九七）位于坪坎村老庄（自然村）卫会平家东山墙外，地势北高南低，呈缓坡状。碾盘为圆形，砂岩质，直径1.8米，厚0.5米，中心有方形孔，边长为0.11米，在碾盘外沿竖刻"乾隆"字样。碾盘已经废弃不用，碌碡佚失。因修建房碾盘部分被毁，盘面裂为两半，盘面损坏严重。

图二九五　鸡冠崖摩崖题记近景

图二九六　立神像记事碑远景

图二九七　老庄碾盘

## （二）太白县靖口镇

靖口镇地处黄牛河上游，沿岸古人类遗迹较为丰富，发现有新石器时代、西周时期遗存，其中内涵比较丰富的是刘家窑遗址。靖口镇隶属于太白县，根据《中国文物地图集·陕西分册》记载，西河栈道由平木镇折向东，进入靖口镇，但是本次调查在靖口镇黄牛河、石沟河两岸均未发现古代道路遗迹。

太白县靖口镇共发现不可移动文物共10处，其中古遗址5处，古墓葬1处，石刻4处。

### 1. 刘家窑遗址（新石器时代仰韶文化半坡晚期、西周）

刘家窑遗址（图二九八、图二九九）位于关上街村刘家窑（自然村）西南20米处，地处黄牛河与石沟河交汇处的凸出台地上。遗址区为西北高东南低的陡坡状阶地，东临黄牛河，西北依山丘，南至石沟河，北距刘家窑村20米。遗址平面为不规则形，南北长约100米，东西宽约50米，面积约5000平方米。遗址区断崖上暴露有长约30米、厚0.3~0.6米的文化层，

文化层距地表约1米，内含有陶器残片、兽骨、红烧土块等。地表散落有大量陶片，采集有仰韶文化半坡晚期类型的罐、钵、盆等；西周时期的绳纹灰陶片等。该遗址为太白县黄牛河流域唯一发现的新石器时代至西周时期遗址。遗址区为坡地，群众耕种土地对遗址造成一定破坏。

图二九八
刘家窑遗址标本
图二九九
刘家窑遗址远景

### 2. 关上街黄龙寺遗址（明、清）

关上街黄龙寺遗址（图三〇〇、图三〇一）位于关上街村一组西南50米的石沟河南岸山前凸起台地上。地势南高北低。东临小河沟，西南依大山，北距石沟河约100米，凤县至太白公路从遗址北约80米处经过。遗址平面近似长方形，东西长约40米，南北宽约30米，面积约1200平方米。据黄龙寺内资料：黄龙寺坐西向东，创建于宋朝，原有菩萨庙1间。大明洪武十七年增修玉皇大殿3间，至万历八年复增建黄龙大殿3间，命名为黄龙寺。清道光三年修建灵官楼3间。1963年寺庙全部拆毁。20世纪90年代，当地村民在原址修建大殿3座，分别为灵霄殿、三官殿、黄龙大王殿。现存有石吊炉1件，为花岗岩质，圆形，上大下小，平底，腹壁呈弧形，外侧浮雕有莲花瓣。直径0.66米，高0.21米，壁厚8～9厘米。遗址周围的断崖上发现有明、清时期的砖瓦残片堆积。寺庙已毁，在原址上新建有4座建筑。

### 3. 香严山寺庙遗址（清）

香严山寺庙遗址（图三〇二、图三〇三）位于水蒿川村老庙。四面环山，东西两侧为冲沟河流，寺庙建在两河中间凸起的台地上，台地呈不规则的长条状。南北长约300米，东西宽20～60米，面积约12000平方米。原

300

301

302

303

图三〇〇
关上街黄龙寺遗址远景
图三〇一
关上街黄龙寺遗址近景
图三〇二
香严山寺庙遗址远景
图三〇三
香严山寺庙遗址铁钟

寺庙建筑已毁，20世纪90年代村民在原址上建起新庙建筑5座。现存有山门基址，可见石质构件等遗物；玉皇殿基址，位于老庙后侧，坐北朝南，面积约80平方米，基址上散落有门石、柱础石、望柱等建筑构件；僧舍基址，可见石条及墙基。另外老庙院内散存清时期碑石5通，以及乾隆元年（1736年）铁钟、铁磬、铁香炉等。寺已毁，可见山门、僧舍、玉皇殿3处建筑遗址。并有新修寺庙建筑5座。保存一般。

### 4. 大地岭索龙寺遗址（清）

大地岭索龙寺遗址（图三〇四、图三〇五）位于大地岭村南约3000米处的索龙寺所在地，四周均有高山。遗址位居大山间的小山丘顶部平地上。寺庙建于清代顺治七年（1650年），原寺庙于1962年拆毁，20世纪80年代至90年代，在原址上建有两座新寺庙建筑，并塑有神像。寺庙遗址平面近似长方形，四面环沟，东西长约40米，南北宽约30米，面积约1200平方米。现发现有清代道光十八年（1838年）汉白三香炉1件，道光十八年石香炉1件，道光二十三年（1843年）石吊炉1件。

### 5. 水蒿川寺庙遗址（清）

水蒿川寺庙遗址（图三〇六、图三〇七）位于水蒿川村穆家庄（自然村）中，大部分被村民房屋叠压。地势较平坦。东至村民宅院，西临水蒿川通村水泥路、距水蒿西河约30米。寺庙遗址平面为长方形，南北长约20米，东西宽约10米，面积约200平方米。原寺庙无存。20世纪60年代村上在庙址上建有3间瓦房，内存放明代铜造像2尊，清代铁造像6尊，造像表面均被粉刷成金色。造像的底座背侧多铸有文字，纪年明确，有嘉靖十六年（1837年）、乾隆十九年（1754年）、光绪十八年（1892年）年款。后房屋被拆除，8尊造像现存放于水蒿川村委会库房内。村民修建房屋时将寺庙遗址部分破坏，保存状况较差。

### 6. 穆府君夫妇合葬墓（清）

穆府君夫妇合葬墓（图三〇八）位于水蒿川村穆家庄（自然村）东约20米的台地上，地势基本平坦。墓葬封土无存，仅竖有碑石1通。碑身为砂岩质，圆首、长方形碑身，身首一体，长方形底座。通高1.63米，宽0.58米，

图三〇四
大地岭索龙寺遗址远景
图三〇五
大地岭索龙寺遗址局部
图三〇六
水蒿川寺庙遗址远景
图三〇七
水蒿川寺庙遗址造像

厚0.14米；碑首高0.53米；碑座长0.7米，高0.4米，宽0.4米。额题为阴刻楷书"皇清"，碑身浅雕人物图案作为边框，中部阴刻楷书"待赠先祖考穆府君、妣祁儒人之墓"。碑阴首部浮雕有"双凤朝阳"图案，年款为"道光二十九年（1849年）"。保存一般。

### 7. 创立香严山乾元观铁旆碑（清）

创立香严山乾元观铁旆碑（图三〇九）位于水蒿川村老庙内空地上，地势平坦。碑石为石灰岩质，长方形碑身，首、座佚。碑身高1.8米，宽0.78米，厚0.2米。碑身边框浅浮雕有花卉与几何纹图案。碑文楷书，首题为"香严山乾元观铁旆碑并建修火帝庙献殿碑记"。记述立铁旗杆建火帝庙事，共十行，满行六十一字，柳体楷书。高学鲁撰文并书丹。石工有贺一荣、陈法禹、张禄成、薛万立。道光元年（1821年）立。碑石平置于荒地内，无保护措施，字迹模糊不清，保存一般。

### 8. 重修香严山钟鼓楼碑（清）

建修香严山钟鼓楼碑（图三一〇）位于水蒿川村老庙内的空地上，地势平坦。碑为石灰岩质，长方形，圆首，身首一体，无座。通高2.36米，首高0.77米，宽0.87米，厚0.18米。碑首浮雕二龙戏珠纹，额题篆书"皇清"二字。首题为"建修普明香严山钟鼓楼碑记序"，碑文记述了修建香岩山寺庙的钟鼓楼之事。柳体楷书。14行，满行42字，王璜撰文，杨寅书丹，刘运英刻石。清咸丰四年（1854年）立。碑石平置于荒地内，无保护

图三〇八 穆府君夫妇合葬墓
图三〇九 创立香严山乾元观铁旆碑

308

309

图三一〇 重修香严山钟鼓楼碑近景

措施，字迹模糊不清，保存一般。

### 9. 重修普明香严山碑（清）

重修普明香严山碑（图三一一）位于水蒿川村老庙内空地上。石碑平置于荒地地上，圆首，长方形碑身，身首一体，佚座。通高2米，首高0.66米，宽0.72米，厚0.16米。碑首浮雕二龙戏珠纹，长方形额，额题篆书"皇清"二字。碑石表面风化严重，碑文字迹模糊不清。年款为"道光二十九年（1849年）己酉□月榖旦"。无保护措施，字迹模糊不清，保存一般。

### 10. 重修圣母宫碑（清）

重修圣母宫碑（图三一二）位于水蒿川村老庙内空地上。碑平置于荒地上，圆首，长方形碑身，身首一体，佚座。通高1.97米，首高0.66米，宽0.67米，厚0.15米。碑首浮雕"二龙戏珠"，额题"皇清"二字，楷书首题："重修普明香严青霄山里外圣母宫碑记"，记述重修圣母宫之事。正文3行，满行55字。撰文、书丹不详。道光二十九年（1849年）四月立。无保护措施，字迹模糊不清，保存一般。

图三一一
重修普明香严山碑近景

图三一二
重修圣母宫碑近景

第三章 褒斜道支道及沿线遗迹

## 第二节

# 杨家河栈道

在中曲河的上游东侧，一山之隔的平木镇镇政府所在地平木村以北有一条南北长约20千米的河流，名为杨家河。杨家河属中曲河支流，发源于平木镇以北的秦岭南麓玉皇山西侧，与秦岭北麓嘉陵江源头隔山而望。自源头起由北向南，经平木村西与自东向西由太白县靖口镇流经平木镇平木村的黄牛河汇合后，继续向南约7千米，经坪坎镇朱家坪南，汇入中曲河。在2009年第三次全国文物普查中，宝鸡市文物普查队沿杨家河河谷逆流而上进行调查时发现，从平木镇平木村至雷神庙约20千米的河道上发现有栈道、栈桥遗迹，另发现有清代道光年间的修桥记事碑。通过对杨家河沿线的栈道、栈桥遗迹的汇总研究，得知这些遗存同属于一条古道。又据走访当地群众得知，这条古道经雷神庙还可继续往北通行，翻越山梁后即可进入嘉陵江源头河谷，最终可达大散关，是迄今为止发现的宝鸡至凤县之间的最短捷径。因其所沿杨家河南北通行，所以命名为杨家河栈道。

由于文物普查的局限性，对杨家河栈道的详细走向以及沿途具体情况不甚清楚，通过本次专题调查我们对杨家河栈道有了新的认识，发现杨家河栈道并不独立于其他古道，而应当属于褒斜道西线分支的一部分。结合实地调查以及各种实际资料来看，杨家河栈道应与西河栈道相通，构成了一条宝鸡至汉中的最短捷径。因此，我们认为将杨家河栈道纳入西河栈道的北线分支是正确的。更进一步，由此可见褒斜道、西河栈道、杨家河栈道连通陈仓、眉县、太白、凤县，构成了一个完整的通往汉中地区道路系统。

杨家河栈道遗址位于平木镇平木村至雷神庙的杨家河沿岸。从平木至雷神庙约20千米的河道上发现有郭齐沟门、松树角、黑湾、桥头、黄家老庄、北坪等6处栈桥遗址，在石界沟口、北坪还发现清代道光年间的修桥记事碑各1通。杨家河栈道遗址多为沿山碥道，沿河岸宽阔平坦处延伸。为避开峭壁悬崖，栈道时而在河之东岸，时而在河之西岸，所以在杨家河流域留下了多处栈桥遗址。部分路段有用石块垒砌的石阶，大的石块上还凿有脚窝，亦有开凿崖壁的痕迹。另外，在黄家老庄原址残留有用石块垒砌的一段石墙，为栈道遗址旁的小村落；北坪以北还有油渣坪、宋家店房等地名。据当地老人讲，该栈道遗址是从平木通往宝鸡的一条古道，过去当地群众用骡马将山货、木板沿该道驮往关中，再将食盐、布匹运回齐心、平木。

杨家河栈道遗址南接平木至江口栈道（西河栈道），向北经过杨河、齐心村，沿杨家河北上，越过山梁进入嘉陵江支流东峪河，最后与从宝鸡入蜀的故道相连，全长约43千米。该栈道遗址是从宝鸡至汉中最为便捷的路线，向南经过坪坎至江口与褒斜道连接，直达汉中。它的发现对研究凤县栈道的分布提供了重要实物资料。

# 一、古道道路遗迹

## （一）小庄坪至刘家庄

起点：凤县平木镇小庄坪栈道遗址（GPS：N：33°56′59.8″，E：107°00′55.3″，海拔1198米），终点：平木镇刘家庄（GPS：N：34°02′30.7″，E：107°01′31.4″，海拔1383米），道路全长约11.5千米，海拔落差约185米。行政区划隶属于凤县平木镇。

自小庄坪栈道遗址沿黄牛河而上，向北行约1000米，到达小庄坪村，小庄坪村现有村民2户，黄牛河在小庄坪村由西折向北，河道由狭变宽，在河北岸形成一个长约330米、宽约140米的河岸台地，村庄坐落于台地之上，地势平坦，出小庄坪村向北行进约1500米，到达下河里村，黄牛河与杨家河交汇于此入西河，形成一个长约1400米、宽约410米的河谷平原，地势平坦，耕地集中。下河里过黄牛河向北到达平木村，平木村现为凤县平木镇人民政府所在地，这里地势开阔，黄牛河两岸形成东西长约8800米、南北宽300～680米的河谷平原，地形平坦，土地肥沃，人口较为稠密，村庄密布，集中而建，耕地接连成片，农业发达，眉凤公路从村庄东西向穿过，村镇内基础设施较为齐全，交通便利。

出平木村向北进入杨家河流域，沿河北上约900米，经吴家村，到达二道河，河道宽度由约250米，逐渐变窄为约120米。继续向北前行1800米，到达两河口，杨家河两侧山地，坡度趋于平缓，梯田密布，有一条小的支流莫家河汇入杨家河，河谷川道南北长4800米，东西宽120～320米，沿河左右两岸由南向北依次排列，杨家河村、刘家庄村自然条件较为优越，农业发展便利。由于地理环境优越，本段未发现道路遗迹。

## （二）刘家庄至嘉陵江景区正门

起点：凤县平木镇刘家庄（GPS：N：34°02′30.7″，E：107°01′31.4″，海拔1383米），终点：渭滨区嘉陵江源头景区门口（GPS：N：34°14′50.0″，E：106°56′08.8″，海拔1554米），道路全长约32千米，海拔落差约171米。行政区划隶属于凤县平木镇。

出刘家庄村向北，自老庄开始杨家河河谷逐渐狭窄，经土地沟、石板河，前行约1600米，到达原齐心村（现已并入刘家庄村），村民住宅沿河分布，较为零散，沿途经过郭齐沟门、松树角、黑湾、皇家老庄，均有古道遗迹分布。由黑湾向北约5900米为雷神庙，继续向北沿当年伐木车辆碾压的便道（现已拓宽为水泥路）前行约4600米，经马头滩林场，进入嘉陵江源头景区，顺水泥路盘山而下约20千米，便可到达景区门口即为川陕公路，与故道相接。本段共6处道路遗迹。

### 1. 郭齐沟门栈桥遗址

郭齐沟门栈桥遗址（图三一三、图三一四）（GPS：E：34°03′34.5″，N：107°02′13.5″，海拔1446米）位于凤县平木镇刘家庄村五组郭齐沟门（原齐心村二组）北约150米处的杨家河河道中。栈桥东北至西南走向，桥已毁，桥址全长约15米，宽约1.3米。现存圆形桩孔4个，分布于3块大石头上，直径0.31～0.39米，深0.15米，河中心1块石头上的2个桩孔，间距0.5米。桩孔距离河面高度不一，为0.4～1.5米。该栈桥遗址是从平木至宝鸡古道上的1处栈桥遗址，横跨杨家河。

图三一三
郭齐沟门栈桥遗址远景
图三一四
郭齐沟门栈桥遗址栈孔

### 2. 松树角栈桥遗址

松树角栈桥遗址（图三一五、图三一六）（GPS：N：34°03′51.8″，E：107°02′26.3″，海拔1471米）位于凤县平木镇刘家庄村六组（原齐心村三组）松树角（小地名）东南约60米处的新建石拱桥下。栈桥为东西向横跨于杨家河上。桥已毁，河道中的大石头上现存桩孔7个，其中6个为圆形，1个为马蹄形。分布于4块石头上，其中1块上有3个桩孔，孔间距约0.3米；1块上有2个桩孔，孔间距0.7米；2块上各有1个桩孔。桩孔直径约0.2米，深0.15米。桩孔所在石块均在河床上。桥址全长约13米。该栈桥遗址是从平木至宝鸡古道上的1处栈桥遗址，横跨杨家河。

### 3. 黑湾栈桥遗址

黑湾栈桥遗址（图三一七、图三一八）（GPS：N：34°04′18.8″，E：107°02′50.0″，海拔1522米）位于平木镇刘家庄村黑湾西约60米处的索桥下，地处杨家河河道中。栈桥为东西走向，桥已毁，现存圆形桩孔6个，分布于2块大石头上。西边石块上有4个桩孔，孔径0.14～0.18米，深

315

316

图三一五
松树角栈桥遗址远景

图三一六
松树角栈桥遗址近景

图三一七
黑湾栈桥遗址远景

图三一八
黑湾栈桥遗址栈孔

317

318

第三章　褒斜道支道及沿线遗迹

167

0.15米，孔间距约0.4米；东边石块上有2个桩孔，其中1个被现代索桥墩所压。桩孔分布在长约8米、宽约1米的范围内。桩孔距离河面约1米。该栈桥遗址是从平木至宝鸡古道上一处栈桥遗址，横跨杨家河。

### 4. 桥头栈桥遗址

桥头栈桥遗址（图三一九、图三二〇）（GPS：N：34°04′30.3″，E：107°03′05.8″，海拔1594米）位于平木镇刘家庄村七组桥头西约30米处的杨家河河道中。桥为东西走向，桥已毁，现存桩孔16个，分布于8块大石头上。圆形桩孔1个，直径0.25米，深0.15米；方形桩孔15个，边长0.15～0.3米，深0.1～0.18米。桩孔分布在长约17米、宽约2.5米的范围内。桩孔距离河面高度不一，为0.6～2.5米。该栈桥遗址是从平木至宝鸡古道上1处较大的栈桥遗址，横跨杨家河。

### 5. 黄家老庄栈桥遗址

黄家老庄栈桥遗址（图三二一、图三二二）（GPS：N：34°05′35.8″，E：107°02′52.3″，海拔1742米）位于凤县平木镇刘

图三一九　桥头栈桥遗址远景
图三二〇　桥头栈桥遗址近景
图三二一　黄家老庄栈桥遗址远景

320

321

图三二二 黄家老庄栈桥遗址近景

家庄村北约8千米的黄家老庄（早年已废弃）西侧电站拦水坝所在地，地处杨家河河道上。栈桥为东西向，横跨于杨家河上。桥已毁，河西岸残留有门状石桥桩，由2个立柱和1个连接立柱顶端的横向石条组成，立柱高约1.6米，宽0.3米，厚0.2米，柱间距1～1.5米，横向石条长约1.8米。河道中的2块磐石上现存桩孔7个，其中6个为圆形，1个为正方形。在1块条状磐石上有2个圆形桩孔，深0.18米，孔间距约2.5米；1块不规则形磐石上有5个孔，3个为圆形桩孔，孔径0.26～0.3米，深0.1～0.18米，孔间距约1米，另有2个小孔，1个为圆形，孔径0.1米，另外1个为方孔，边长0.15米，小孔可能是用来加固支撑桥梁的。桩孔所在磐石均在河床上。桥址全长约15米。该栈桥遗址是从平木至宝鸡古道上的一处栈桥遗址，横跨杨家河。

### 6. 北坪栈桥遗址

北坪栈桥遗址（图三二三、图三二四）（GPS：N：34°05′42.7″，E：107°02′49.5″，海拔1259米）位于平木镇刘家庄村北约8千米的皇家老庄（早年已废弃）北约200米处的北坪，地处杨家河河道上。栈桥为东

图三二三
北坪栈桥遗址远景和石碑

图三二四
北坪栈桥遗址栈孔

西向横跨于杨家河上。桥已毁。河道中的3块磐石上现存圆形桩孔6个，每2个为一排，孔径约0.25米，深0.1～0.15米，每排的孔间距0.8～1米。桩孔距河床高0.5～2.5米。桥址全长约15米。在桥西的河岸上，横卧有1通花岗岩质石碑，为长方形，高1.02米，宽0.99米，厚0.13米。碑文模糊不清，可辨识的有"……取众姓修立过桥一座永固……"及捐资者姓名、捐资金额等，落款为："大清道光四年（1824年）十月既初二日匠人娄威……。"碑座为一天然花岗岩石块，刻有长方形凹槽。碑帽散落于地上，为屋顶状，长1.03米，宽0.5米，高0.1～0.3米，下部刻有长方形凹槽。该栈桥遗址是从平木至宝鸡古道上的一处栈桥遗址，并有修桥碑，纪年明确，为研究凤县古道的分布和栈桥的结构提供了重要实物资料。栈桥已毁，仅存6个桩孔和1通碑石，大部分碑文模糊不清，保存一般。

## 二、沿线文物

### 凤县平木镇

凤县平木镇共发现不可移动文物共8处，其中古遗址4处，古墓葬3处，石刻1处。

#### 1. 寺庄遗址（新石器时代仰韶文化半坡晚期）

寺庄遗址（图三二五、图三二六）位于平木镇白蟒寺村二组南约20米处的黄牛河南岸台地上（松树坪），北距黄牛河约500米。遗址区现为山前向北凸出的扇裙状台地，地势南高北低。东距寺沟边约50米，南为山丘坡地，西距大南沟约100米，北至白蟒寺村二组。遗址平面近似长方形，

图三二五　寺庄遗址标本
图三二六　寺庄遗址全景

东西长约160米，南北宽约70米，面积约11000平方米。在遗址北部的原取土场断崖上暴露有长约6米的文化层，厚约0.6米，距地表约0.6米，土色灰褐，内含少量红陶片；原取土场地表散落有红陶片、灰陶片等。采集有新石器时代仰韶文化半坡晚期类型的陶钵、陶缸、尖底瓶等残片。遗址区现为耕地，遗址北部因群众取土遭到破坏，取土场现已废弃不用。

### 2. 齐心石寨址（清）

齐心石寨址（图三二七、图三二八）位于平木镇刘家庄村黄家老庄（早年已废弃）东约1000米的山丘顶部，地处陈家湾与石界沟之间的山顶。山顶地形复杂，山石突兀，地势凹凸不平，空间不大。寨址依山势而建，平面不规则，东西长约40米，南北宽15～20米，面积约700平方米。在山顶豁口处，用石条砌有石墙，共发现石墙5处，最长的一处长约20米，高约3米；另外4处石墙长2～5米，高2～3米。寨址东侧有寨门，门洞近似梯形，是由3块天然石块搭建，并经过开凿修整，高约1.7米，宽0.9～1.7米。门洞两侧岩壁上各凿有1个插门闩圆孔，直径0.16米，深0.12～0.21米；另外还有方孔2个，可能是用来固定门坊的。门口有两层石阶，每层高0.15～0.2米。门洞内残存有木门坊和1扇木门，门扇高1.62米，残宽0.5米，厚0.12米。该寨址地势险要，易守难攻，是理想的藏身之处。寨门遭到破坏，现存石墙5处，保存一般。

### 3. 松坪庵庙址（清）

松坪庵庙址（图三二九、图三三○）位于平木镇烧锅庄村七组（高家庄）北约3000米处的松坪庵周围，地处莫家河与响沙河交汇处的山丘顶部开

图三二七  
齐心石寨址远景  
图三二八  
齐心石寨址石墙  
图三二九  
松坪庵庙址远景  
图三三○  
松坪庵遗址局部

阔地上。地势为北高南低的缓坡地。东、南、西三面均临沟边山坡，北依山丘。遗址平面为长方形，南北长约70米，东西宽约40米，面积约2800平方米。原寺庙有3座大殿，另有玲珑塔1座。前殿和中殿早年已毁，后殿至今保存。2006年在前殿基址上新建有面阔三间的硬山式顶砖木结构菩萨殿。中殿仅存基址，东西长10.5米，南北宽8米，从保留的条石基础、柱础石可知，中殿坐北朝南，面阔三间。后殿坐北朝南，建于高约0.7米的台基上，为硬山式灰瓦顶砖土木结构建筑，面阔三间，进深二间，面阔10.5米，通进深7.5米，建筑面积78平方米。前檐明间为隔扇门，次间为隔扇窗，檐柱高2.9米，柱径0.24米，槛墙、山墙内为土坯，外包青砖，后檐为土坯墙，前檐山墙墀头设有砖雕龙文和花卉。玲珑塔2006年拆除重建。遗址区地面散落有砖瓦、花脊残块，另有清代残碑首1件；嘉庆年间的焦炉柱1件，阴刻有"松坪庵""嘉庆己卯年（1819年）夏月""石焦炉"等字；石炉2件；光绪三十四年（1908年）铁香炉1件；咸丰十一年（1861年）铁钟1口。遗址区新修1座前殿，中殿基址保存基本完整，后殿尚存，在玲珑砖塔原址新修1座八棱砖塔。

## 4. 清凉寺遗址（清）

清凉寺遗址（图三三一、图三三二）位于平木镇平木村北约50米处的堡子山半腰，地处黄牛河北岸的二级台地上，地势为北高南低、西高东低的不规则坡地。东为坡地，南至断崖，西至新修的清凉寺西，北至高崖。遗址平面近似长方形，东西长约70米，南北宽约30米，面积约2100平方米。原寺庙建筑已毁，在遗址区东部断崖上暴露有长约15米、厚约1米的文化层，文化层距地表约0.6米，内含大量板瓦和少量筒瓦残片；并有陶窑1座，暴露宽度约2米，残高约0.8米，窑壁坚硬，呈青灰色，内含板瓦残块等，采集有板瓦、筒瓦残片。遗址区地面残存有砂岩质石旗杆座和石香炉各1件。石旗杆座可分为三级，底部为正方形，腰部为八棱形，顶部为圆形，顶部中心凿有圆孔。通高0.6米，底面边长0.6米，孔径0.22米，孔深0.25米。石香炉近似瓶形，腹部凿有一小龛，龛内有造像。通高0.9米，腹径0.7米，口径0.44米。20世纪90年代村民在原址的西北部建有三间砖木结构大殿。遗址区现为耕地，西北部新建有三间大殿，文化遗迹暴露在东南部断崖上。保存基本完整。

## 5. 白蟒寺墓（战国）

白蟒寺墓（图三三三）位于平木镇白蟒寺村二组南约20米处的黄牛河南岸台地上（松树坪）。墓葬所在地为山前向北凸出的扇裙状台地，地势南高北低。北距郭旭东家约15米。墓葬为西北—东南方向的长方形竖穴土圹墓，长度不详，宽1.4米，暴露深度约3.8米，填土经过夯打。墓葬形制和周围遗址上出土有战国陶片，墓葬所在地现为耕地，墓葬西北部因群众取土遭到破坏，取土场现已废弃不用。

331

332

图三三一 清凉寺遗址标本
图三三二 清凉寺遗址全景

图三三三
白蟒寺墓近景

图三三四
上河墓远景

图三三五
河西墓近景

图三三六
河西墓局部

### 6. 上河墓（战国）

上河墓（图三三四）位于平木镇上河村三组东约70米处的黄牛河南岸缓坡地上。据1988年文物普查资料记载：20世纪70年代暴露土坑墓。征集三穿铜戈1件，长20.9厘米，上有阴刻文字4个，出土铜戈现存凤县文化馆。本次调查没有墓葬暴露，也未发现文化遗迹。

### 7. 河西墓（清）

河西墓（图三三五、图三三六）位于平木镇平木村六组（河西）西南5米处的黄牛河西岸台地上。1978年墓葬被破坏，形制不详，现有墓门石构件4块，散落于杨宏文家院墙外的空地上。石构件为砂岩质，形制大小相当，均为长方形，长0.94米，宽0.38~0.41米，厚0.13米。其中2件浮雕有人物和竖向凹槽，相互对称，侧立面阴刻有楹联1副，内容为"一脉之渊源可考""百代之云仍足薇"；另外2件也相互对称，一面刻有竖向凹槽，侧立面阴刻有楹联1副，内容为"千山塆来有茔地""万水流出子孙显"。该墓葬遭到破坏，据残留石刻推测，其时代应为清代，仅存墓门石构件4块，保存较差。

图三三七
善心功德碑

### 8. 善心功德碑（清）

善心功德碑（图三三七）位于平木镇刘家庄村冯家庄组东北约1000米的石界沟口，东距杨家河4米。碑为砂岩质，近似长方体状，上下两端均有榫头，碑身高1.46米，宽0.38米，厚0.3米；上端榫头长0.1米，下端榫头长0.2米。碑身四面均有阴刻文字，其中三面顶部的长方框内各阴刻有4字，内容分别为："善心功德""葱首怜悯""义壔万古"。碑身文模糊不清，可辨识者为捐资者姓名、捐资金额等，落款为："大清道光七年（1827年）三月二十日。"碑座为一天然花岗岩石块，中心刻有长方形铆孔。碑首散落于河水中，为屋顶状，下部刻有长方形铆孔。该碑可能是1通修桥碑，纪年明确。碑座、碑身、碑帽相互脱离，大部分碑文模糊不清，保存一般。

## 第三节

# 三岔河古道

褒斜道沿线实地调查时，我们发现褒斜道东线亦有分支，在鹦鸽镇六家村以南的三岔峡三岔河沿河自北向南分布的夹马石、凉水泉、鲁班桥栈道遗迹，应归属于另一条古道，此条古道走向明显与褒斜道干道相背离，其北端与褒斜道相接，顺石头河支流三岔河由北向南逆流而上，经六家村入三岔峡，沿河谷向南，途经夹马石、凉水泉、牛心石、两河口、迎风砭，翻越秦岭山脉最高峰太白山，经太白河西沟最终可达黄柏塬镇的核桃坪，遂与傥骆道相接，此道艰险异常。因这条古道沿石头河支流三岔河通行，故称其为"三岔河古道"。

三岔河古道是褒斜道一条重要的支线道路，是衔接褒斜道、傥骆道的桥梁，虽然其路线较为艰险，但却是一条由斜水进入渭水河的捷径。据当地村民介绍，旧时人们运输山货、粮食、木材，依靠骡子驮运，沿三岔河古道南北通行，一天的路程便可由鹦鸽镇六家村到达黄柏塬镇的核桃坪，近年来由于移民搬迁、封山育林，此道废弃数十年，通行十分困难。

## 一、古道道路遗迹

### （一）三岔河北端至三岔峡峡口

起点位置：太白县鹦鸽镇三岔河与石头河交汇处石头河东岸约100米（GPS：N：34°01′39.9″，E：107°39′14.9″，海拔1155米），终点位置：太白县鹦鸽镇六家村一组南约200米（处于三岔河三岔峡峡口，GPS：N：34°03′19.6″，E：107°38′53.4″，海拔978米）。

三岔河北端至三岔峡峡口全长约2.7千米，为南北向。在鹦鸽镇南约1千米处，有自南向北流向的三岔河汇入自西南向东北流向的石头河（图三三八），交汇处东南角处有一条道路自西北向东南的时间道路，现为水泥路（图三三九）。三岔河河口西岸为马耳山山梁，其北端高耸突兀，梁顶为六家城堡子遗址（图三四〇）。山脚下开凿石崖，修建的道路沿三岔河西岸边自西北向东南方向，约500米后道路偏西呈正南北向。在三岔河西岸的河滩中部的道路南约2000米，以此穿过六家村3个村民小组至三岔峡峡口。

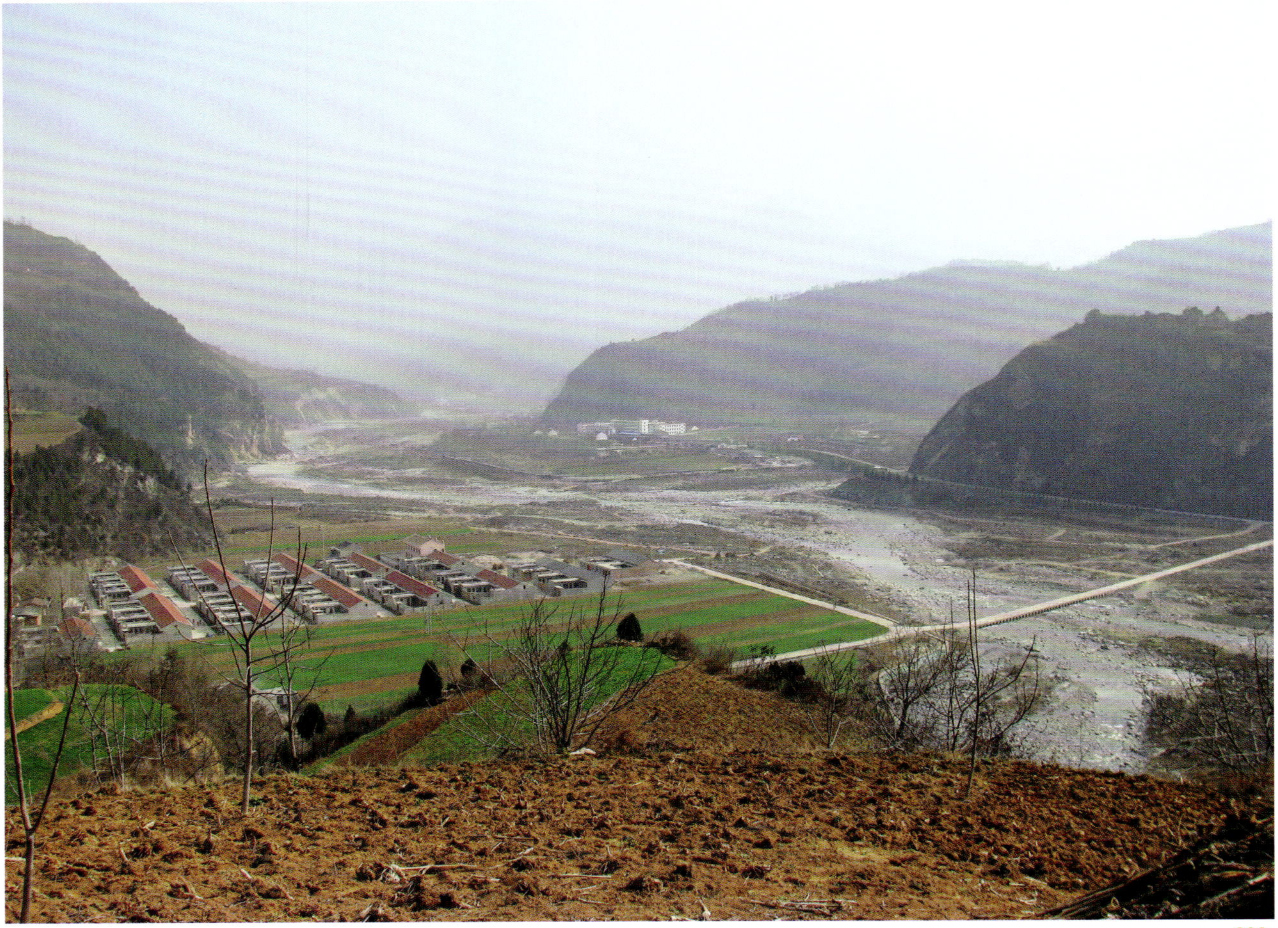

338

339

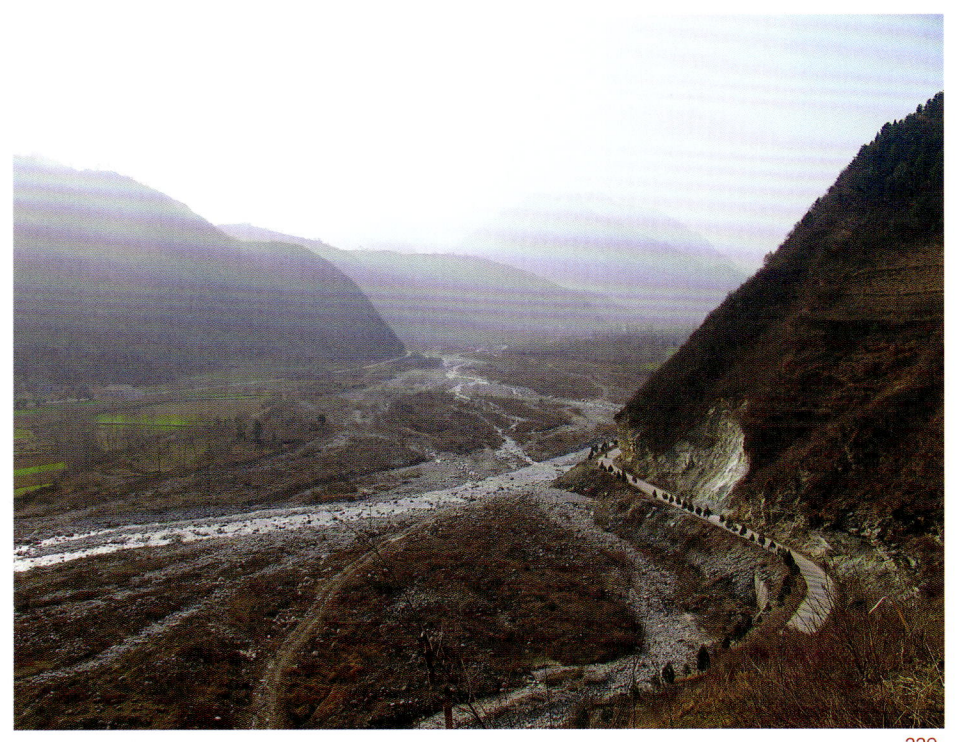

图三三八
石头河三岔河交汇处远景
图三三九
六家村堡址下通村水泥路

图三四〇 六家村堡址远景

## （二）三岔峡至夹马石路段及夹马石栈桥遗址

起点位置：太白县鹦鸽镇六家村一组南约200米（处于三岔河三岔峡峡口，GPS：N：34°03′19.6″，E：107°38′53.4″，海拔978米），终点位置：太白县鹦鸽镇六家村村南约1500米（处于三岔河夹马石，GPS：N：34°02′40.6″，E：107°39′09.9″，海拔1043米）。道路全长1.3千米，南北向。

自六家村一组村南约200处的三岔河西岸，踩着三岔峡峡口（图三四一）的卵石过河，沿东侧岸边的卵石进入三岔峡。有一段比较宽阔的道路，卵石路面，坑洼不平。前行约200米，踩卵石过河，行至西岸有宽阔沙土路面，较平坦。前行约100米，过河行至东岸，爬上高出河床1~2米的坡地，坡地边沿有宽约0.5米的小路，弯弯曲曲，坎坷崎岖，顺着河床边沿延续向前。路西为河道，东为荒坡或山茱萸树林地。小路两侧灌木、荆棘、杂草丛生，约经1000米路程到达夹马石位置（图三四二）。

夹马石栈桥遗址（图三四三）位于鹦鸽镇六家村夹马石组西约10米，东、西为河岸，南北为河道，南距凉水泉约500米。栈桥上部已不存，在河床中分布有巨石3个，上有栈孔8个，靠近河岸东侧的不规则形巨石（S1）上发现栈孔5个，自北向南排列成东西两列，东侧2个圆形栈孔（自北向南编号为K1、K2）、西侧3个栈孔（自北向南编号K3、K4、K5），其中K3为方形栈孔，开凿于巨石西侧，另有1个圆形栈孔（K4）单独开凿于巨石东侧，与K2相对。靠近河床中间的椭圆形巨石（S2）上自北向南排

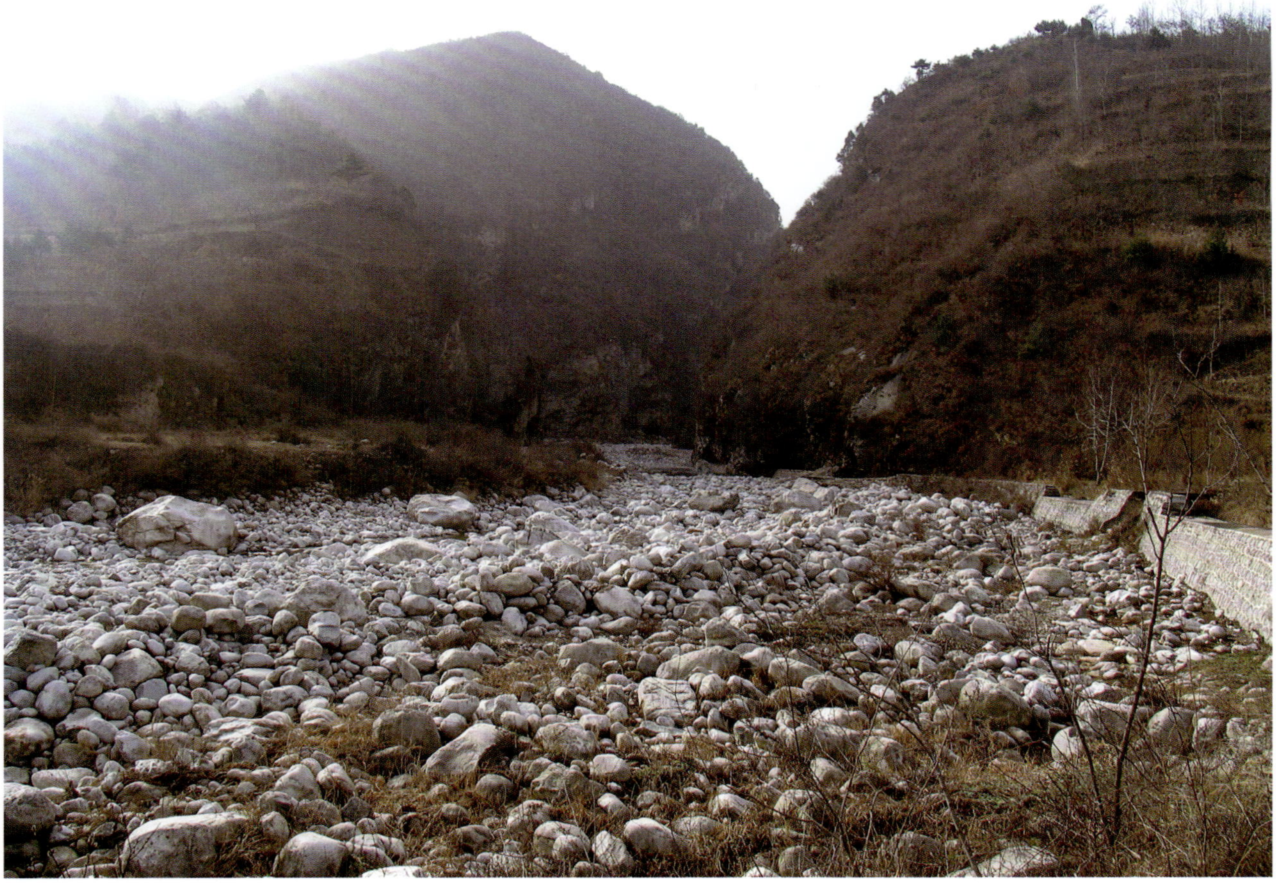

341

342

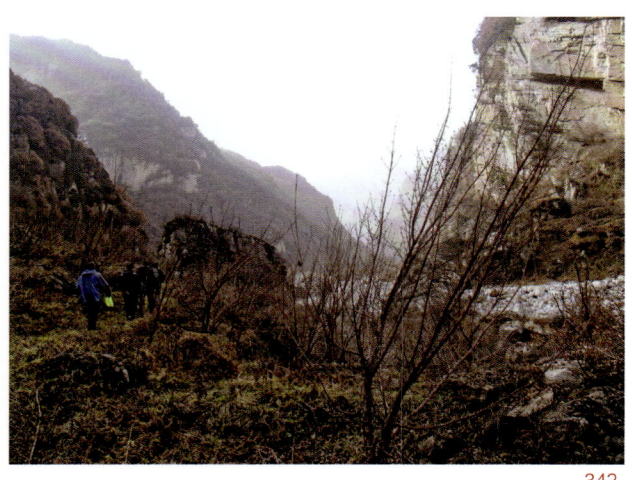

图三四一
三岔峡峡口
图三四二
三岔峡口至夹马石村古道

列圆形栈孔2个（自北向南编号为K5、K6），在紧靠河岸西侧的椭圆形巨石（S3）上自北向南排列圆形栈孔2个（自北向南编号K7、K8），S1与S2相距约7米，S2与S3相距约13米，S1上K1、K2、K3间距相同，为1.2米。

栈桥所在巨石为花岗岩质，长6.5米，宽3.5米，暴露高度约2米，表面较为平整，棱角突兀，呈不规则形。3个栈孔孔眼垂直向上，K1、K3为方形孔，K2为圆形孔。其中K2，口小底大，口径0.19米，深0.08～0.12米，底径0.2米，孔口四周较为光滑，孔壁可见斜直线凿痕，底部粗糙不平。K1，

图三四三
夹马石栈桥近景
图三四四
夹马石村远景

长0.2米，宽0.11米，深0.1～0.23米，孔壁由于河水冲刷较为平滑，底部粗糙不平，没有发现人工凿痕。K3，口大底小，长0.19米，宽0.18米，深0.17米，孔口周围较为光滑，孔壁可见斜直线凿痕，底部较光滑。

夹马石栈桥遗址东西向搭建于河上，调查发现，桥西侧较宽阔，桥东接原夹马石村（图三四四），现为山茱萸树园。现行走的道路位于山茱萸树园的西侧河岸边，南北贯通。北接六家村一组土路，南接夹马石与凉水泉之间的小道。

图三四五
凉水泉村

夹马石为一小地名，早年夹马石有村民居住，现已搬迁至峡外六家村，村落现已废弃，无人居住。栈桥周围没有发现任何附属遗迹。

## （三）夹马石至凉水泉

起点位置：太白县鹦鸽镇六家村一组夹马石（处于三岔河东岸，GPS：N：34°02′40.2″，E：107°38′32.6″，海拔1043米）。终点位置：太白县鹦鸽镇六家村一组凉水泉（处于三岔河西岸，GPS：N：34°02′16.5″，E：107°39′04.0″，海拔1142米）。

夹马石至凉水泉这段道路北起夹马石栈桥东，顺着三岔河东岸小路，呈南北向，蜿蜒上行，到达凉水泉村（图三四五）。全长约850米，小路宽约0.5米，为现在人们进出山所走之路，两侧杂草、荆棘及灌木丛生。在河流西岸山脉下有一段南北向道路，长约30米，中部距水面约15米。北沿山坡向下至西岸河道边，南沿山坡向下至西岸河道边，接现行的小路。路面宽0.5~1.2米。北段道路废弃多年，树枝交错生长，阻挡道路难以行走。中段为拐弯处，打通崖壁开辟道路，利用石块铺垫呈台阶状，不规整，台阶高为0.25~0.3米，宽为0.9~1.2米。

凉水泉栈道遗址在此段道路下方，在1988年文物普查时发现有圆形斜下线栈孔2个，孔距约5米，孔径0.2米，深0.24米。2009年全国文物普查时发现圆形斜下线栈孔1个，孔径0.2米，内插露出高0.3米的圆木。本次调查时，发现由于山崖垮塌，未发现栈孔。

凉水泉栈道遗址（图三四六、图三四七）位于鹦鸽镇六家村凉水泉以

图三四六
凉水泉栈道远景

图三四七
凉水泉栈道近景

南约300米。根据《中国文物地图集·陕西分册》记载该栈道遗址位于鹦鸽乡凉水泉村西200米三才峡河西岸崖壁间。南北向，长约20米，高出河床15米。有圆形斜直栈孔2个，孔距约5米，孔径0.2米，深0.24米。在2009年全国文物普查时，发现经过多年的风雨侵蚀，现状有所变化，凉水泉栈道的长度已经变为约10米，宽约0.5米。其北部依山凿石而建，南部为石块和木椽铺设而成。仅发现圆形斜直栈孔1个，孔内斜插木椽1根。其余栈孔可能被砂石掩埋或垮塌不存。在本次调查中发现，栈孔所在西岸崖壁石质结构松散，崩裂剥落较为严重，部分山体石块滑落崖壁之下，坠入三岔河中。经过寻找未能发现任何栈孔遗存，可能由于岩石剥落崖体垮塌不存。凉水泉栈道位于山峡河西岸高约15米的山体峭壁之上，此处崖壁陡直，地势险峻，河床宽约50米，水流较缓，崖壁之下水位较深，栈道南、北两端山体崩裂而下的石块淤塞河道。

凉水泉为小地名，原有村民居住于此，现全部搬迁至六家村一组。

## （四）凉水泉至鲁班桥及鲁班桥栈道

起点位置：太白县鹦鸽镇六家村一组凉水泉（处于三岔河东岸，GPS：N：34°02′16.5″，E：107°39′04.0″，海拔1142米），终点位置：太白县鹦鸽镇六家村一组鲁班桥（处于三岔河西岸，GPS：N：34°01′39.9″，E：107°39′14.9″，海拔1155米）。

道路自凉水泉栈道遗址南端（图三四八）起，到鲁班桥北端，自北向南，全长约2.2千米。凉水泉栈道遗址位于三岔河西岸，沿西岸小路南行约900米，过河至白云峡峡口水电站设置的拦水坝（图三四九）。翻过拦水坝继续向南约1200米至牛心石村，村南即是鲁班桥。

三岔河西岸的道路为细沙土路，路面稍宽，为0.5～0.8米，稍显平坦，蜿蜒延伸。两侧灌木、杂草丛生。靠近西侧山崖下为山坡地带，栽种大量的山茱萸树、零星核桃树等。东岸小路沿着高出河床1～2米的坡地边

图三四八
凉水泉栈道南端
图三四九
三岔河拦水坝

沿向南延伸，整个道路要比西岸道路窄，坎坷不平，崎岖难行。东侧山崖下多为荒坡或山茱萸树林地，小路两侧灌木、荆棘、杂草丛生。

牛心石村（图三五〇）所在地段，河水紧贴东侧山崖下石壁自南向北蜿蜒而去，河道西侧有一处较为宽阔的空地，为牛心石村旧址，尚存废弃房屋，现为山茱萸树园。村西远处的高山为牛心石山。

牛心石为小地名，以村西的高山北侧有白色山石似牛心形而得名。原有村民居住于此，现搬迁至六家村一组。

鲁班桥栈道（图三五一）为石质栈道，采用悬空平梁式和开凿石崖相结合的方式修建，部分栈桩残断脱落，现存栈桩8根，均为长条形石质栈桩，石条露出栈孔长度0.3～0.8米，宽0.15～0.17米，厚0.11～0.15米，桩距0.7～1.2米，栈桩上铺设有条形石块，为栈道路面；方形栈孔7个，为单层南北向排列，孔间距1.2～1.7米，孔口边长0.17～0.22米，深0.14～0.18米，孔内壁均有斜线凿痕，孔底部粗糙不平（图三五二）。栈道上亦无棚阁，与栈道相连的南北两端道路由于年久失修以及山体垮塌早已无存，现存路面为当地山民利用山体垮塌冲刷下来的石块堆砌修建而成。在栈道南段峭壁之下西侧有青石质碑刻1通，石碑为首身一体，无收分，由于长期的风雨侵蚀字迹漫漶不堪，碑首正面楷书："日月皇清"，背面行书："万古不朽"，碑身年款为："道光八年（1828年）"，仅有碑首及年款尚可辨

**图三五〇**
牛心石村
**图三五一**
鲁班桥栈道远景

认，其余内容不可知（图三五三）。根据《中国文物地图集·陕西分册》记载该石碑为修桥碑记事碑。在其南侧另有石窟1处，单窟，穹窿顶，窟内造像现已无存，南壁镌刻"鲁班岩"三字，石窟外壁四角凿有圆形孔4个，应为搭建檐棚所留，窟前尚有青石质供桌1张，通体素面。鲁班桥栈道以南（图三五四）由于十多年的封山育林通行艰难，人迹罕至，保存状况一般。

图三五二
鲁班桥栈道局部

图三五三
鲁班桥石窟及石碑

## （五）核桃坪至黄柏塬

起点位置：太白县黄柏塬镇核桃坪村太白沟（处于湑水河西岸，GPS：N：33°49′10.0″，E：107°35′40.6″，海拔1368米）。终点位置：太白县黄柏塬镇黄柏塬村内（处于湑水河西岸约200米，GPS：N：33°48′38.5″，E：107°30′57.1″，海拔1310米）。此段道路全长9千米，落差约60米，行政区划隶属于太白县黄柏塬镇。

以核桃坪村太白沟为起点（图三五五），经古字梁栈桥遗址过河至南岸古字梁村（图三五六～图三五八），沿南岸向西经麻池里、大河滩、万花山，经杨家河栈桥遗址（图三五九）到北岸的杨家河村（图三六〇），

图三五四
鲁班桥栈道以南河谷
图三五五
太白沟湑水河交汇处
图三五六
古字梁村远景

自杨家河村向北,沿山坡小路翻越山梁到肖家坪村,经阴坡坪栈桥遗址(本次调查时由于河水上涨未发现河道内栈桥遗存)、杨家院子栈桥遗址(图三六一)过河到南岸的杨家院子村,沿东岸向西南,经阴坡坪西南栈桥遗址(本次调查发现由于当地政府改造河道建设,已经被破坏无存)过河到达北岸,沿岸边小道前行至水磨坝村,向西南到达黄柏塬村。自肖家坪亦可向西南越过山梁,经水磨坝,止于黄柏塬村(图三六二)。

**图三五七**
古子梁栈桥遗址远景
**图三五八**
古子梁栈桥遗址栈孔
**图三五九**
杨家河栈桥遗址近景
**图三六〇**
杨家河村
**图三六一**
杨家院子栈桥遗址近景
**图三六二**
黄柏塬镇所在黄柏塬村

自太白沟口、核桃坪，经麻池里、大河滩，此区域南北两岸较为开阔。万花山北岸为垂直崖壁，无法通行，南岸则较为开阔。自杨家河栈桥遗址过河，抵达杨家河村。杨家河北部山间小道蜿蜒上山，翻过山梁向西南到达肖家坪。

肖家坪村位于湑水河北岸，在村庄东靠近北岸处有阴坡坪栈桥遗址，村西南有杨家院子栈桥遗址。此地的两处栈桥遗址均作为渡河用途，其中村东的栈桥位于杨家院子与肖家坪村之间，是往来于北部山梁的桥梁。西南的栈桥为上、下山的便捷桥梁。

## 二、沿线文物

三岔河古道南北向贯穿太白县鹦鸽镇、黄柏塬镇两个乡镇，由于三岔河两岸位于秦岭山脉深处，除零星古栈桥遗址外，未发现其他文物遗迹。

## 第四节

# 桃川古道

太白县的桃川镇、高龙乡（最早由高码头乡和龙窝乡合并而来，2011年又划归鹦鸽镇管辖）在清末民国以前均隶属于岐山管辖，这两个乡镇均位于石头河西岸，与东岸的鹦鸽镇隔河相望。褒斜道干道自鹦鸽镇石头河东岸南北穿行，而西岸地势陡峭，原有古道因石头河水库蓄水已被淹没，现仅有一条高龙至斜峪关简易公路尚可通行，此公路由人畜道扩宽而成，因水库蓄水淹没部分路段，后经石头河水利工程指挥部拨款12万元，于1981年修通。

### 一、古道道路遗迹

高龙乡境内原有栈桥遗迹1处，位于田家河村山神殿以东的箭沟河上。根据以往的资料来看，都笼统地将其归附于褒斜道，并未对其走向和归属加以区分。此次实地调查中，我们又在箭沟河上新发现了1处栈桥遗迹，两处栈桥遗迹相距约100米，其北端均与现在的高龙至斜峪关简易公路相接。经过分析与甄别，这两处栈桥的走向明显与褒斜道干道不一致，顺栈桥北端沿箭沟河北上，最终可达岐山县落星堡，向南经箭沟河而下，可到达太白县的桃川镇，并与褒斜道相连接。虽然此道路程较短，但亦属于褒斜道支线的一条。

自落星堡村起，先由北向南方向，至田家河沟口再转为由东向西，止于山神殿，全长约15千米，高差约100米。以落星堡村为起点，西北接落星堡村至洪沟村道路；以山神殿为终点，西南接山神殿至高龙村道路。自落星堡村起，沿石头河西岸向东南，经九家口村、上埝村，至石头河西岸岸边。沿西岸边道路南行，经双家山村（图三六三）东侧、石头河西岸的河畔道路向南上行，一直蜿蜒到达田家河沟口。自田家河沟口、沿田家河北岸的山坡下道路向西而上，止于山神殿位置。

此条道路为石头河西岸（图三六四）的道路，落星堡至双家山道路现为水泥路。由双家山至田家河沟口的道路由于修建石头河水库已经淹没水下。由田家河沟口至山神殿的道路也由于修建水库西岸的高龙至斜峪关、高龙至鹦鸽的水泥路而破坏不存。现石头河水库西岸仅存一条1981年修通的斜（峪关）高（龙）公路（图三六五），为水泥路面。

自山神殿栈桥遗址南端起，向西至鱼池岭村有向南的山路可以通达

图三六三
双家山村远景

图三六四
石头河水库西岸远景

第三章 褒斜道支道及沿线遗迹

桃川镇，还有继续向西经棉寺坝村后向南的山路亦可到达桃川，即自高龙至桃川有两条道路可以通行，均为曲折艰难的山路。自鱼池岭向南的道路极具艰险曲折，自棉寺坝向南的道路相对来说是捷径，但也绝不是平路坦途，都是高低起伏、艰难曲折的山间小路。现由于封山育林，大多道路因多年无人行走而荒芜，通行的困难极大，且有部分道路由于滑坡、泥石流等自然因素而损毁不存。

山神殿栈桥（图三六六）位于太白县鹦鸽镇（原高龙乡）田家湾村山神殿（自然村）东北约200米的箭沟河中，共发现4个栈孔"两两"分布在

图三六五
斜高公路

图三六六
山神殿栈桥遗址全景

河床中2块巨石上，其中在河床中央侧立的一块巨石上发现圆形栈孔2个呈南北向排列（自南向北编号为K1、K2），在紧靠其西侧的另一块平躺在河床内的巨石上，亦发现有方形栈孔2个呈东西向排列（自东向西编号为K3、K4）。距离K1、K2间距0.65米，K3、K4间距0.83米。根据栈孔位置推测，该栈桥为东西向，宽度约1米，跨度约13米。K1、K2所在巨石为花岗岩质，长3米，宽2.8米，暴露高度2.5米，表面较为平整，呈不规则椭圆形。K3、K4所在巨石为花岗岩质，不规则形，其中一半没于河床之中，暴露尺寸为东西长约5米，南北宽2～3米，高度不详，表面粗糙不平。K1、K2为圆形栈孔，其中K1口径0.17米，深0.18米，底径0.12米，K2口径0.16米、深0.18米，底径0.14米，两孔孔壁光滑，由于河水冲刷凿痕无存，孔内底皆凹凸不平，两孔朝向一致，孔向箭沟河西岸，为东西向。K3、K4为方形栈孔，K3边长0.1米，深0.18米，K4边长0.1米，深0.12米，两孔四周均已迸裂，孔壁亦无人工凿痕，孔内底粗糙不平，两孔均竖直向上。

在距离其东北方向约100米的箭沟河上另发现一处新的栈桥遗址，命名为"山神殿北栈桥遗址"（图三六七）。该栈桥西南距山神殿栈桥约100米，栈桥栈孔所在巨石为花岗岩质，长6.5米，宽3.5米，暴露高度约2米，表面较为平整，棱角突兀，呈不规则形。巨石上有栈孔3个（自西向东编号为K1、K2、K3）。K1、K2、K3不在一条直线上，平面分布呈三角形。K1、K2间距1.4米，K2、K3间距1.5米。根据栈孔推测，该栈桥走向南北，宽度约1米，跨度约13米。3个栈孔孔眼垂直向上，K1、K3为方形孔，K2为圆形孔。其中K2口小底大，口径0.19米，深0.08～0.12米，底径0.2米，孔口四周较为光滑，孔壁可见斜直线凿痕，底部粗糙不平。K1长0.2

图三六七
山神殿北栈桥遗址全景

图三六八
双鹿池村口道路

图三六九
桃川镇枣园村

米，宽0.11米，深0.1～0.23米，孔壁由于河水冲刷较为平滑，底部粗糙不平，没有发现人工凿痕。K3口大底小，长0.19米，宽0.18米，深0.17米，孔口周围较为光滑，孔壁可见斜直线凿痕，底部较光滑。

鱼池岭至桃川道路：首先是自山神殿栈桥遗址的南端起，沿田家河南岸的河堤道路向西前行，至鱼池岭村的路口，沿此条道路向南，可达双鹿池村（图三六八）。由双鹿池村向西南，经碾子庄、水泉沟、西龙窝，继续向西南止于东山村。东山村位于石头河北岸，过河及到达石头河南岸的道路上，东接灵丹庙村，西接桃川镇。另外自山神殿起，东南至鱼池岭村，向东北下到楚家坪村，由楚家坪下到石头河西岸，过河即到东岸道路的瓦窑坡村西侧位置，北接火烧滩村，南接鹦鸽街村。

棉寺坝至桃川道路：先是自山神殿栈桥遗址南端起，自东北向西南方向，沿田家河、杨家河南岸至棉寺坝村，自棉寺坝向南，经瓦窑上、赵家湾、永家湾、张家湾，翻越山梁至佛爷洞，自佛爷洞向西南沿山沟内小道至石头河北岸的桃川镇枣园村（图三六九），枣园村向南过河至石头河南岸道路上，东接桃川镇，西接魁星楼村。

## 二、沿线文物

桃川古道线路短且自然环境较差，所经箭沟河属石头河支流，河流短促，蜿蜒曲折，村庄稀少，沿途均未发现早期人类活动遗存，仅在北端安乐镇（现并入蔡家坡镇）落星堡附近发现有新石器时代遗存。

### （一）岐山县安乐镇（现并入蔡家坡镇）

安乐镇（2011年并入蔡家坡镇）共发现不可移动文物共15处，其中古遗址7处，石刻2处，其他6处。

### 1. 龙泉塬遗址（新石器时代龙山文化）

龙泉塬遗址（图三七〇、图三七一）位于龙泉塬（自然村）北约1200米的五丈原边缓坡处。地势南高北低，呈缓坡状，通村水泥路从遗址区中部南北向穿过。遗址东、西两侧为台塬边缘，南距龙泉塬村约1200米，北为耕地。遗址平面呈长方形，南北长约150米，东西宽约70米，面积约10000平方米。在遗址区西北角断面上有文化层暴露，长约10米，厚0.4~0.8米，距地表深约1.5米，文化层内含灰土、红烧土块及陶器残片，采集有新石器时代龙山文化的鬲、罐等器物残片。遗址区现为耕地，村民主要种植有小麦、油菜等作物，遗址中部有一通村水泥路通过，对遗址造成一定破坏。

### 2. 洪沟遗址（宋）

洪沟遗址（图三七二、图三七三）位于洪沟村四组南约300米的梯地上。地势西高东低。遗址地处五丈原东侧脚下，东距盘龙寺约20米，西依台塬，南为坡地，北至冲沟。遗址平面呈长方形，南北长约200米，东西宽约50米，面积约10000平方米。在遗址区南侧断面上有断续文化层暴露，长约20米，厚0.4~0.6米，距地表深约1米，内含红烧土块和少量的建筑用板筒瓦残片等遗物。采集有宋代的内饰布纹外为素面的板瓦、筒瓦残片。遗址区主要为耕地，村民以小麦种植为主。

### 3. 盘龙寺庙址（清）

盘龙寺庙址（图三七四）位于洪沟村四组村南约300处。地势西高东低。庙宇地处五丈原东侧脚下，东、南两侧为坡地，西依台塬，北至冲

图三七〇　龙泉塬遗址远景
图三七一　龙泉塬遗址标本

图三七二
洪沟遗址标本
图三七三
洪沟遗址远景
图三七四
盘龙寺庙址近景

沟。历史上曾修建有1座盘龙寺庙宇，创修不详，原寺庙建筑均颓圮，遗存有盘龙寺庙基址1处，东西长约40米，南北宽约30米，占地面积约1200平方米。1994年村民在原址上依次新建了老君殿、圣母宫、盘龙寺等3座建筑。庙址上发现疑为清代的石灰岩石吊炉1件，高0.37米，直径0.57米，外部刻三重仰莲。

### 4. 老马寺庙址（清）

老马寺庙址（图三七五、图三七六）位于落星堡村三组西南约150米的台塬脚下。清代此地曾修建有1处庙宇，相传为老马寺，原寺庙建筑均颓圮，现存寺庙基址，庙址南依台塬，四周皆为耕地。南北长约30米，东西宽约20米，面积约600平方米。1998年村民在原址上新建庙宇1座，为3间砖木结构瓦房。保存有1方木匾，长约2米，宽约1.3米，楷书大字题"佛光普照"四字，落款为"中华民国三十六年（1947年）孟夏月吉辰"。

图三七五
老马寺庙址远景
图三七六
老马寺庙址近景
图三七七
九龙山庙址远景
图三七八
九龙山庙址近景

### 5. 九龙山寺庙遗址（清）

九龙山寺庙遗址（图三七七、图三七八）位于龙泉原村黑沟河自然村西北约1000米处的九龙山上。因周围有九座起伏不平的山体，蜿蜒若龙，故称九龙山。历史上曾修建有多座庙宇，现寺庙均颓圮，现存关帝庙基址1处，南北长约15米，东西宽约10米，面积约150平方米。1998年村民在原址上新建1座关帝庙。庙址遗留有1通清代同治八年（1869年）"重修九龙山关帝暨诸神庙碑记"碑石，石灰岩质，身首一体。首部高0.58米，宽0.63米，厚0.17米。首阳浮雕二龙戏珠图案，额题楷书"皇清"二字；首阴浮雕仙鹤琼阁图案，长方形额，额题楷书"碑阴"二字。碑身高1.18米，宽0.62米，厚0.16米。碑阳文字记述"九龙山不名于世，未见史书"，重修诸庙之起因，修葺经过及工成后的盛况，旨在鼓励后人维修庙宇为地方争光。碑阴为捐资人的姓名和捐资数量。

### 6. 四圣庙庙址（清）

四圣庙庙址（图三七九、图三八〇）位于乱草湾自然村西北约100处。东临坡地，西距石头河河床约200米，南为断崖，北至耕地。历史上

曾修建有1座四圣庙庙宇，原寺庙建筑均颓圮，遗存有四圣庙基址1处，东西长约30米，南北宽约20米，占地面积约600平方米。1994年村民在原址上新建庙宇1座。庙址现存1通清代"暖泉湾创修 四圣庙碑记"的残碑，石灰岩质，身首一体，残高约1米，宽0.63米，厚0.16米。高浮雕二龙戏珠碑首，长方形额，额题篆书"皇清"二字；碑身记述有"……五十二年村民向泉祈雨而甘霖即降……遂以为民安物阜永享太平……"等字样。庙址地处斜水河床地带，水资源丰富，树木成荫，环境幽雅。

### 7. 龙泉原堡址（清）

龙泉原堡址（图三八一）位于龙泉原村四组北约1200米的五丈原台塬蜂腰处。地势南高北低，呈缓坡状。遗址东、西两侧为台塬边缘，南距龙泉原四组约1200米，北为耕地。平面呈长方形，南北长约500米，东西

图三七九
四圣庙庙址远景

图三八〇
四圣庙庙址碑刻

图三八一
龙泉原堡址全景

宽约70米，面积约35000平方米。堡址区发现仅剩有西南角残墙和壕沟，以及北侧城垣痕迹，东西两侧已无痕迹可觅。残存墙基宽1.5~2米，残高0.5~1.5米。圆夯而成，夯层厚0.06米，夯窝直径约0.08米。该堡址是选用台塬的蜂腰地势修筑而成，工程量不大，但是具有强大防御功能，易守难攻，攻守兼备。特别是堡址面积很大，当地历代俗传为三国时期诸葛亮修筑的营垒，又叫"鏊落城"。据现存五丈原诸葛亮庙博物馆内的民国六年石碑碑文，该堡址应修筑于清代嘉庆、同治年间，一直延续到民国六年。通村水泥路从堡址中部穿过，保存较差。

### 8. 九龙山摩崖题刻（清）

九龙山摩崖题（图三八二）刻位于龙泉原村黑沟河自然村西北约1000米处的九龙山上。为一清代楷书摩崖题记，西邻村民新修的老君殿。崖题刻于高约3米、宽约2米的砂岩上，内容为"王金二 人开山 乾隆十七年（1752年）"，共三行，11字。四周阴刻线框，高1.2米，宽约0.8米。九龙山属于秦岭北麓中山区，人迹较少，村民在其周围新建多座庙宇。题刻所在的岩石有风化现象，字迹尚清晰。

### 9. 禁流柴木碑（清）

禁流柴木碑（图三八三）位于柳家庄六组北侧约20米处的村民新建东岳庙檐下。石灰岩质，身首一体。残高1.1米，宽0.55米，厚0.18米，碑首圆形，高0.58米。首阳高浮雕二龙戏珠图案，珠上有"双喜"字样，长方形额，额题篆书"皇清"二字，其中"清"字因石碑被当作水井辘轳时破坏；碑身楷书文字12行，残行26字，内容记述沿河诸个村庄共同所立民约，制止在河流中漂流柴木，以利灌溉事业；落款为"嘉庆三年（1798年）正月立"。碑额处有一直径约0.1米的孔，碑首边沿有残损，部分字迹模糊。

图三八二 九龙山摩崖题
图三八三 禁流柴木碑

### 10. 桂林碾盘（清）

桂林碾盘（图三八四）位于桂林村三组村中水泥路北侧约5米处，南距村民李敏文家门前约12米，北邻村旧小学。占地面积约5平方米。为一砂石质的圆形碾盘，直径1.95米，厚0.21米，碾盘现已废弃不用。在盘侧楷书稀疏分布"双 盛 合 号 廿"等字样的题记。石碾盘是岐山地区清代民间传统粮食、调味品加工和当地商贸活动的实物见证，特别是以商号名义标识的碾盘在岐山地区尚属首次发现，具有很重要的研究价值。石碾盘现放置于水渠上，盘面保存较好，字体有漫漶现象。

### 11. 华明碾盘（清）

华明碾盘（图三八五）位于华明村二组西南端。东距村民高伟家门前约5米，南距310国道约15米。占地面积约5平方米。为一砂石质的圆形碾盘，直径1.9米，厚0.2米，轴孔径0.1米，碾盘现废弃不用。在盘侧楷书"道光十四年（1834年）南庄置"等字样的题记。碾盘现放置于水渠之上，字迹尚清晰，保存状况一般。

### 12. 强家寺碾盘（清）

强家寺碾盘（图三八六）位于柳家庄村强家寺自然村村民李忠义家北侧约8米处，东距通村水泥路约3米。占地面积约5平方米。为一砂石质的圆形碾盘，直径1.86米，厚0.22米，轴孔径0.13米，碾盘现废弃不用。在盘侧楷书"道光九年（1829年）强家寺众人置 嘉庆十八年（1813年）正月置"等字样的题记。石碾盘保存较好，文字已现漫漶现象。

### 13. 庙村碾盘（清）

庙村碾盘（图三八七）位于唐家岭村张家庙自然村北侧约60米处，西

图三八四
桂林三组碾盘

图三八五
华明碾盘

依耕作土路。占地面积约5平方米。为一砂石质的圆形碾盘，直径1.95米，厚0.22米，轴孔径0.06米，碾盘现已废弃不用。在盘侧楷书"道光十五年（1835年）四月记一家置价钱十二千刘太置买"等字样的题记。石碾盘保存较好，字体有漫漶现象。

### 14. 水围城碾盘（清）

水围城碾盘（图三八八）位于王其村水围城（自然村）西侧20米，东距村民刘玉堂家西侧约20米。占地面积约5平方米。为一砂石质的圆形碾盘，直径1.86米，厚0.23米，碌碡长0.54米，大端径0.53米，小端径0.48米，碾盘村民仍在使用。在盘侧发现有楷书"道光三年（1823年）李宅置"等字样的题记。石碾盘保存较好，因风雨侵蚀导致碾盘稍有风化，加之长期使用对该碾盘也有一定程度磨损。

**图三八六**
强家寺碾盘
**图三八七**
庙村碾盘
**图三八八**
水围城碾盘

图三八九
姚旗寨碾盘

### 15. 姚旗寨碾盘（清）

姚旗寨碾盘（图三八九）位于王其村姚旗寨（自然村）马姓村民家门前约6米处，东临村中水泥路。占地面积约5平方米。为一砂石质的圆形碾盘，直径1.87米，厚0.2米，轴孔径13厘米，碾盘现已废弃不用。1988年文物普查时在盘侧发现有楷书"道光二十九年（1849年）置"等字样的题记，这次普查经多位村民证实，就是此碾盘，由于字迹靠近水泥路面，无法拍摄。石碾盘保存一般。

## （二）太白县高龙乡（现并于鹦鸽镇）

太白县高龙乡共发现不可移动文物6处，其中古遗址2处，古墓葬3处，石刻1处。

### 1. 青峰寺庙址（明）

青峰寺庙址（图三九〇、图三九一）位于高码头村西北约30千米的山坪处。地势较平坦，略呈北高南低之势。西、南、北三面山峰环抱，东邻大箭河。清代《宝鸡县志·古迹》载"青峰山原有青峰、万寿两禅院，为后唐同光帝驻跸之所……明为王府山场"。寺院原有建筑已经颓废，建筑布局不详，南北长约150米，东西宽约60米，面积约9000平方米，发现铁瓦、残碑石等遗物。保留较完好的有明代万历二十四年（1596年）的铁钟1口，通高1.8米，口径1.33米，纽高0.7米，钟体表面铸有大量阳文文字，其落款年号有嘉靖四十二年（1563年）等。其余文字为经文和捐资人姓名。还有1件清代康熙五十二年（1713年）的铁钟，通高0.42米，口径0.38米，钟体阳文文字有：凤翔府凤、宝二县（捐资人姓名）。落款为：护法

图三九〇 青峰寺庙址远景
图三九一 青峰寺庙址局部

会八庙堡。另有1通石碑，字迹已经漫漶不清，只是隐约可见额题为"皇清"二字。青峰寺遗址总体保存状况一般，寺院现有建筑均为现代新建。

## 2. 高码头关帝庙址（清）

高码头关帝庙址（图三九二）位于高码头村一组东南侧约15米处。地势北高南低，呈缓坡状。北临高码头至鹦鸽镇的通村水泥路，南临高码头河，东西两侧为荒地。南北长约20米，东西宽约15米，面积约300平方米。原有庙宇已经颓废，20世纪90年代村民在原址上新建3间庙宇1幢。在庙址上发现1通清代重修关帝庙碑，石灰岩质，身首一体，圆首、长方形碑身。碑首高浮雕二龙戏珠，长方形额，额题楷书"皇清"二字；碑身刻文6行，满行25字。内容有"……溯其由来乾隆年间遗迹也……众口一词立愿重修正殿三间"等记述。碑身左侧略残，保留的落款有会首李星魁等四人，还有："木工刘世林 石工庞应斜 画工常□□。"

## 3. 二耙里墓群（清）

二耙里墓群（图三九三）位于高码头村二组村民王丑女家北约10米。地势北高南低，呈缓坡状。在坡地上竖立墓葬石牌面1座，六柱三间，每间各嵌石碑1通。正中双层檐，左、右为单檐，外侧抱鼓石基。正中1间两侧门柱刻"墓锁寒烟思古道，碑封凄雨起新茔"的楹联。双层檐间镶嵌"子道克敦"石牌匾。门柱内长方形石碑，高1.24米，宽0.68米，碑身上部横刻"积德昌后"，中间"显考王公讳兴隆 妣母孺人张氏老大人墓"，左侧落款为"大清道光元年（1821年）辛巳清和月吉日谷旦"。右侧1间门柱刻有"山明水秀千古盛，地灵人杰万载兴"的楹联。门柱内石碑亦为长方形，高0.89米，宽0.65米，碑身文字11行，满行27字，碑题为"王老大人温惠淑德并张氏温桑之碑文"，内容记述了墓主人生平，为"川□□保宁府居士……三十三年七月二十一日巳时寿终"，落款为"李应亨顿首

图三九二
高码头关帝庙址全景

图三九三
二耙里墓群近景

拜题 凤翔府眉坞县居士王□□□□□书"。左侧1间门柱刻有"承欢只报劬□□ 勒石长昭□□□"的楹联。屋顶圆雕鲤鱼1条。门柱内嵌石碑，高0.9米，宽0.53米，碑身中间刻大字一行，内容为"王氏先远宗祖之茔"，左右两侧各有两行小字，内容为立碑的儿孙姓名。左、右两间之外均有高约0.55米的三角抱鼓石基，表面刻祥云纹。二耙里墓群总体保存状况较差，墓葬牌面保存较为完整。据当地村民介绍，该墓葬曾两次被人盗掘，后经王氏后人修缮。

### 4. 青峰山西峰僧人墓地（后唐、明）

青峰山西峰僧人墓（图三九四、图三九五）地位于高码头村西北约30千米的山坪处。地势较平坦，略呈北高南低之势。墓地东、西、北三面山峰环抱，南邻大箭河，东西长约80米，南北宽约40米，占地面积约3200平方米。墓地内现遗留有僧人石塔墓3座，还有多座残损墓葬。墓的形制是先在大巨石上凿出平面，然后修整成多层须弥座，其上放置一覆瓮状圆石，圆石顶凿有一圆坑，似为放置骨灰之处。其上圆石柱、莲台等构成一座完整的塔体。清代《宝鸡县志·古迹》载"青峰山原有青峰、万寿两禅院，为后唐同光帝驻跸之所，明为王府山场"。据此推理，该墓地应该为后唐至明的僧人墓地。青峰山西峰僧人墓地总体保存状况一般，墓地表面生长有密集低矮灌木，部分石塔因风雨侵蚀破坏严重。

### 5. 青峰山中峰僧人墓（不详）

青峰山中峰僧人墓（图三九六）位于高码头村西北约30千米的山坪处。地势较平坦，略呈北高南低之势。东、西、北三面山峰环抱，南邻大箭河，距离村民新修的寺庙约30米。墓为一石塔状，是用砂岩质的石构

图三九四
青峰山西峰僧人墓地全景
图三九五
青峰山西峰僧人墓地局部
图三九六
青峰山中峰僧人墓全景
图三九七
龙王庙碑近景

建组合而成，底层为三重须弥座，上置三重瓣莲台，其上为一花瓶状圆柱体，其上又置一单瓣莲台，莲台上有一圆石柱，其上置四面坡屋顶状石构件，上面为四层束腰葫芦状塔刹。莲台高0.33米，瓶高0.95米，整体高度约2.6米。《太白县志·文物古迹》卷记载"此塔为唐代太子墓"，应为讹传。青峰山中峰僧人墓总体状况保存一般，石塔结构稳定，风雨侵蚀以及宗教活动对石塔造成一定的破坏。

### 6. 龙王庙碑（清）

龙王庙碑（图三九七）位于棉丝坝村一组北约15米的山坡上。地势北高南低，十分陡峭。碑石竖立于村民新建的龙王庙门前岩石上，石灰岩质，长方形、无首。通高约0.78米，宽约0.56米，厚约0.11米。碑身文字5行，满行26字，记述因龙王显灵使本境百姓得以国泰民安，故而修建龙王庙事宜，左半侧为捐资人姓名，落款为"大清道光三年（1823年）菊月书"。龙王庙碑保存状况较差，无保护措施，字迹漫漶。

# 第四章
# 结语

褒斜道南起褒谷口（今汉中市褒城附近），北至斜谷口（今宝鸡市眉县斜峪关口），沿褒斜二水行，贯穿褒斜二谷，故而得名。这条古道是我国古代关中通往巴蜀地区的主干道路，同时也是沟通长江、黄河两大水系的重要桥梁，为促进川陕地区的政治、经济、军事、文化等方面的交流发挥了重要作用。

褒斜道作为川陕地区重要的古道，频繁出现于各个时期的史料典籍，为我们从事褒斜道的相关研究提供了一定资料基础，但是就目前来说，关于褒斜道的研究大部分都是从庞杂的文献资料、历史典籍，甚至神话传说中得出的结论或者成果。以古代典籍来考究褒、斜二水间古道的形成，难免造成一定偏差，使历经千年的古道更加虚幻不实，只有实地调查结合史料研究才能很好的解决问题，并得到相对正确的结论（图三九八、图三九九）。

本次褒斜道沿线调查涉及内容很多，其中比较重要的一项就是注重褒、斜二水水系内古遗址的调查，并摘录采用了部分第三次不可移动文物普查中的资料。充分挖掘其时代特征、遗迹内涵以及分布特点，这对研究褒斜道及其相关问题都有积极的意义。

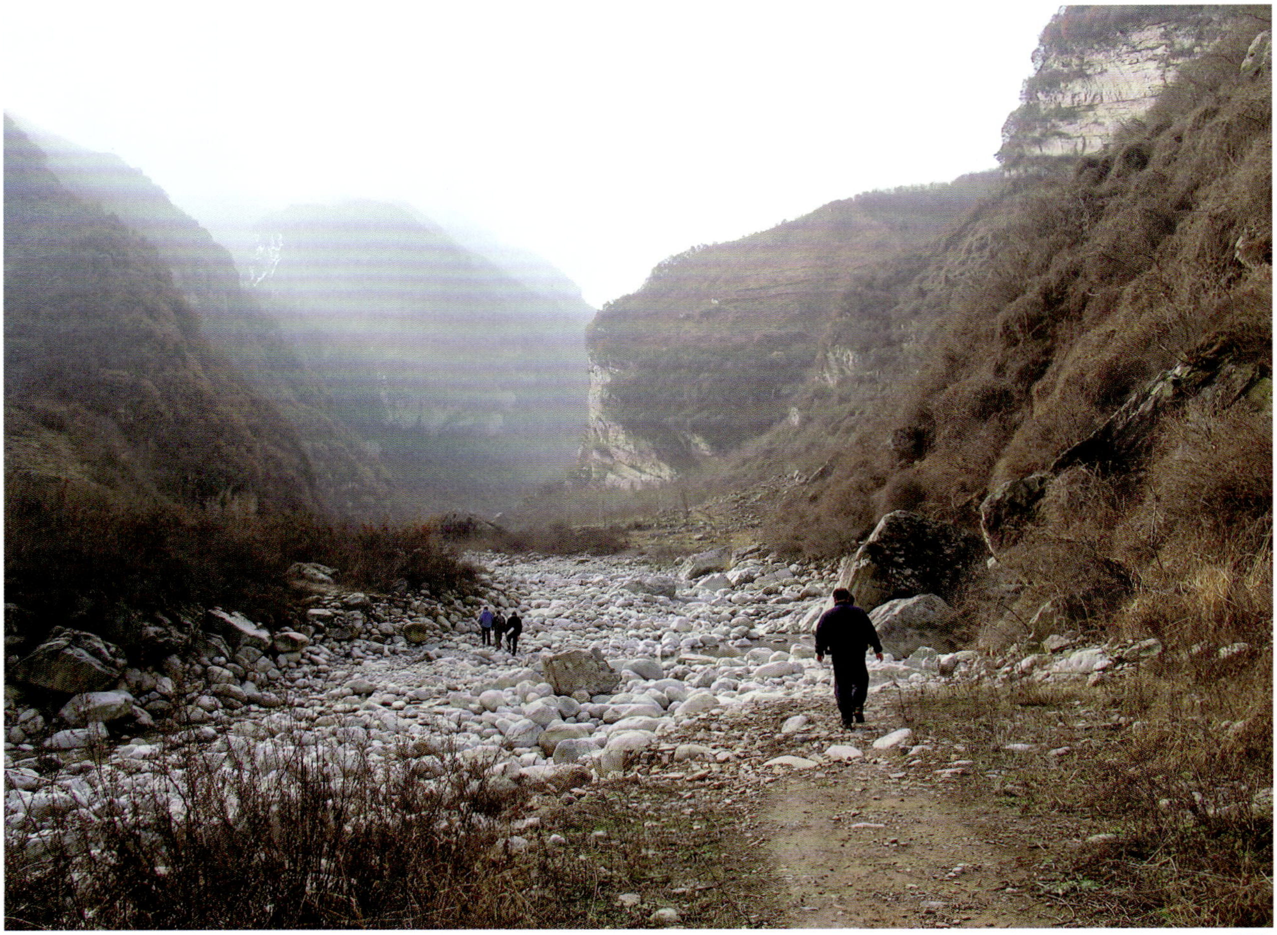

398

399

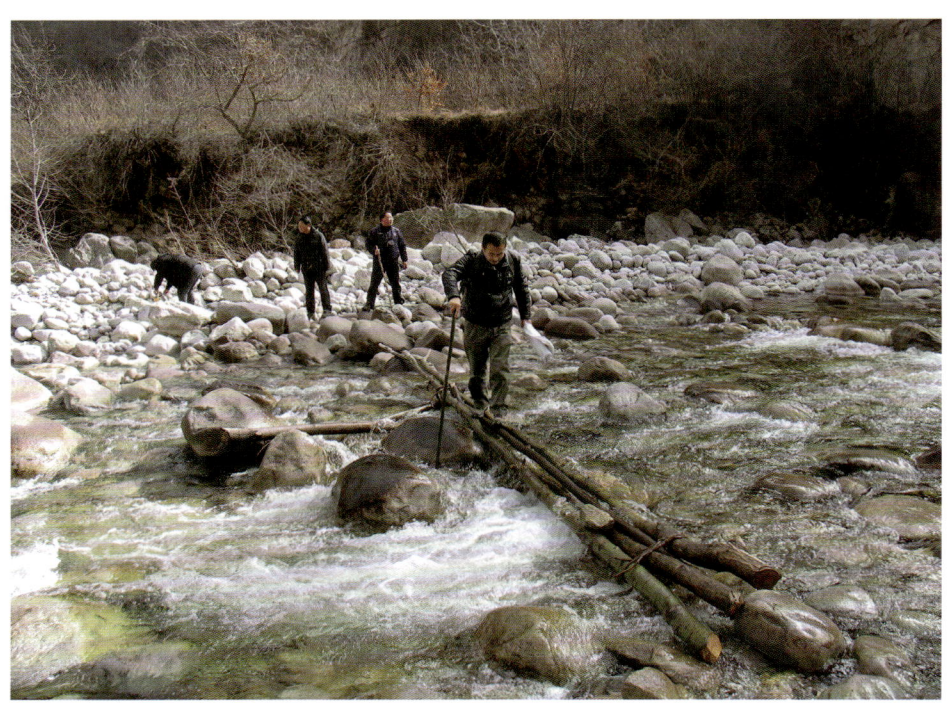

图三九八
鹦鸽镇三岔峡实地调查
图三九九
鹦鸽镇三岔峡实地调查

## 第一节

# 褒斜道之名的由来

褒斜道是中国古代横跨秦岭天险，由关中入蜀，时代较早、规模大、持续时间长的一条道路。长期以来，人们习惯于将其称为"褒斜栈道"，但是，严格的来说栈道只是道路工程结构中的一种形式，将含有栈道结构的道路混称为栈道，以至于将整条道路称为"某某栈道"是不确切的。褒斜道作为一条贯通古今的重要道路，它是一个整体工程，不仅有一般道路和栈道，甚至还有桥梁、驿站等，互为连接，不可割裂。

褒斜道作为一个专用名词，最早见于西汉司马迁所著《史记·河渠书》。据《河渠书》载，汉武帝时人有上书欲通褒斜道及漕事，武帝将此事交给御史大夫张汤，张汤详细了解情况后说："抵蜀从故道，故道多阪，回远。今穿褒斜道，少阪，近四百里；而褒水通沔，斜水通渭，皆可以行船漕。漕从南阳上沔入褒，褒之绝水至斜，间百余里，以车转，从斜下下渭。如此，汉中之谷可致，山东从沔无限，便于砥柱之漕。且褒斜材木竹箭之饶，拟于巴蜀。"天子认为有道理，封张汤的儿子昂为汉中郡太守，调发数万人开出一条长五百多里的褒斜道。果然方便而且路程近，但是水流湍急多石，不能通漕。

虽然汉武帝通漕褒、斜二水未成，但是整修了褒斜道陆路五百余里。至此以后褒斜道之名为历代所沿袭，东汉时期的《汉书》、东晋时期的《华阳国志》、宋代《文献通考》都对此事予以记载，且仍沿用褒斜道之名，以至于清朝初年顾祖禹所撰巨型历史地理著作《读史方舆纪要》亦将"褒斜道"作为词条进行单独注解。而褒斜栈道一词最早见于民国初年编修的《清史稿》，据《清史稿·列传二百十七》记载："（李）辉武在汉中久，军民相安。疏浚府城东河道达汉川，旁引沟渠以资灌溉，民食其利，又修复褒斜栈道，商旅便焉。没后，士民吁请建祠，从之。"[22]李辉武是清末将领，道光年间生人，卒于光绪四年（1878年），因战功授汉中镇总兵，后任甘肃提督，仍留防汉中，所在汉中时间比较长，且治军严谨，镇守汉中期间修复褒斜道。可见褒斜栈道一词大概兴起于民国时期，沿用至今，1988年文物普查亦将褒斜栈道收录记载（图四〇〇）。

由以上可知褒、斜二谷先有路，而后有其名。但褒斜道之名自汉以后由来已久，并沿袭时间长（图四〇一）。褒斜栈道之名源于民国，至今仍在沿用。但是我们还是建议恢复其褒斜道之名，才更为恰当。

[22] 赵尔巽：《二十五史·清史稿·卷四百三十·列传二百十七》，上海古籍出版社，1988年，第10192页。

图四〇〇
鹦鸽镇三岔峡实地调查

图四〇一
桃川镇老爷岭实地调查

## 第二节

# 褒斜道交通体系分级

以往人们研究古道，着重描述已有的遗迹现象，以求还原其结构原貌，多从建造方法等技术层面，了解古道的修筑手段和择路方法，取得了丰硕的成果。本次褒斜道调查与以往有所不同，力求将所有关于褒斜道交通相关联的遗迹和线索进行整合，将其作为一个完整的交通体系进行研究。也就是说不仅仅局限于搞清其主干道路的建造形式以及路线布局，而且要搞清并区分附属于褒斜道主干道路，与其相联系的支线道路的修建方式和路线走向，从而在宏观上对于褒斜道有一个更加完整的认识，最终完整地构建一个有关褒斜道的交通网络。现在看到的是路网的平面分布，有干道、支道。但当时不一定是这么规划的，也不一定是在一个相对的时间内完成的。我们的工作力求突出干线，区分支线，做到干、支有别，并寄希望于能够为以后研究褒斜道提供一个新的研究方向，甚至于在此基础上对不同时期的褒斜道加以甄别，给出一个比较准确的年代区分（图四〇二、图四〇三）。

褒斜道道路网络由干道、支道构成二级交通体系。

图四〇二
嘴头镇五里坡顶实地调查

图四〇三
五里坡实地调查至谷口林业管理站

## 一、干　　道

　　南起褒谷口（汉中市大钟寺附近），北至斜谷口（眉县斜峪关口），全程约249千米。在宝鸡境内褒斜道干道：由眉县斜峪关入太白县境，沿石头河东岸上行向南，经火烧滩、瓦窑坡、鹦鸽嘴、下寺院，过石头河，翻老爷岭向西折，进入桃川河谷地。沿桃川河（石头河的上游段）南岸，经灵丹庙、杜家庄，翻越五里坡进入虢川盆地。进入虢川盆地后，沿红岩河上游（红岩河属褒河支流，自西向东从嘴头镇南横穿整个虢川盆地，当地人又称虢川河）下行向西行，经塘口、拐里、嘴头、两河口，向南入红岩河下游峡谷，再经关山（河池关）、上百云、下白云、古迹街、元坝子、板桥子、王家崚、止于磨坪村，在太白县境内全长约114千米。

## 二、支　　道

　　支道分东线支道和西线支道，东线支道包括桃川古道和三岔河古道，桃川古道北通岐山县五丈原镇南至太白县桃川镇，与褒斜道干道相接，三岔河古道北通鹦鸽镇褒斜道，南至黄柏塬镇傥骆道。西线支道位于凤县平木、坪坎两个镇，由杨家河栈道和西河栈道组成，北接故道（嘉陵江源头），南通褒斜道（留坝县西河口）。

## （一）东线支道

### 1. 桃川古道

北起岐山县蔡家坡镇落星堡村，向南进入太白县境内高龙乡的山神殿，经鱼池岭、田家河、棉寺坝，过瓦窑上、赵家湾、永家湾、张家湾，翻越山梁至佛爷洞，向西南沿山沟内小道至石头河北岸的桃川镇枣园村。

### 2. 三岔河古道

因道路沿石头河支流三岔河通行而得名。其北端与褒斜道在鹦鸽镇刘家村以南的三岔峡相接，沿河谷向南，途经夹马石、凉水泉、牛心石、两河口、迎风砭，翻越秦岭山脉最高峰太白山，经太白河西沟最终可达黄柏塬镇的核桃坪，遂于傥骆道相接。

## （二）西线支道

由杨家河栈道和西河栈道组成，它北接故道，南通褒斜道，交汇于平木镇平木村。杨家河栈道，南起平木村，沿杨家河（褒河支流中曲河上游）北上，经刘家庄、齐心，至雷神庙，过马头滩林场、红崖沟、椴树坪、官木场、肖家磨、东峪口，到达煎茶坪，与故道相接，全长约39千米。西河栈道，北起平木村，沿西河（褒河支流中由河下游）下行一路向南，过坪坎镇倒贴金，进入留坝县，再经关房子、天峰村、白庙子，到达西河与褒河的交汇处西河口，与褒斜道相接，全长约52千米。西河栈道在宝鸡境内全长约28千米，北起凤县平木镇，向南经小庄坪进入坪坎镇硬沟门、孔棺村，到达坪坎镇，再向南经碾子坝，止于倒贴金。

就褒斜道干道而言，我们通过以上分段调查的叙述，基本明确了其线路走向及古道与现代村庄、公路、河流的相关联系，可以在现代地图上勾勒出褒斜道的行进路线。

另外，我们在工作中及时对过去的调查资料进行了重新分类、整理，并甄别其与褒斜古道的关系。我们发现，石头河西岸原高龙乡（最早为太白县高码头、龙窝两个乡合并而来，2001年太白县撤乡并镇，合并至现鹦鸽镇）三神殿栈桥及此次在其以东新发现的山神殿东栈桥的两处栈桥遗址，并不属于褒斜道主干道，应为旧时由岐山县落星堡至太白县桃川镇与褒斜道连接的支线道路。另外甄别发现位于鹦鸽镇三岔河中沿河由北向南分布的夹马石、凉水泉、鲁班桥三处栈道遗址也不属于褒斜道干道，应为旧时由太白县鹦鸽镇六家村至黄柏塬镇核桃坪村连通褒斜道、傥骆道的支线道路。

通过调查使褒斜道的整个道路干、支线网络更加清晰，为今后研究宝鸡地区古代道路交通提供了新的资料及经验和研究方法。

## 第三节

# 褒斜道建筑构造形式及特点

褒斜道南起褒谷口（今汉中市褒城附近），北至斜谷口（今眉县斜峪关口），是循渭水支流斜水（石头河）及汉水支流褒水（在太白境内名红岩河）两条河谷而成的一条谷道，是典型的循河觅道路线。其沿途所经以河谷川道为主，不走山梁，顺流水山势而行，趋利避险，虽然横穿秦岭，却不翻越一座大山，垂直海拔落差小，总体趋势而言，褒斜道是秦岭诸栈道中路线较为平坦便捷的一条谷道。

褒斜道在宝鸡境内涉及岐山、眉县、太白三个县，其中岐山、眉县仅涉及斜谷口，贯穿太白县全境，长约114千米，串联王家堎镇、嘴头镇、桃川镇、鹦鸽镇4个镇。

褒斜道涉及的栈道遗迹共有7处。石头河（斜水）流域以及红岩河（褒水）上游，包括嘴头镇（太白县县城）、桃川镇、鹦鸽镇，这里河谷通直，水缓滩浅，地势开阔平坦，自然条件较好，是太白县传统农业区。这段村落沿河分布，道路平直串联乡里，人口较为稠密，交通便利，太白县域内早期人类聚落遗址多集中分布于此，由于地理条件优越，无须开凿栈道亦可方便出行，故此嘴头镇、桃川镇、鹦鸽镇三镇栈道遗迹匮乏。

红岩河属褒河支流，其下游王家堎镇境内，水流湍急，河岸绝壁凌空，河谷曲折狭长，因地势险峻，部分地段通行困难，需要借助地形，开凿栈道，方能通过，褒斜道在此段区域内多沿河谷两岸曲折前行，是栈道遗迹分布密集区。这一段由于自然条件差，群山绵延，耕地稀缺，不适合农业生产，道路所经村庄大多已搬迁，现存村民住户，居住分散，虽然交通较为闭塞，但栈道遗迹保存状况较好。

褒斜道按照道路结构可分为土石道、垒石道、碥道、槽道、栈道、栈桥、漕道等。褒斜道的道路遗存有三个大的特点：第一，褒斜道道路结构形式多样，以传统的土石路基道路为主；第二，褒斜道干道的栈道、栈桥遗存少，而支道、分支遗存多；第三，所有遗存中以栈桥居多，而栈道遗存较少。

## （一）土石道

土石道，是指以土石堆砌或在土石相混地段开辟的道路，其有别于栈道、栈桥、碥道，有土石路基，是传统的道路形式。

图四〇四
老爷岭古道
图四〇五
五里坡山谷内古道路面

褒斜道在宝鸡境内主要途经太白县，串联王家堎镇、嘴头镇、桃川镇、鹦鸽镇4个乡镇。栈道、栈桥、碥道、槽道、垒石道等道路遗存的总长度，所占比重不到褒斜道总里程的1%，由此可见，褒斜道的主体应该是以传统的道路形式土石道为主体的。本次调查中发现的老爷岭古道（图四〇四）、五里坡古道（图四〇五）为土石道。

404

405

之所以栈道、栈桥、碥道、槽道、垒石道等道路遗存的总长度所占比重不到褒斜道的1%，究其原因有以下两个方面：

第一，地理环境影响。褒斜道途径的嘴头镇（太白县城）、桃川镇、鹦鸽镇，河谷通直，桃川河谷宽度200～1000米、虢川河谷宽度550～3700米，水缓滩浅，地势开阔平坦，自然条件较好，是太白县传统农业区。这里村落沿河分布，道路平直串联乡里，交通便利，由于地理条件优越，绝大部分路段采用传统的筑路方法，以土石为路基，铺以砂石路面，无须开凿栈道亦可方便出行。红岩河属褒河支流，其下游王家埝镇内，河谷曲折狭长，但沿河分布有大大小小的河谷间冲积平原，宽度为150～600米，通行较为便利，只有部分地段通行困难，需要借助地形，开凿栈道，方能通过。因此，王家埝镇境内虽然分布有栈道、栈桥遗存，但其主体仍然以土石路道主。

第二，土石道优势大。土石道虽为传统的道路结构形式，但是其相对于栈桥、栈道来说优势很大。首先，土石道的承载性大，而栈道、栈桥对运载工具及物资货物都有重量和尺寸的限制。其次，土石道结构简单，维护便捷，修筑成本低，技术要求不高，而栈道、栈桥耗费大，建造周期长，后期的维护成本高，需要一定的技术要求。最后，土石道的运输流通效率高，甚至可以随意加宽，从而增加物流效率，可以承载大型的交通工具。而栈桥、栈道运输效率低下，运营成本高，需要国家投入。所以褒斜道在修筑时，其主体仍是以传统土石道为主体，在个别地段辅以栈桥、栈道等特殊结构的道路形式。

## （二）垒石道

垒石道（图四〇六），古人称为"石积"，是用石块叠砌起来的道路。以鲁班桥栈道南端垒石道为代表，长约4米，宽约1.2米，由石块堆砌修建而成。路基坚固，路面呈缓坡状北高南低，通行便利。

## （三）碥道

碥道，又称砭道，是在山坡或者山根上削坡开凿出的土石道路，按建筑材料可分为石碥道、土石碥道等。褒斜道现存的碥道遗迹均为石碥道，以小箭沟口栈道遗址（图四〇七）为代表，该栈道遗址位于黄柏塬镇高家坝村田坝组东北约400米的湑水河西岸，由栈道和碥道组成，分为两段。其中石碥道遗存长约30米，开凿于河岸坡根的岩石上，路面宽0.8～1.6米。栈道遗存长约50米，分布方形、圆形栈孔10个，孔边长和直径均为0.2米。碥道以岩石为路基，与传统道路结构相似，结构简单，坚固耐用，承重性好，不易受风雨侵蚀。

图四〇六　鲁班桥栈道遗址
图四〇七　小箭沟口栈道遗址

406

407

第四章　结语

## （四）槽道

槽道是人工在石壁上开凿的石槽状道路，其下底为路面，顶部有凸出的石崖形似顶棚。褒斜道的槽道以二郎坝栈道遗址（图四〇八）为代表，该遗址位于黄柏塬镇二郎坝村东北约1200米的湑水河南岸上，由栈道和槽道两部分组成，遗存总长约10米，其中东部为栈道长约6米，西部为槽道，长约3米，宽约0.7米，高约2.5米，外沿高约0.4米，宽约0.2米，高于水面约2米。槽道顶部为半圆弧形，内壁愈下斜直，平底，外有粗糙的道沿，槽道内壁光滑，表面有密集的凿痕。槽道开凿十分困难，需要开凿大量石方，路面狭窄，坚固性取决于岩石的质地，建成后无须维护，不易被山洪冲毁。

## （五）栈道

栈道的建筑结构近似于桥梁，是由梁柱与栈孔两部分构建而成。这种

图四〇八　二郎坝栈道遗址槽道

建筑形式在很长的历史时期内，主体结构没有太大的变化，因此对不同时期的建造排序，推断较为困难。就褒斜道现存的栈道遗迹来说，其建筑结构、修造用料均没有明显的时代差异。

### 1. 质地用料

褒斜道现存栈道遗迹均为石质栈道，但就古道沿线遗存的大量栈孔，推断木质结构的栈道应占绝大多数。从褒斜道现存的石质栈道遗存（图四〇九）来看，均采用长短不一的长条形花岗岩作为横梁，平插或斜插入崖壁所凿孔内，横梁上亦搭有条形石板或片石，垒砌而成路面，其中以褒斜道支道三岔河古道上的鲁班桥栈道最为代表，且结构较为完整。

用木、石两种材料修筑栈道，各有优劣。木质易于加工，秦岭山中林木遍布，用料来源便利。栈道多沿河修筑，木料采伐后即可投入河中顺流漂行到达目的地，易于运输，节约了大量人力物力。而石材坚硬，抗腐性强于木料，沿用寿命长，在山区开采方便，但加工困难，且韧性不足，再

图四〇九　鲁班桥栈道远景

加上运输不便，制约了其大规模的应用。另外，由于石质结构不易榫卯相接，就无法在栈道临水一侧修造护栏，其交通安全性上，也低于木结构的栈道。在后期的道路养护上，木、石也有较大的差异。木质构建易损，古人便在栈道上搭架起棚，防止风雨侵蚀，延长使用寿命，即使木构腐朽也易于更换。石质虽然寿命长于木质，但更换维修相对困难。总体上来说木质材料在耐腐朽及坚固程度上与石质材料有差距，但其使用成本远低于石料，投入耗费少，建造周期短。而且褒斜道的主体，仍然是以传统的路基道路为主，栈道为辅，只是在个别险峻地段，需要修筑栈道，与传统道路相衔接。因此石质结构的栈道虽然保存时间更长，但其规模远远低于木结构的栈道。

### 2. 修筑方法

采用柱孔结合的基本结构。现存栈孔，包括梁孔和柱孔。梁孔呈方形，内插梁木，以防其转动。柱孔呈圆形，利用圆木立柱，减少加工难度，降低水流冲刷力度。栈孔侧壁刻有排水槽，或者加大下方孔壁的倾斜面，以便于排水。

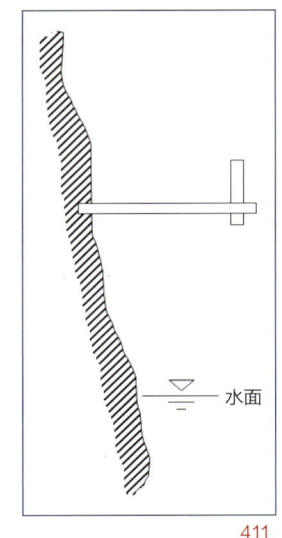

图四一〇  
丹桂沟口栈道遗址  
图四一一  
平梁式

### 3. 结构形式

主要分单层、多层两种结构。单层结构，形式单一，有梁无柱，即平梁无柱式。褒斜道现存遗迹多以平梁无柱式为主，以褒斜道支道西河栈道上的丹桂沟口栈道（图四一〇、图四一一）最为典型。多层结构，形式多样。主要在立柱的变化上，即单梁单柱、单梁多柱、多梁多柱，梁柱越多，承重性好。现存的多层结构栈道遗迹来看，可分平梁立柱式、平梁斜柱式、斜坡搭架式。

平梁立柱式，即较为普遍采用的平梁直柱结构。标准式栈阁、有壁孔、柱孔。壁孔多呈方形，以防梁木转动，柱孔多呈圆形，利用圆木立柱。梁、柱以榫、卯联结。靠水一侧有横式栏杆，以防车马、行人滑坠。以褒斜道支道西河栈道上的碾子坝栈道（图四一二、图四一三）最为代表。

平梁斜柱（撑）式，即平梁直柱加斜撑结构或平梁斜柱结构。此种栈阁多是在崖陡水深、无法安装立柱的情况下建筑的，或是立柱过高，为了加强支撑力量而设计的一种形式。其中，以褒斜道干道上的西坝栈道（图四一四、图四一五）最为典型，梁、柱孔保存较为完整，结构清晰。斜坡

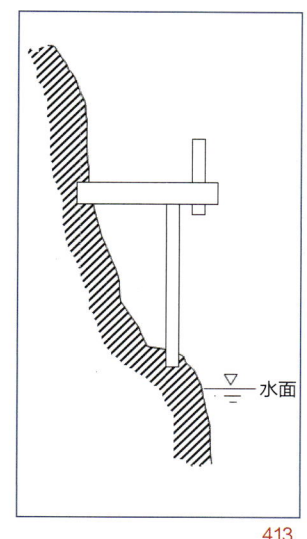

图四一二
碾子坝栈道
图四一三
平梁立柱式

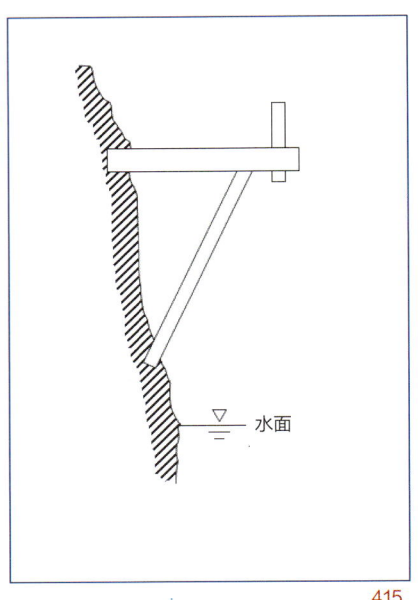

图四一四
西坝栈道
图四一五
平梁斜撑式
图四一六
郝家坪栈道遗址
图四一七
斜坡搭架式

搭架式，即在崖岸比较倾斜、坡度比较平缓的坡面处，依坡凿排柱孔立木柱，上装木梁，连接梁柱构成框架，梁上铺板，构成路面。临水一侧施以栏杆，此种栈道形制类似多跨式桥梁。以褒斜道干道上的郝家坪栈道（图四一六、图四一七）为典型，该栈道所在河岸崖壁倾斜，坡度平缓，柱孔依靠倾斜的崖壁开凿，虽然柱孔距离水面较近，受河水冲刷，但现存结构较为清晰。

## （六）栈桥

栈桥有单跨和多跨之分，单跨仅一组立柱，多跨则有二组以上，多架设于较宽的河面。多跨栈桥巨石为立柱基础，在其上凿柱孔，柱孔多为圆形，内插圆木以立桥柱，柱上架梁铺设桥面，现在发现的栈桥遗迹仅存

416

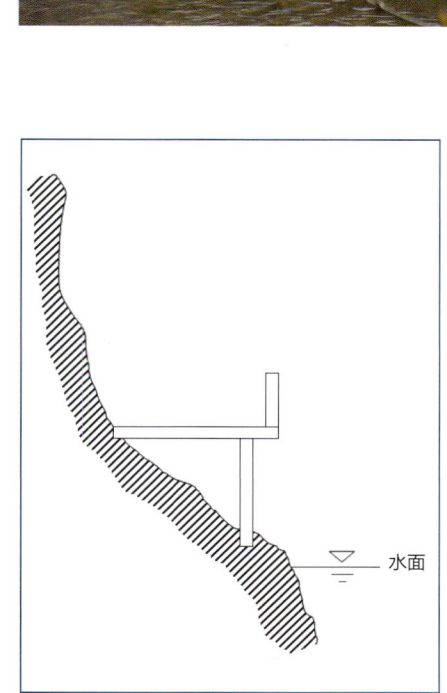

417

柱孔。

从现存32处栈桥遗迹的结构来看,以多跨式结构为主,单跨式结构较少。单跨式栈桥,结构简单,适宜于水面跨度小的河溪之上。以高家坝栈桥遗址(图四一八)为代表,该栈桥遗存位于黄柏塬镇高家坝村一组西南约150米处的湑水河上,在河道中央一块似卧牛状的花岗岩巨石顶部,开凿有圆形柱孔2个。巨石长约6米,宽约2.5米,高约2米,其上柱孔呈南北向排列,间距0.9米,柱孔孔径相同均为0.23米,深0.15米,口稍大于底,孔壁光滑,无凿痕,距水面高约1.7米。根据河流走向、水面宽度及柱孔遗迹推测,该栈桥长度约15米,宽度不超过1米。

多跨式栈桥,由多组立柱支撑桥面,结构复杂。支撑柱多,承重性大,通过性好。以夹马石栈桥遗址(图四一九)为代表,该栈桥遗存位于鹦鸽镇六家村夹马石组西约10米的三岔河河道上,河流为南北走向,栈桥为东西走向,在河道中的3块巨石上,开凿有9个柱孔。其

418

419

图四一八
高家坝栈桥遗址近景
图四一九
夹马石栈桥遗址

中在紧靠河岸西侧的椭圆形巨石上，有柱孔2个，呈南北向分布，直径0.18、0.25米，深均为0.2米；靠近河床中间的椭圆形巨石上，亦有柱孔2个，呈南北向分布，直径相同均为0.24米，深为0.07、0.2米；靠近河岸东侧的不规则形巨石上发现栈孔5个，其中圆形柱孔4个，方形柱孔1个，分东西两列，东侧2个圆形柱孔、西侧3个柱孔，圆形柱孔直径相同为0.24米，深0.05~0.12米；方形柱孔长0.15米，宽0.1米，深0.03米。由柱孔间距及三块柱石的位置推测，该栈桥约宽1.2米，采用3跨9立柱式结构，承重性好于单跨式栈桥，东西长约20米，规模远大于其他栈桥。

褒斜道干道的栈桥遗迹数量极少，究其原因有以下两个方面。

第一，褒斜道干道所经地区，河谷川道较多，特别是鹦鸽、桃川、嘴头三镇，地形平坦开阔，村庄密集，人口稠密，农业发达。石头河全段及红岩河上游，河道宽阔，滩多水浅，河床多为卵石结构，且十分平缓，利用秋、冬、春三季的枯水期，铺设便桥，亦或是趟水通过，一直到持续到1970年以后。便桥直接铺设于河床，其承重性远远高于栈桥，人畜车马通行较为安全，无需特别维护，投入成本少，即使毁于夏季突发性洪水，也能很快修复。

第二，褒斜道干道所沿河流，架设栈桥十分困难，特别是斜水，河面宽阔，宽度达到80~300米，架设跨度大，不仅耗费巨大，也不易维护，结构稳定性差，夏季易受山洪影响，一旦冲毁，重建难度大，承重远低于直接铺设于河床卵石上的便桥。从现存的栈桥遗迹来看，栈桥规模很小，桥面跨度小，且分布多集中于村庄附近，其使用性质更多地体现与生产生活相关，长度均在30米内，宽度均不超过2米，只适用于人、畜通过，不可行车，运载力相当有限。

## （七）漕道

漕道即漕路，包括水运及附属的码头设施。褒斜道的漕道，南起斜峪关，顺石头河水由南向北，经空塔寺、华明、八岔入渭河（图四二〇、图四二一）。

斜峪关，因褒斜道而兴盛闻名，不仅陆路交通发达便利，同时也是石头河下游一处重要的漕运码头。通过褒斜道可以将来自四川等地的各种特产物资，直接在斜峪关装船走水路漕道，货船经石头河顺流而下，驶入渭河，向东可达西京长安，向西可至陈仓渡到达宝鸡。

420

421

## 第四节

## 水陆并用的褒斜道

在生产力不发达的古代，仅仅依靠人力、畜力作为载体，承担繁重的物资运输，其成本是相当惊人的。为了尽量减少运输损耗，先民开始利用自然条件，对传统的交通形式加以丰富，找到了运载量大、损耗少、适宜于长途运输的新方式，即通过境内的江河湖海，利用舟船这一交通工具，以水路运输的形式，不仅解决了物资运输中的损耗问题，也使货运成本大为降低。当时，水路运输技术已经相当的成熟，内陆地区的河道、湖泊大多设漕运。

水路运输相对于陆路运输固然有其难以比拟的优越性，但其受自然条件的制约也相当明显。就褒、斜二水而言，其水量虽然充沛，但季节性分配不均，再加上部分河段水浅滩急，并不适宜于大规模的开展水路运输。自汉武帝始，以张昂为汉中太守主，征发数万人开山辟路，以图兴建褒斜漕运，但由于自然条件的制约最终未成。

兴建褒斜漕运虽然失败，但不意味着褒斜道就没有水路运输发展的空间和条件（图四二二、图四二三）。据岐山县志载，至北宋时期，随着褒斜道沿途商业贸易的日益繁盛，为了便于关中、巴蜀地区政治、经济、文

**图四二〇**
河道中栓拉船只石桩孔
**图四二一**
双家山码头遗址
**图四二二**
五里坡古道实地调查

图四二三
嘴头镇方才关实地调查

化交流需要，人们便利用石头河下游尚可行船的水利条件，开通斜水至渭河的水路漕运，并由政府在斜谷口的斜峪关设立码头、创办船坞，使褒斜道的物资可直接经水路运输，西可至陈仓渡（今宝鸡市），东可至长安。

在本次调查中我们在石头河水库以北双家山的东侧，石头河西岸边上的巨型连山礁石上发现了凿孔，应为船只停靠的码头，又在靠近石头河东岸的河道内发现用于栓拉船只的带孔石桩，推测为码头遗址（详见双家山码头遗址），佐证了位于褒斜道北端的斜峪关曾经存在古代码头等水运设施。这一发现改变了我们以往对褒斜道仅存陆路交通运输的片面看法，丰富了其运输形式，使褒斜道成为一个水、陆并用的完整的古代交通综合体，为研究宝鸡地区秦岭北麓渭河沿岸的水运交通发展史提供了很好的实物资料。

## 第五节

# 褒斜道开通年代推断

在调查中我们发现，沿褒、斜二水，所经河谷两岸，均分布有早期的古人类文化遗存，其中斜水流域的鹦鸽镇、桃川镇共发现新石器时代仰韶文化晚期、西周时期以及汉代的古人类聚落遗址6处，褒水流域的嘴头镇、王家坟镇共发现新石器时代仰韶文化晚期、西周时期以及汉代的古人类聚落遗址共计3处。依此我们可以推测，早在新石器时代，就有人类沿褒、斜二水的河谷川道来往迁徙，以便渔猎或进行经济文化交流。而此时的褒斜道因受制于当时十分低下的生产力，大概为人类用脚板踏出的羊肠小道。

据《禹贡锥指·卷九》记载："历汉川至南郑县，属于褒水，溯褒暨于衙岭之南，溪水支灌于斜川，届于武功而北达于渭水。"[23]可见当时的人们对褒、斜二水以及其分水岭衙岭有了清晰的认识，经褒水翻越衙岭进斜水最后可至渭水，是当时的地理常识。

战国时期，随着秦人的崛起，秦国国力强盛，开始大规模整修关中入蜀的道路，其中亦包括褒斜道，《史记·范雎蔡泽传》记载："范雎相秦，栈道千里，通于蜀汉。"[24]为后来的秦国灭蜀，提供了必要的条件。

西汉武帝时期，"褒斜道"一词，首次出现史料典籍之中，据《史记·河渠书》载："其后有人上书欲通褒斜道及漕事，……天子(汉武帝)以为然，……发数万人作褒斜道五百余里。道果便近，而水湍石，不可漕。"[25]即元狩元年（前122年），有人给汉武帝上书，建议从褒斜道开漕运将巴蜀之粮运抵长安，这一方案经时任御使大夫的张汤审定上奏，汉武帝予以采纳，并指派张汤的儿子张昂为汉中太守主持此项工程，征发数万人开山辟路500里，由于褒斜水的河谷都过于陡峭，水流湍急，加之水中多礁石，无法行船，虽然褒斜漕运终于未成，但是褒斜道开凿贯通。

本次调查在嘴头镇、王家坟镇都发现有汉代遗址，从一个侧面可以反映出，史记所载汉武帝时期褒斜道开通漕运之事是可信的。因此我们可以推断褒斜道作为国家级干道，应该开通于西汉时期。

就褒斜道总体干道路线的择路原则以及走向而言，古人的勘察设计是相当成功的，即使是在筑路技术发展水平日新月异的今天，也是无法超越的伟大成就。就路程而言，虽然褒斜道也许不是其中最短的一条，但是其延续时间较长，从新石器时代直到清代一直在发挥作用，其中一个最重要的原因就是：褒斜道干道路线勘察设计的巧妙，趋利避险，顺河觅道，仅

---

[23]（清）胡渭著、邹逸麟整理：《禹贡锥指·卷九》，上海古籍出版社，2006年，第293页。

[24]（汉）司马迁：《二十五史·史记·卷七十九》，上海古籍出版社，1988年5月，第274页。

[25]（汉）司马迁：《二十五史·史记·卷三十》，上海古籍出版社，1988年5月，第178页。

图四二四
走访嘴头镇上白云村民
图四二五
王家堎镇郝家坪栈道实地调查
图四二六
王家堎镇土地梁实地调查

需通过一个落差大约240米、长约2.5千米的缓坡，就可连通褒、斜二水。在太白县境内虽然沿途经过4个乡镇，长约114千米，但道路总体较为平坦，且通行便利（图四二四）。

自褒斜道开通以来，历经千年，几多兴废，在中国交通史上发挥了至关重要的作用。以至于1949年以后，太白县人民政府多次重修改扩建嘴头镇至王家堎镇（图四二五、图四二六）以及嘴头镇至眉县齐镇镇道路，甚至于2003年修建通车的省级干线姜眉公路，均是在古褒斜道线路的基础上改扩建而成。

2002年，经陕西省人民政府批准，沿古褒斜道修建从留坝县姜窝子至眉县的姜眉公路。经过建设者们三年多时间的奋战，姜眉公路于2005年10月全线通车。因姜眉公路不翻山越岭、道路便捷，运输成本低，因而吸引了南来北往的大量车辆，日车流量最高峰时达6000多辆，成为汉中至关中极为便捷的一条大道。

以往从眉县至汉中要绕道宝鸡市，途经凤县、留坝等地，车行需8个多小时，现在从眉县经太白县到汉中只需3个半小时，大大节省了沿途车程，是迄今由关中通往陕南汉中距离最近的一条汽车公路。姜眉公路的建成通车，使褒斜道再次焕发青春与活力，极大促进了宝鸡眉县通往汉中及西南地区的客流、物流、信息流的畅通，这对于实施西部大开发，拉动秦巴山区以北、关中西南山区及甘南地区的经济发展，促进宝鸡眉县、太白县及周边地区经济振兴，改变山区落后面貌，促进国防建设等都将产生积极深远的影响（图四二七）。

425

426

第四章　结语

231

**图四二七**
嘴头镇上白云实地调查

# 附录
# 傥骆道

傥骆道又名骆谷道，是连通关中与汉中最近捷的古道路。北口在周至县西南的西骆峪，南口在洋县以北的傥水谷口。三国以来时见记载，唐代尤为畅通。《三国志·魏书九·曹爽传》载："正始五年（244年），爽乃西至长安，大发卒六七万人，从骆谷入。"[1]唐武德七年（624年）复开骆谷道，并置关于北口。兴元元年（784年）德宗避朱泚，广明元年（880年）僖宗避黄巢，均由此路至汉中、四川。傥骆道自周至县都督门向西延入太白县黄柏源乡，沿清水河，经偏桥子、核桃坪、古字梁、杨家院子、大坝、田坝、高家坝、二郎坝、白家庄折向南，入石塔河沟上山，经石板沟、石桥、凉桥翻越秦岭入洋县华阳（一说自周至县都督门向西南越秦岭主脉直至洋县华阳）。

傥骆道在太白县境内沿湑水河贯穿黄整个柏塬镇，而现在的黄柏塬镇由过去的二郎坝乡和黄柏塬乡撤乡并镇而来，为了便于叙述我们将此段傥骆道分为两段分别调查，即二郎坝段、黄柏塬段。

调查由境内的湑水河流域两岸进行，不仅深入详尽地复查了第三次全国文物普查的古栈道文物点，而且还更细致地踏查了沿途以前未登记或未发现的文物点，根据文物点所处的环境和位置，仔细研究、探讨，力求把境内文物点串起来，确定整个线路的走向、距离等各方面具体情况。傥骆道在太白黄柏塬境内的古栈道文物点主要是栈桥遗址，桥梁现不存，现存河道间的卵石上的栈孔。栈桥遗址17处，新发现7处，2处消失，现存22处。

傥骆道在太白段位于太白县黄柏塬乡境内，东起核桃坪村偏桥子村（自然村）入县境，南至二郎坝村石桥村（自然村）翻越秦岭出县境。这里地势北高南低，为山间河谷。傥骆道在太白县境内全长约45千米，沿线发现栈道、栈桥、碥道等遗址。

[1]（西晋）陈寿：《二十五史·三国志·魏书九·曹真传》，上海古籍出版社，1988年，第1100页。

# 第一节

# 核桃坪段

起点位置：周至县厚畛子镇核桃坪村老县城村西约1千米雪岭子（处于湑水河北岸，GPS：N：33°48′51.8″，E：107°40′47.6″，海拔1580米）。终点位置：太白县黄柏塬镇核桃坪村太白沟（处于湑水河西岸，GPS：N：33°49′10.0″，E：107°35′40.6″，海拔1368米）。本段道路行政区划隶属于周至县厚畛子镇和太白县黄柏塬镇。自东向西，全长约10千米，落差约210米。

## 一、古道道路遗迹

自西安市周至县西南部厚畛子镇的老县城、都督门沿湑水河北岸向西方向，越过湑水河支流的南北向小河流，进入黄柏塬村东北约19千米处的"雪岭子"原始森林。自雪岭子起，沿湑水河北岸向西，经青龙寨东栈桥遗址过河，沿南岸山坡下山林之间的小路向西，经青龙寨栈桥遗址过河，沿北岸山坡小道向西至青龙寨，进入太白县黄柏塬镇境内。继续沿北岸向西，经青龙寨西栈桥遗址过河，沿南岸山林小道向西，经偏桥子东二栈桥遗址过河，沿北岸向西至偏桥子东一栈桥过河，沿南岸向西至偏桥栈桥遗址、偏桥子西栈桥遗址过河，沿北岸向西约1千米湑水河右转向西南，过河后沿南岸小道向西，经吴家村栈桥遗址过河，沿北岸向西至太白沟，止于核桃坪村所在地。

道路分别在湑水河两岸的山坡下，南部现为山林，北部仅有一条通村水泥路道路。古道为两岸山坡下弯曲小路，南岸保存较好，北岸因修筑道路不存。河道上的栈桥为连接南北两岸小路的便捷路径。此段道路，共有8处栈桥遗址，自东向西依次为青龙寨东栈桥遗址、青龙寨栈桥遗址、青龙寨西栈桥遗址、偏桥子东二栈桥遗址、偏桥子东一栈桥遗址、偏桥栈桥遗址、偏桥子西栈桥遗址、吴家村栈桥遗址。

雪岭子原始森林，平均树龄300年左右，树高参天，一棵生多干。大量中药材遍布，常有野兽出没，人称"小庐山"。"青龙寨"相传为三国时期姜维在此扎寨驻军，曾与魏军争夺"长城戍"（周至县城前身），唐代设"青龙驿"。新中国成立前为土匪占据之巢寨。山崖上可见天然形成的山洞。1935年3月，在都督门与核桃坪之间，红二十五军与国民党胡宗南部发生战斗。

## （一）偏桥子栈桥遗址

偏桥子栈桥遗址（图一、图二）（GPS：N：33°43′55.3″，E：107°25′39.7″，海拔1027米）位于太白县黄柏塬桃坪村一组东约300米处的湑水河河道中岩石上，呈东北西南向，长约22米，栈孔立于河道南北两岸边的2个岩石上，间距约18米，为花岗岩石质，共有栈孔3个，其中北部岩石上有栈孔2个，南部岩石上有栈孔1个。北部岩石表面平整光滑，为不规则形，边长约2.5米，宽约2.5米，厚约1.3米，上有2个栈孔，编号1~2，呈南北向排列，间距0.74米，直筒圆形，口稍大于底，1号栈孔直径0.26米，深0.26米，距水面高约0.9米；2号栈孔直径0.24米，深0.2米，距水面高0.8米，两孔壁上均有凿痕。南部岩石为不规则形，长约3.4米，宽约2.6米，厚约1.6米，表面凸起，1个栈孔居于上部，编号3，直筒圆形，口稍大于底，直径0.34米，深0.36米。

## （二）偏桥子东二栈桥

偏桥子东二栈桥（图三、图四）（GPS：N：33°43′55.3″，E：

图一
偏桥子栈桥遗址远景

2

图二
偏桥子栈桥遗址局部
图三
偏桥子东二栈桥遗址近景
图四
偏桥子东二栈桥遗址局部

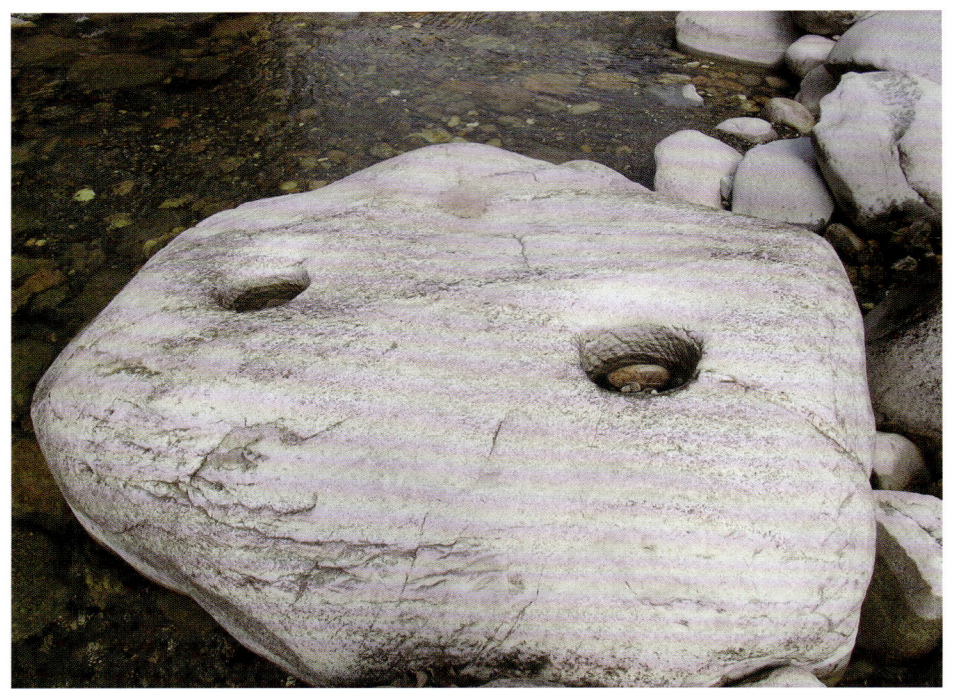

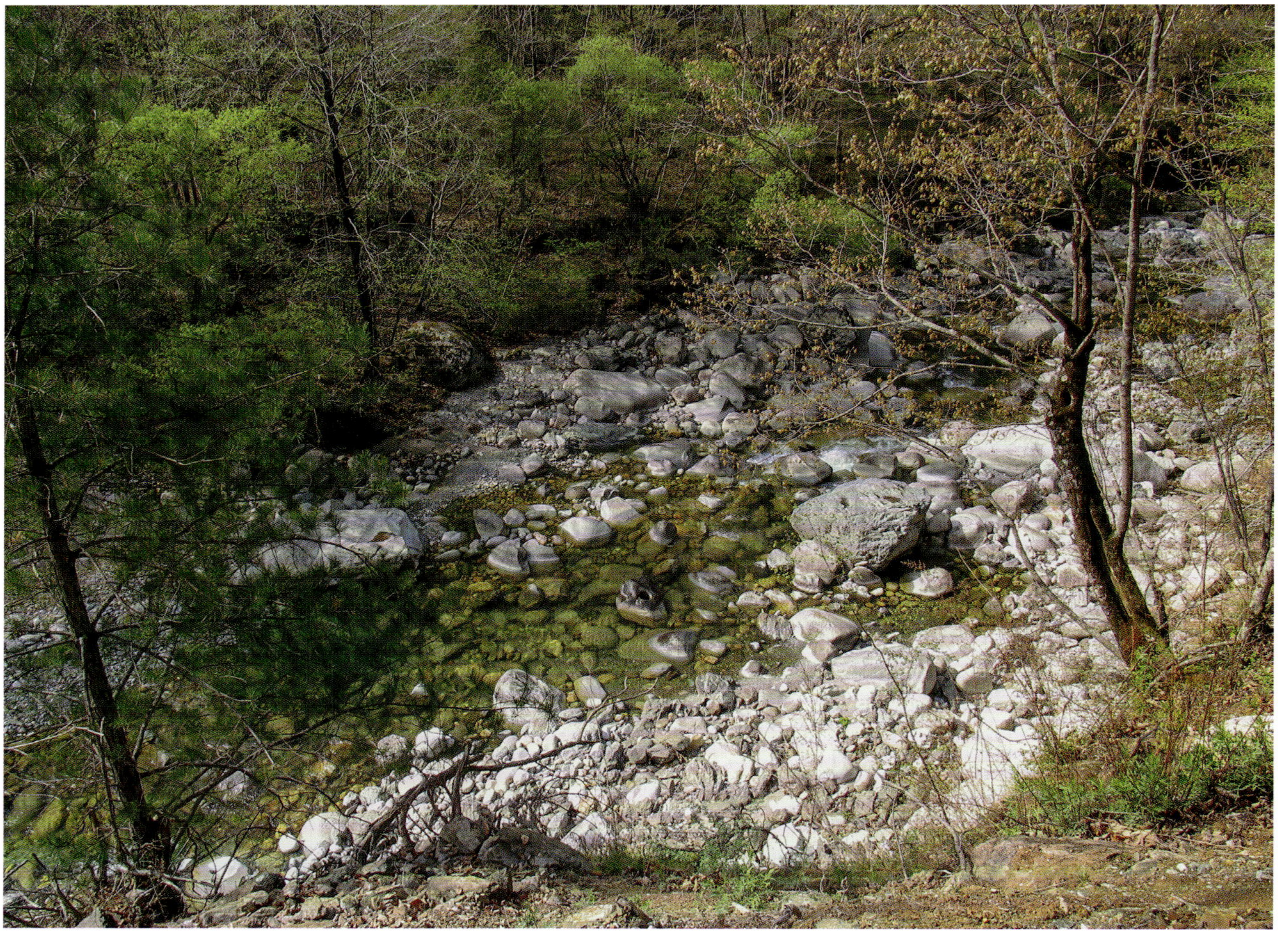

3

107°25′39.7″，海拔1027米）位于太白县黄柏塬镇核桃坪村一组东约600米处的湑水河河道岩石上，长约12米，栈孔位于河道中央1块花岗岩质的石块上，四周被河水包围，石块表面平整光滑，栈孔处在石块的顶部，卵石为不规则形，长约1.7米，宽约1.2米，厚约0.8米，上部有栈孔1个，圆形直筒状，口稍大于底，直径0.32米，深0.36米，孔底平整，内壁上凿痕明显，高出水面约0.5米。从栈桥所处的位置及周围环境分析，在河道中还应有多个栈孔，推测可能被水流冲走或人为破坏而已，道路应从此过河从北岸转向南岸。偏桥子东二栈桥是这次调查新发现的。

## （三）偏桥子东一栈桥遗址

偏桥子东一栈桥遗址（图五、图六）（GPS：N：33°43′55.3″，E：107°25′39.7″，海拔1027米）位于太白县黄柏塬镇核桃坪村一组东约500米处的湑水河河道岩石上，长约7.5米，栈孔位于河道两岸连体岩石上，分南北两块，共有栈孔7个，编号1~7，北部5个，编号1~5，南部2个，编号6~7，所有栈孔均口稍大于底，未见凿痕。5个北部栈孔呈梅花状

5

6

排列，1、2号与4、5号基本平行，大小相同，间距约2.9米，3号栈孔位于中间位置，与1、4号栈孔南北基本成一线，距1号栈孔1.8米，距4号栈孔1米。1、2号栈孔大小相同，间距0.8米，圆形，直径0.35米，深0.5米，距水面高度约2.4米；3号栈孔为正方形，边长0.37米，深0.36米，距水面高1.8米；4号栈孔上部近水部残缺，距水面高1.2米，形状大小与同5号栈孔，圆形，两孔间距0.9米，直径0.32米，深0.38米；5号栈孔距水面高1.2米，5、6栈孔之间相距约7米，南部2个栈孔6、7号，形状大小相同，间距0.6米，圆形，口稍大于底，口径0.32米，深0.34米。偏桥子东一栈桥遗址是本次调查新发现的。

## （四）偏桥子西栈桥遗址

偏桥子西栈桥遗址（图七、图八）（GPS：N：33°43′55.3″，E：107°25′39.7″，海拔1027米）位于太白县黄柏塬镇核桃坪村一组东约400米处的湑水河河道岩石上，长约13米，栈孔位于河道南岸的1块岩石上，岩石为不规则形，上部凸起，表面光滑，长约2.3米，宽约1.5米，高约1.4米。顶端有栈孔2个，竖直圆形，口稍大于底，孔壁光滑，凿痕不明

**图五** 偏桥子东一栈桥遗址全景
**图六** 偏桥子东一栈桥遗址局部
**图七** 偏桥子西栈桥遗址全景

图八
偏桥子西栈桥遗址局部
图九
青龙寨东栈桥遗址全景
图一〇
青龙寨东栈桥遗址局部

显，两孔间距1米，大小基本相同，直径0.2米，深度不详，距水面高约1米。偏桥子西栈桥遗址是本次调查新发现的。

## （五）青龙寨东栈桥

青龙寨东栈桥（图九、图一〇）（GPS：N：33°43′55.3″，E：107°25′39.7″，海拔1027米）位于黄柏塬镇核桃坪村一组东南约3.5千米处的湑水河两岸的岩石上，呈东北西南走向，长约21米，栈孔分布在河道3个花岗岩质的大形岩石上，呈三角形排列，岩石表平整光滑，共有5个栈孔，均处在卵石的顶端，其中靠近南岸边有1块不规则形卵石，长、宽约6米，厚约1.5米，靠近岩石表面一侧上有圆形栈孔2个，间距1米，呈南北向排列，口稍大于底，孔底平整，孔径0.25米，深0.27米，距水面高约0.8米；接近北岸岸边有2块长条形岩石并列在一起，长2.2～2.8米，宽约1.8米，厚约2.5米，上各有圆形栈孔1个，呈东西向排列，基本在一条线上，间距1.4米，两孔大小相同，圆形，口稍大于底，直径0.25米，深0.27米，距水面高约2.2米；孔壁光滑。河道中央有1块不规则形岩石，长约2.4米，宽约2米，

附 录 傥骆道

241

9

10

厚约1.5米，上有栈孔1个，圆形，口稍大于底，直径0.25米，深0.27米，孔壁光滑，距水面高约0.7米。青龙寨东栈桥遗址是本次调查新发现。

## （六）青龙寨西栈桥

青龙寨西栈桥（图一一、图一二）（GPS：N：33°43′55.3″，E：107°25′39.7″，海拔1027米）位于黄柏塬镇核桃坪村一组东南约3千米处的湑水河南岸的岩石上，小地名为青龙寨，栈桥呈南北走向，长约10米，宽约2.6米。栈孔处在南岸的坡形岩石上，岩石为花岗岩质，上有栈孔2个，呈东西向排列，间距2.3米，栈孔为圆形，口稍大于底，孔壁凿痕不明显，东西相同，直径0.32米，深度不详。与栈孔对应的北岸，有伸出的岩体，河道在此处形成一个转弯，河道变窄，水流湍急。青龙寨西栈桥遗址是此次调查新发现的。

## （七）青龙寨栈桥

青龙寨栈桥（图一三、图一四）（GPS：N：33°43′55.3″，E：

图一一　青龙寨西栈桥遗址远景

图一二
青龙寨西栈桥遗址近景

图一三
青龙寨栈桥遗址近景

附录 傥骆道

图一四
青龙寨栈桥遗址局部

107°25′39.7″，海拔1027米）位于黄柏塬镇核桃坪村一组东南约3千米处的湑水河两岸的岩石上，小地名为青龙寨，栈桥呈南北走向，长约30米，栈孔分布在河道5个花岗岩质的大形岩石上，呈南北直线排列，岩石表面平整光滑，共有7个栈孔，均处在岩石的顶部，岩石由南向北编号1～5，1号岩石位于河道南部靠近岸边，近似长方形，长约2米，宽约1.4米，厚约1.2米，面上中部有栈孔1个，圆形，口稍大于底，直径0.3米，深0.26米，孔底平整，内壁上有凿痕，高出水面约0.8米；2号岩石位于河道中部偏南，为不规则形，长约2.6米，宽约2米，厚约1.5米，面上中部有栈孔1个，圆形，口稍大于底，直径0.3米，深0.4米，孔底平整，内壁上有凿痕，距水面高约1.2米；3号岩石位于河道中部偏东，为一不规则形，长约1.4米，宽约1.1米，厚约1.4米，面上中部有栈孔1个，圆形，口稍大于底，直径0.31米，深0.36米，孔底平整，内壁上有凿痕，距水面高约0.6米；4号岩石位于河道中部偏北，为一不规则形，长约3.7米，宽约3.4米，厚约1.5米，面上中部有栈孔2个，大小相同，间距1.2米，圆形，口稍大于底，直径0.35米，深0.38米，孔底平整，内壁上有凿痕，距水面高约0.9米；5号岩石位于河道北部，为一不规则形，长约3米，宽约2.5米，厚约1.2米，面上中部有栈孔2个，间距1米，大小相同，圆形，口稍大于底，直径0.3米，深0.4米，孔底平整，内壁上有凿痕，距水面高约0.5米。从栈桥所处的位置及周围环境分析，古道路应从此过河从南岸走向北岸。二普资料显示：青龙寨栈桥遗址位于核桃坪村一组东南约3千米处的湑水河两岸的岩石上，小地名为青龙寨，地势北高南低，为山间河谷。东、西为河道，南为大山，北距砂石路约20米。在河道内的3块岩石上，开凿有圆形栈孔5个。其中北岸岩石有东西向圆形栈孔2个，直径0.4米，深0.15米，孔距2.2米；中部岩石上有南北向圆形栈孔2个，直径0.36米，深0.15米，孔距1.4米；在南岸岩石上有圆形栈孔1个，直径约0.2米，深约0.25米。

## （八）吴家村栈桥遗址

吴家村栈桥遗址（图一五、图一六）（GPS：N：33°43′55.3″，E：107°25′39.7″，海拔1027米）位于太白县黄柏塬镇核桃坪村一组东约400米处的湑水河河道上，长约17米，栈孔分布在河道2块岩石上，间距约8米。1块位于北岸，1块位于河道中间，岩石为不规则形，花岗岩质，上部凸起，表面光滑，北岸岩石长约3.5米，宽约2米，高约0.27米；上有栈孔1个，编号1，竖直圆形，口部稍残，孔壁凿痕明显，直径0.32米，深0.31米，河道中间岩石上有2.8米，宽约1.8米，高约1.3米，顶端有栈孔1个，形制与1号栈孔相同，直径0.37米，深0.3米，距水面高约0.65米。

**图一五**
吴家村栈桥遗址近景

图一六
吴家村栈桥遗址栈孔

我们按照《中国文物地图集·陕西分册》和第三次全国不可移动文物普查资料在核桃坪村寻找吴家村栈桥遗址，经过反复踏查和走访，均没有吴家村这个村庄，也没有这个地名，更没有找到相应的栈孔，而在河床岩石上新发现了2个圆形栈孔，我们暂将这2个栈孔命名为吴家村栈桥遗址。吴家村栈桥遗址为复查点，《中国文物地图集·陕西分册》载其位于湑水河两岸。有方形栈孔2个、圆形栈孔5个，最大者孔径0.42米。第三次全国不可移动文物普查显示：武家村栈桥遗址位于核桃坪村二组武家村（自然村）西南约200米处的湑水河北岸的岩石上，地势东北高西南低，为山间河谷。遗址东、西为河道，北距砂石路约40米。在河道北岸岩石上，南北向开凿有方形栈孔两排11个，栈孔长3厘米，宽1厘米，深2厘米。圆形栈孔一个，直径0.22米，深0.18米。

## 二、沿线文物

傥骆道所经黄柏塬镇（2011年撤乡并镇后，由原黄柏塬镇与二郎坝乡合并），辖区面积约896平方千米，人口不足2000，主要聚居于二郎坝、黄柏塬两个村，这里自然环境优越，植被茂密，森林覆盖率96%以上，境内包含太白山国家级自然保护区、黄柏塬水生生物国家级自然保护区、牛尾河大熊猫自然保护区，再加上政府推行退耕还林，给沿途调查造成一定的困难。本段调查根据实际情况分为：雪岭子至核桃坪、核桃坪至黄柏塬、黄柏塬至二郎坝、二郎坝至黑匣子四个路段，其中前三个路段均在原黄柏塬乡境内，最后二郎坝至黑匣子段属于原二郎坝乡，沿途湑水河两岸均未发现早期人类活动遗迹，现存文物遗存以清代墓葬为主。

太白县黄柏塬镇共发现不可移动文物9处，其中古墓葬5处，石刻3处，近现代史迹1处。核桃坪段沿线文物遗迹仅1处。

### 菩萨洞石窟（清）

菩萨洞石窟（图一七、图一八）位于核桃坪村二组麻池沟（自然村）东南约300米处的山坡断崖上，地势南高北低，呈徒坡状。石窟三面为山体，北距湑水河约120米。山体上开凿有宽3.5米、高2.1米、进深2.7米的半圆形洞窟1个，当地人称菩萨洞。洞窟内砖砌平台上有石造像两尊、木造像五尊。两尊石造像质地为白石，尺寸相同，通高0.35米，宽0.17米，厚0.14米，文殊头戴冠帽，着长袍，结跏趺坐于仰莲台上，左胳膊耽膝手掌平置于足上，右手置于胸前，莲台下为一卧象，雕工较为精美。普贤头戴冠帽，结跏趺坐，手持禅杖，台座下为一卧狮。两尊石造像头部均断裂。五尊木造像分别为菩萨、将军、佛像、送子娘娘、灵官，通高0.4～0.8米，宽0.15～0.26米，厚0.1～0.18米，造像雕凿较为精美，底部大多已朽坏，部分残留彩绘。据村民讲，木造像原供奉于太白山，村民移至此地。石窟保存一般，石造像头部断裂，木造像彩绘脱落严重。

图一七
菩萨洞石窟全景

图一八
菩萨洞石窟造像

## 第二节

# 黄柏塬段

起点位置：太白县黄柏塬镇核桃坪村太白沟（处于湑水河西岸，GPS：N：33°49′10.0″，E：107°35′40.6″，海拔1368米）。终点位置：太白县黄柏塬镇黄柏塬村内（处于湑水河西岸约200米，GPS：N：33°48′38.5″，E：107°30′57.1″，海拔1310米）。自太白沟、核桃坪起，止于黄柏塬村，行政区划隶属于太白县黄柏塬镇核桃坪村、黄柏塬村。东西向呈弧形，全长约9千米，落差约60米。

## 一、古道道路遗迹

以太白沟、核桃坪为起点，经古字梁栈桥遗址过河至南岸古字梁村，沿南岸向西经麻池里、大河滩、万花山，经杨家河栈桥遗址到北岸的杨家河村，自杨家河村向北，沿山坡小路翻越山梁到肖家坪村，经阴坡坪栈桥遗址、杨家院子栈桥遗址过河到南岸的杨家院子村，沿东岸向西南，经阴坡坪西南栈桥遗址过河到达北岸，沿北岸边山林之间小道向西南至水磨坝村，向西南黄柏塬村。自肖家坪亦可向西南越过山梁，经水磨坝，止于黄柏塬村。

自太白沟口、核桃坪，经麻池里、大河滩，此区域南北两岸较开阔，北岸较甚。万花山北岸为竖直崖壁，无法通行，南岸较开阔。自杨家河栈桥遗址过河，抵达杨家河小村庄。杨家河北部山间小道蜿蜒上山，翻过山梁向西南至肖家坪。

肖家坪村位于湑水河北岸，在村庄东靠近北岸处有阴坡坪栈桥遗址，村西南有杨家院子栈桥遗址。此地的两处栈桥遗址均作为渡河用途，其中村东的栈桥为杨家院子与肖家坪村村之间、与北部山梁的往来的桥梁；西南栈桥为连接杨家院子与南部上、下山的便捷桥梁。

跑马梁：在秦岭第一高峰太白山与第二高峰鳌山之间，有一片开阔平缓的准平原，东西绵延四十里，相传为光武帝刘秀练兵点将之所，故名跑马梁。

此段道路经过了古字梁栈桥遗址、杨家河栈桥遗址、阴坡坪栈桥遗址、杨家院子栈桥遗址4处栈桥遗址：

## （一）古字梁栈桥遗址

古字梁栈桥遗址（图一九、图二〇）（GPS：N：33°43′55.3″，E：107°25′39.7″，海拔1027米）位于太白县黄柏塬核桃坪村四组古字梁（自然村）西北约100米处的湑水河上，呈南北向，长约20米。在河床一侧有一椭圆形巨型岩石，花岗岩石质，表面凸起光滑，长约2.8米，宽约1.9米，厚1.5米，上有栈孔2个，呈南北排列，间距0.35米，两孔基本同大，圆形直筒状，口稍大于底，孔壁光滑，凿痕不明显，口径0.19～0.2米，深0.26～0.28米。河道现今被挖成一个沟槽，流水量也小，该岩石现处在河床南部，未与河水接触。据栈桥遗址所处的位置及周围环境分析，我们认为，古道路由湑水河左岸从此过河行走于湑水河右岸。古字梁栈桥遗址是复查点，二普、三普均有登记。二普资料显示：古字梁栈桥遗址位于核桃坪村四组古字梁（自然村）西北约100米处的湑水河河道中心的圆石上，地势东北高西南低，为山间河谷。遗址东距石桥约300米，南距通村水泥路约30米，西距吊桥约150米，北为河道。在河道中心部一块岩石上，东西向开凿有圆形栈孔2个，孔径约0.3米，深0.2米，孔距0.4米。据村民讲由于夏季雨水较多，河道水位升高，西部栈孔被淹没水下。

## （二）杨家河栈桥遗址

杨家河栈桥遗址（图二一、图二二）（GPS：N：33°43′55.3″，E：107°25′39.7″，海拔1027米）位于黄柏塬村杨家河（自然村）西南约100米处的湑水河河道中心岩石上，呈南北走向，长约8米。在河道2块大型岩石上有圆形栈孔各1个，间距约2米，岩石为花岗岩质，呈不规则形，表面光滑，长1.5～2米，宽1～1.5米，厚约1米。栈孔位于岩石上部，为竖直圆形，口稍大于底，口部磨光，凿痕不明显，直径0.2

图一九　古字梁栈桥遗址近景
图二〇　古字梁栈桥遗址栈孔

米，深0.21米，距水面高约1米。杨家河栈桥遗址是本次调查新发现的。在河道边沿可直接看到栈孔，2号栈孔被淹没在水下，湑水河由东向西流过。

图二一
杨家河栈桥遗址远景

图二二
杨家河栈桥遗址近景

图二三
杨家院子栈桥遗址全景

图二四
杨家院子栈桥遗址近景

## （三）杨家院子栈桥遗址

杨家院子栈桥遗址（图二三、图二四）（GPS：N：33°43′55.3″，E：107°25′39.7″，海拔1027米）位于黄柏塬村杨家院子（小地名）西南约400米处的湑水河河道岩石上，呈西北东南走向，长约5米，河道在此处分岔，形成两个流槽，发现的栈桥在西侧的河道上，现在未有流水，在靠近河道北部有1块岩石，为不规则形，花岗岩石质，表面粗糙，长宽各约3米，高约0.6米，在岩石上有栈孔2个，间距0.6米，呈竖直圆形，孔壁粗糙，大小基本相同，直径0.21米，深0.2米。杨家河栈桥遗址是本次调查新发现的。太白县黄柏塬镇为了大力开发本地旅游产业，在湑水河河道上进行大面积的河道改造工程，将河水改道或修成若干个小湖泊，对栈桥遗址造成一定影响。

## （四）阴坡坪栈桥遗址

阴坡坪栈桥遗址（图二五）（GPS：N：33°43′55.3″，E：107°25′39.7″，海拔1027米）位于黄柏塬村杨家院子（自然村）北约100米处的湑水河河道中心岩石上，这次经过我们实际踏查和走访当地村民，均没有这个地名，在黄柏塬村北附近的湑水河上，附近有1座吊桥，由于近两年河道人为地发生了变化，我们沿河道在吊桥附近详细向上、下寻找，最终没有发现该遗址。《中国文物地图集·陕西分册》载该遗

附录 傥骆道

图二五 阴坡坪栈桥遗址所在地

址位于渭水河南岸巨石上：存竖直栈孔2个，间距1.4米。一为方形，边长0.4米，深0.58米；一为近长方形，边长0.7米，宽0.5米。根据第三次全国不可移动文物普查资料显示：阴坡坪栈桥遗址位于黄柏塬村杨家院子（自然村）北约100米处的渭水河河道中心岩石上，地势东高西低，为山间河谷。遗址东为河道，南距杨家院子（自然村）约100米，西距吊桥约30米，北距上山小路约20米。此次调查，由于河水水位上升，致使遗址被淹没于水面下。据村民罗成讲，在河道中部一块岩石上，东西向开凿有栈孔2个，均为圆形，直径约0.4米，深约0.33米，两个栈孔距离约2米，河道南、北两岸未发现其他栈孔。

## 二、沿线文物

本段文物遗迹共3处，均为清代遗存，包括墓葬、石窟、碑刻各1处。

### 1. 杨郑氏墓（清）

杨郑氏墓（图二六、图二七）位于黄柏塬村杨家院子（自然村）东北约4千米处的山梁上，当地人称月亮坪，三面环山，地势较为平缓。墓冢

**图二六** 杨郑氏墓全景
**图二七** 杨郑氏墓碑

坐西北朝东南，长4.5米，宽3.4米，封土高1.2米，面积约15.3平方米。据《中国文物地图集·陕西分册》记载，现存二柱一间重檐庑殿顶石碑楼，高1.46米，宽1.48米，内嵌嘉庆二十年（1815年）杨郑氏墓碑。此次调查，墓前碑楼已破坏，残留长方形墓碑1通，砂石质，长1.08米，宽0.59米，厚0.45米，正文文字为"清故恩深显妣杨母郑君老儒人之墓 立买阴地黄顺宇 孝媳杨门赵氏 孝孙杨校兴 嘉庆二十三年（1818年）戊寅三月清明日吉立"五行楷书，墓碑现断为两截，倒置于墓前。堆砌碑楼的石块散落于墓前，封土被破坏。根据现场状况判断，墓葬已被盗，墓碑断为两截，破坏严重。

### 2. 双石洞石窟（清）

双石洞石窟（图二八、图二九）位于黄柏塬村杨家院子（自然村）东北约2千米处的断崖上，地势北高南低。北靠马鞍山，南距断崖约8米，向下约100米为渭水河。山体上开凿有半圆形石窟2个，分东、西两窟，其中东窟，宽5.3米，高2.1米，进深6米，山体石质较差，窟内现存有木质造像两尊：东边造像通高0.7米，宽0.3米，厚0.17米，头戴冠帽，身着长袍，呈坐姿，朽坏较为严重；西边造像通高0.6米，宽0.35米，厚0.2米，头部朽坏，双手置于腰间，身着长袍。西窟所在石质较差，宽4.7米，高2.1米，进深3.4米，山体石质较差，窟内有一长1.2米，高0.9米，进深0.2米的圆顶小龛，龛现放置有木质造像8尊，通高0.4～0.6米，宽0.15米～0.33米，厚0.1～0.22米，造像均已严重朽坏，可辨认出佛像、力士、菩萨等造型，造像背后均有一小方孔。据村民罗成讲，木造像原供奉于太白山，村民移至此地。石窟保存较差，窟内较为潮湿，造像腐朽严重。

### 3. 皇清图碑（清）

皇清图碑（图三〇）位于黄柏塬村杨家院子（自然村）东北约6千米的马鞍山顶，地势东高西低，三面环山。石碑为石灰岩质，身首一体，通高1.5米，宽0.98米，厚0.12米。半圆形碑首高0.37米，两侧为阴线刻二龙戏珠图案，中部阴刻"皇清图"3个篆字。长方形碑身高1.13米，两侧阴刻回纹边栏，碑身文字因有风化，较为模糊，落款为"皇清道光二十三年（1843年）癸卯……"。碑文为楷书，31行，满行37字，记述了四周民众捐资重修马鞍山神利大雄宝殿的经过及捐款人名。石碑保存一般，置于野外，表面略有风化。

图二八　双石洞石窟东窟全景
图二九　双石洞石窟西窟全景
图三〇　皇清图碑近景

## 第三节

# 二郎坝段

起点位置：太白县黄柏塬镇黄柏塬村内（处于湑水河西岸约200米，GPS：N：33°48′38.5″，E：107°30′57.1″，海拔1310米），终点位置：太白县黄柏塬镇二郎坝村内（处于湑水河东岸约100米，GPS：N：33°43′31.4″，E：107°24′23.8″，海拔980米）。此段道路起于黄柏塬村，止于二郎坝村，行政区划隶属于太白县黄柏塬镇黄柏塬村、高家坝村、二郎坝村，为东北向西南方向，全长约23千米，落差330米。

## 一、古道道路遗迹

出黄柏塬村经东南方向的黄柏塬栈桥遗址，向南至姚家坝村，自姚家河坝过河至河西岸，经河坪村，翻过牛圈子梁、天池山，抵达高家坝村地界的庄子上，经大碗塘、大坝抵达鹰嘴崖栈道遗址。向南过栈道遗址，经小箭沟口栈道遗址、田坝，向南后过河至河南岸，向南至猫耳沟。经猫耳沟栈桥遗址过猫耳沟河，继续沿湑水河南岸向西南至高家坝村，向村西南经高家坝栈桥遗址，过河至湑水河北岸，翻过山梁至二郎坝地界。沿山林之间的小路至二郎坝栈桥遗址，经二郎坝栈桥遗址过河至湑水河南岸，向西南至二郎坝栈道遗址，过栈道遗址后，沿湑水河南岸向南，止于二郎坝村。

黄柏塬至二郎坝这段道路较长且陡峭艰险，沿途必须翻越好几处山梁，以躲避姚家坝至高家坝、高家坝与二郎坝之间的峡谷地带。比两处峡谷地带，湑水河两岸为高耸的山崖，人迹罕至，根本无路可走。现有太洋公路沿湑水河东岸向西南，大箭沟通村水泥路、高家坝通村水泥路。

湑水河自东北向西南流向，上游河道东北高西南低，坡度稍大，河流基本为直线。现修建有姚家坝水库，呈现湖光山水风貌。下游河道更加陡峭，多呈曲里拐弯，河流亦随河道迂回曲折，顺势延伸。由于上游水库蓄水，下游水量不足，河道中多见巨型卵石和坠落的巨大岩石。湑水河西岸有自北向南流向较大的红水河、观音峡河汇入，也有几处小的山谷支流汇入。东岸有自南向北流向的大箭沟、小箭沟、猫耳沟汇入。

在黄柏塬、高家坝、二郎坝地形较为开阔，其余在姚家坝至高家坝、高家坝与二郎坝之间的地域为极为狭窄的山谷地貌。湑水河两岸群山环绕，悬崖峭壁，为此段道路添加了许多艰难险阻。沿途栈桥、栈道遗址有黄柏塬栈桥遗址、鹰嘴崖栈道遗址、小箭沟沟口栈桥遗址、猫儿沟口栈桥遗址、高家坝栈桥遗址、二郎坝栈桥遗址、二郎坝栈道遗址等7处。

## （一）黄柏塬栈桥遗址

黄柏塬栈桥遗址（图三一、图三二）（GPS：N：33°43′55.3″，E：107°25′39.7″，海拔1027米）位于黄柏塬村东南约500米湑水河上，东距将军潭（将军树）约60米，西距黄柏塬大桥约40米。呈南北向，长约16米，在河道中间有1块大型岩石，石灰岩质，呈不规则形，长约2米，宽约1.6米，高出水面约0.5米，在其上部一侧有圆形竖直栈孔1个，口稍大于底，孔壁光滑，无凿痕，孔径约0.44米，深约0.4米，距水面高约0.15米。

## （二）鹰嘴崖栈道遗址

鹰嘴崖栈道遗址（图三三~图三七）（GPS：N：33°44′46.7″，E：107°27′35.2″，海拔1050米）位于黄柏塬乡高家坝村田坝（自然村）北约500米的湑水河西岸上，地势陡峭，东距太白县至洋县公路约100米。经过实地调查，小箭沟位于鹰嘴崖东南约120米的湑水河东岸，河水

图三一
黄柏塬栈桥遗址远景
图三二
黄柏塬栈桥遗址近景
图三三
鹰嘴崖栈道遗址全景

32

33

附录　傥骆道

34

35

图三四
鹰嘴崖栈道垒石道遗址
图三五
鹰嘴崖栈道栈孔遗址
图三六
鹰嘴崖栈道槽道遗址

自东向西汇入湑水河。结合二普和三普资料，可以把小箭沟栈道遗址和鹰嘴崖栈道遗址合并为一处栈道遗址，命名为鹰嘴崖栈道遗址。鹰嘴崖栈道遗址为西北向东南走向，蜿蜒曲折，长约150米，路面宽0.4~1.8米，距现水面高1.5~3米，北高南低。南接田坝村河岸边小路，北接走大坝村的山间小道。遗迹以碥道为主体，另外有垒石道、栈道、槽道，共四种结构形式。碥道长约130米，宽0.4~1.6米；垒石道长约14米，宽0.4~0.8米；槽道长3米，宽0.5~1.8米；高2.8米，进深0.4~1米。侧壁向下斜直，高2米，面宽3米。路面宽0.5~1.8米；栈道长度不详，垒石道的外侧山岩上发现竖直圆形栈孔2个，竖直方形栈孔8个。圆形栈孔径0.2米，深0.25米，孔

图三七
鹰嘴崖栈道碥道遗址

壁有斜线状凿痕,平底。方形栈孔长0.12~0.23米,宽0.12~0.25米,深0.15~0.3米,孔壁粗糙,平底。高出水面1.5~3米。槽道北部的正下方河岸边凸出山岩上发现栈孔3个,呈三角形分布,南为长方形孔,高出水面0.45米,与水面平行进入岩体,长0.27米,高0.12米,进深0.15米。孔壁粗糙,有凿痕,下底平整。西为竖直长方形孔,孔壁规整,平底。长0.4米,宽0.2米,深0.16米,高出水面0.3米。北为竖直方形栈孔,平底。高出水面0.4米,长0.2米,宽0.18米,深0.05米。

## (三)小箭沟口栈道遗址

小箭沟口栈道遗址(图三八)(GPS:N:33°43′55.3″,E:107°25′39.7″,海拔1027米)位于黄柏塬乡高家坝村田坝(自然村)东北约400米。地势陡峭,为两山夹一川的河谷地,在湑水河西岸处,东距小箭沟口约120米。遗存人工开凿的碥道,长约30米,宽0.8~1.6米。发现栈孔3个,2个方形、1个圆形,方形孔边长0.2米,深0.15米,圆形孔直径0.18米,深0.15米。

图三八
小箭沟口栈道遗址栈孔

## （四）猫耳沟口栈桥遗址

猫耳沟口栈桥遗址（图三九、图四〇）（GPS：N：33°43′55.3″，E：107°25′39.7″，海拔1027米）位于黄柏塬乡高家坝一组猫耳沟口，呈南北向，长约10米，猫耳沟河为湑水河的一条支流，为东西走向，在与湑水河即将交汇处河道的2块岩石上，共有栈孔4个，两岸孔距约6.5米。岩石为花岗岩石质，表面光滑，露出地面长约3米，宽约1.5米，高约0.6米，上有栈孔2个，呈东西向排列，大小基本相同，竖直圆形，口稍大于底，孔壁有明显的凿痕，孔径0.17米，深0.3米，距水面高约0.3米。南部岩石较大，表面粗糙，长约5米，宽约2.5米，高约1.7米。上有栈孔2个，呈东西向排列，大小基本相同，口稍大于底，孔壁凿痕不明显，孔径0.2米，深0.24米，距水面高约1.5米。

图三九
猫耳沟口栈桥遗址近景

图四〇
猫耳沟口栈桥遗址栈孔

## （五）高家坝栈桥遗址

高家坝栈桥遗址（图四一、图四二）（GPS：N：33°44′16.8″，E：107°26′45.8″，海拔1051米）位于高家坝村一组西南约150米处的湑水河上，东西走向，长约16米，只在河道中间位置的1块巨石上，有圆形栈孔2个，岩石呈卧牛状，花岗岩质，表面光滑，顶部凸起，长约6米，宽约2.5米，高约2米，与河对岸伸出的巨型岩基约7.5米，在卵石顶部一侧，有栈孔2个，呈南北向排列，间距0.9米，竖直圆形，口稍大于底，孔壁光滑，无凿痕，大小基本相同，孔径0.23米，深0.15米，距水面高约1.7米。

## （六）二郎坝栈道遗址

二郎坝栈道遗址（图四三~图四五）（GPS：N：33°43′55.3″，E：107°25′39.7″，海拔1027米）位于黄柏塬镇二郎坝村东北约1200米的湑水河南岸上，长约10米，宽约0.7米，西起于河岸边沿，东到凸出岩石东部，由栈桥和槽道两部分组成，东部为栈桥，西部为槽道，栈桥段长约6米，在2块坍塌的花岗岩岩石上凿有方形孔1、圆形栈孔2，东部的岩石上发现有方形、圆形栈孔各1，方形孔在其上部，圆形孔在方形孔的下部。方形孔为竖凿，平底，面槽道口一面敞开，口稍大于底，边长0.17米，宽0.17米，深0.17米。距圆形孔间距0.6米，距水面高约1米。圆形栈孔在方形孔下横向凿成，口稍大于底，栈孔壁上有明显的凿痕，孔径0.2米，深0.27米，距水面高0.4米，在另一块接近槽道的岩石上，还有1个竖直圆形栈孔，距东部的栈孔间距约3米，口稍大于底，孔径0.18米，深0.2米，距水

图四一　高家坝栈桥遗址近景

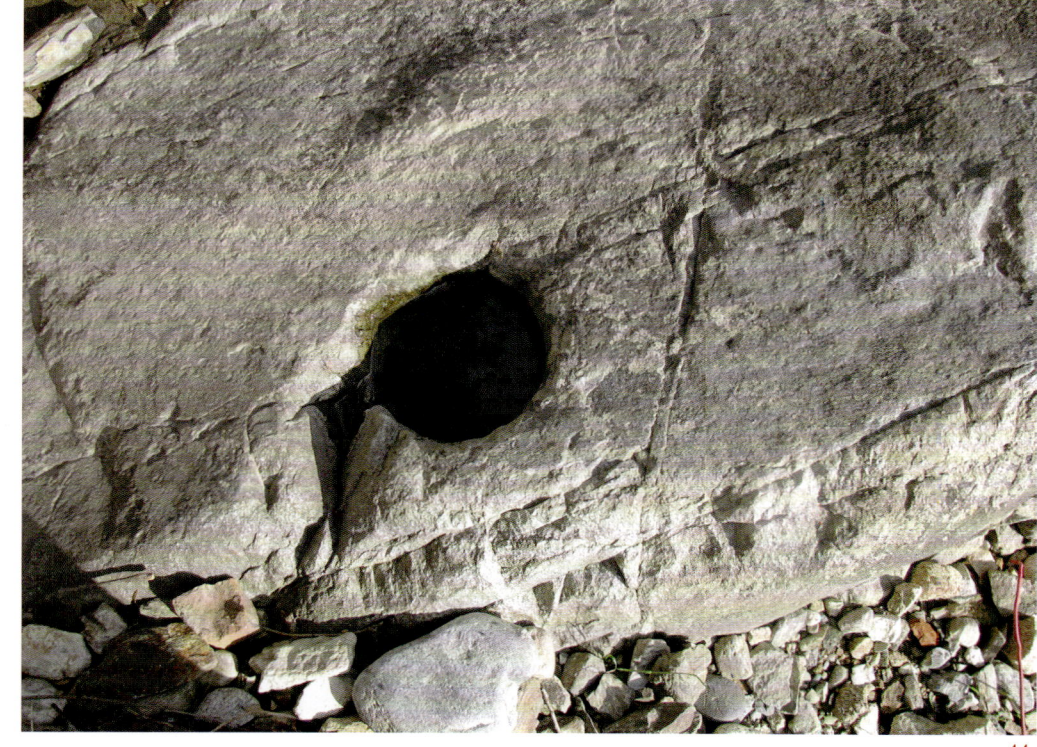

图四二
高家坝栈桥遗址
栈孔
图四三
二郎坝栈道遗址
远景
图四四
二郎坝栈道遗址
栈孔
图四五
二郎坝栈道遗址
槽道

44

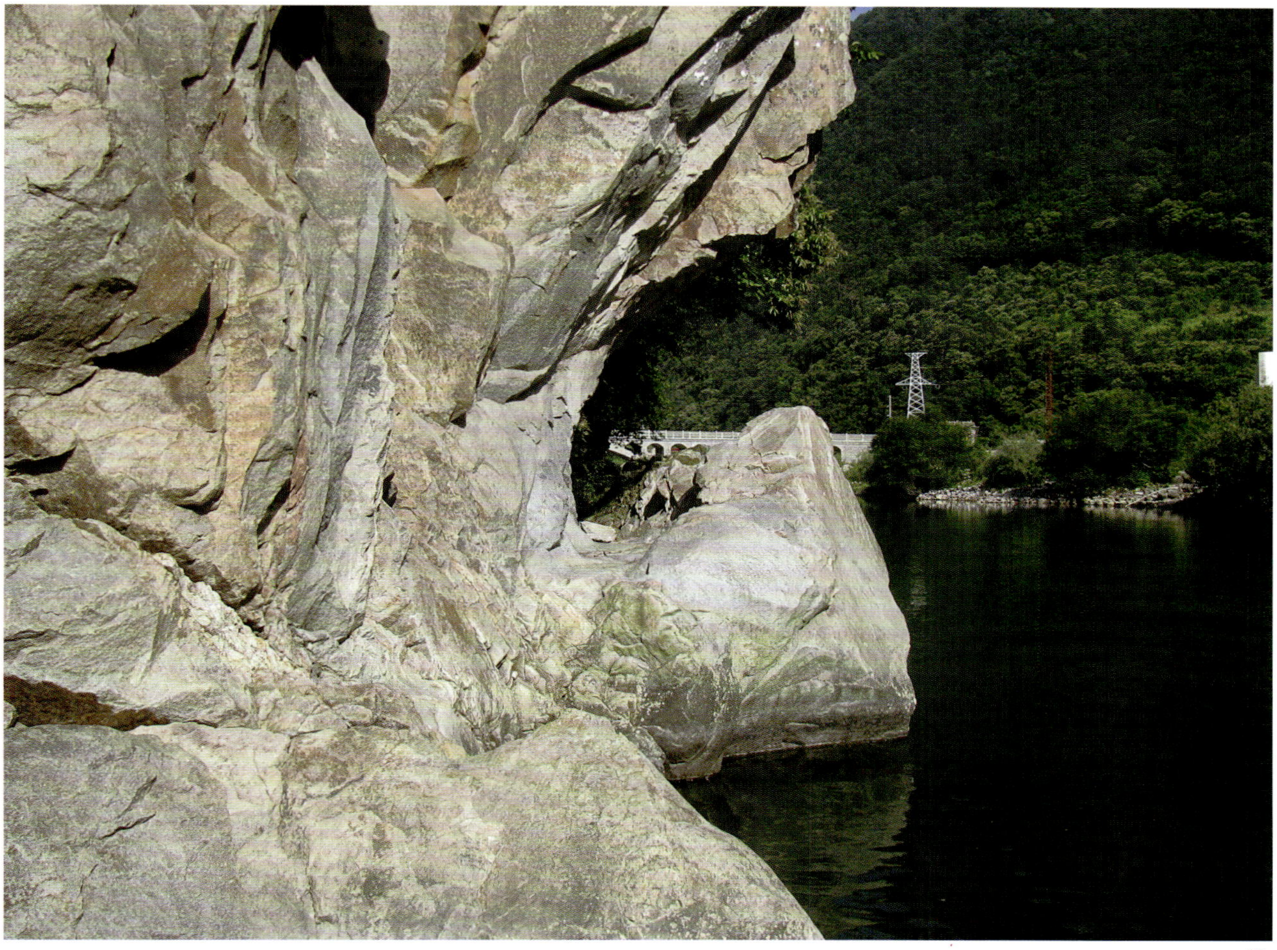

45

图四六
二郎坝栈桥遗址北岸栈孔

面高约1米,这两处栈孔应是通往槽道的栈桥。槽道是开辟在绝壁上的一处道路,是道路走在此处遇到悬崖绝壁无法通过,采用人工在崖壁上开凿出一条道路。顶部为半圆弧形,平底,外有粗糙的道沿,槽道内壁表面有密集的凿痕,槽道长约3米,宽约0.7米,高约2.5米,外沿高约0.4米,宽约0.2米,高于水面约2米。

## (七)二郎坝栈桥遗址

二郎坝栈桥遗址(图四六)位于黄柏塬乡二郎坝村东北约1200米,地势东北高于西南,为两山夹一川的河谷地。东南距太白至洋县公路约50米。栈桥建在湑水河西北岸的岩基上,长约6米,宽约3米,在面积约18平方米的范围内,发现圆形栈孔3个,孔径0.3~0.38米,深0.1~0.35米。

## 二、沿线文物

本段文物遗迹共5处,遗迹类别有2种,分别是墓葬、近现代史迹及代表建筑，其中墓葬4处均为清代，近现代史迹及代表建筑1处，为黄柏塬红军长征纪念馆，建于20世纪80年代初。

### 1. 冯氏墓（清）

冯氏墓位（图四七）于黄柏塬村二组（碾子塬）西北约10米处的山坡上，地势西高东低，呈山坡状。东距横水河约140米，南为小路。据村民讲：墓冢为东西向，面积约12平方米。墓冢现已没入荒草，迹象无存，墓冢南约10米处散落墓碑一通，砂石质，长1.03米，宽0.57米，厚0.11米，顶部左侧横书"水秀"二字，中书"显妣张母冯氏正□□墓□位"，右侧小字大多漫漶不清，左侧文字为"大清道光十七年（1837年）……"。仅存墓碑1通，墓碑左上角、右下角残缺不全。

### 2. 太白庙墓葬（清）

太白庙墓葬（图四八）位于黄柏塬村二组（碾子塬）西北约340米处的山坡上，地势西高东低，呈坡地状。东距横水河约150米，西为山体。据村民讲，墓葬早年保存较好，约10平方米，后因水土流失等其他因素，墓冢现已无存。墓碑现存于太白庙中，墓碑为大理石质，残长0.7米，残宽0.3米，厚0.14米，内容为"东来也原相生于乙未年六月十九日吉时系湖北施南府恩施县北乡施郭里梁家村土地兮不生□人氏享年三十三岁□于丙寅

图四七
冯氏墓碑刻

图四八
太白庙墓葬碑刻

立时告终清□□□"。仅存墓碑1通。

### 3. 杨世恒夫妇墓（清）

杨世恒夫妇墓（图四九）位于黄柏塬村二组（碾子塬）东南约25米处的坡地上，地势西高东低，呈山坡状。东距横水河约100米，南距小路约15米，西距小路约15米，北为荒地。墓冢为东西向，东西长约5米，南北宽约4.5米，面积约22.5平方米。墓冢周围用石块堆砌，中部为封土。碑楼位于墓冢东部，顶为庑殿式，两侧用条石堆砌，内嵌墓碑为青石质，下部埋于土内，墓碑暴露高度0.8米，宽0.6米，厚度不详。上部阴刻4个圆圈，圈内阴刻"辛山□向"四字，正文为"清故恩深显考（妣）杨公（母）世恒（张氏）老大（儒）人□□"，右侧小字漫漶不清，左侧为"□□湖北荆□道施南府利州县小地名□□□□□生长人氏□□戊戌年□月□四年时生亡于□□□□□□□终享寿五十六岁止矣择五月十□□□□□□"，落款"□清道光十四年（1834年）岁次甲午三□□□□□"。该墓葬保存较好，规格较高，墓葬位置较为隐蔽，四周被荒草树木遮盖。

### 4. 张氏墓（清）

张氏墓（图五○）位于黄柏塬村二组（碾子塬）东南约30米处的坡地上，地势西高东低，呈陡坡状。东距横水河约100米，南距小路约10米，西距小路约15米，北距杨世恒夫妇墓约5米。墓葬为东西向，墓冢为长方形，东西长约5米，南北宽约3米，面积约15平方米。墓冢周围用石块堆砌，中部为封土。碑楼位于墓冢东部，顶为庑殿式，两侧用条石堆砌，内嵌墓碑为青石质，下部埋于土内，墓碑暴露高度0.8米，宽0.58米，厚度不详。正文"故亡母杨门张氏□□□"，两侧阴刻花草、花瓶图案，最外侧小字漫漶不清，落款"□□□□□四年岁次甲午三月初□□□□□□"。

图四九 杨世恒夫妇墓全景

图五○ 张氏墓全景

墓葬位置较为隐蔽，四周被荒草树木遮盖，保存较好。

### 5. 黄柏塬红军长征纪念馆（现代）

黄柏塬红军长征纪念馆（图五一、图五二）位于黄柏塬村二组（碾子塬）西北约300米处横水河西岸。东距横水河约100米，南距黄柏塬二组约300米，西靠大山，北临太白庙。平面呈长方形，南北长约30米，东西宽约25米，面积约750平方米。1932年6月，红四方面军粉碎国民党第四次反围剿后向西战略转移，11月10日，徐向前总指挥、陈昌浩政委率2万余民将士由周至县翻越秦岭，经过太白县核桃坪、黄柏塬、二郎坝、皂角湾等地向南进发。1935年6月，红二十五军从周至县辛口子翻越秦岭经过太白县核桃坪、黄柏塬、二郎坝，由皂角湾进入留坝。1936年2月，红七十四师击溃胡宗南四十九师后，由都督门进入太白县核桃坪、黄柏塬、二郎坝等地，6月至桃川白杨塬，次日经马耳山进羊皮沟，从放羊寺翻太白山抵达黄柏塬、核桃坪，后进入佛坪县。红军在黄柏塬过境期间遗留下大量的历史珍贵文物，为纪念这段历史，更好地发挥它的作用，黄柏塬村民张世元老人带领全家老幼，于20世纪80年代初期，投入大量的人力、物力先后建起纪念厅，毛主席纪念馆，朱德、陈云纪念馆，邓小平、刘少奇纪念馆，纪念馆用大量的照片、遗物向世人再现了红军浩浩荡荡经过黄柏塬的历史画卷。1997年香港回归，五星红旗第一次在秦岭深山升起，张世元老人每逢"七一""八一""十一"等重大节日都要带领全家举行升旗，来弘扬和培养全家的爱国主义情结。纪念馆自开放以来，接待游客约2000余人，已成为太白县重要的爱国主义教育基地。中央电视台、陕西日视台、宝鸡电视台、宝鸡日报社、太白县电视台多次对张世元老人全家及他们的纪念馆进行过报道。纪念馆对于在太白县南部地区弘扬爱国主义精神起到了积极的促进作用。纪念馆保存较好，现有主建筑四间，分别为纪念厅，毛主席纪念馆，朱德、陈云纪念馆，邓小平、刘少奇纪念馆。纪念馆前有宿舍1间。

图五一 黄柏塬红军长征纪念馆全景

图五二 黄柏塬红军长征纪念馆局部

## 第四节

# 黑匣子段

起点位置：太白县黄柏塬镇二郎坝村内（处于湑水河东岸约100米，GPS：N：33°43′31.4″，E：107°24′23.8″，海拔980米）。终点位置：太白县黄柏塬镇皂角湾村组南约5千米黑匣子（处于湑水河西岸约100米，GPS：N：33°41′12.9″，E：107°21′10.7″，海拔930米）。

此段路以二郎坝村为起点，止于太白县与洋县交界处黑匣子。自东北向西南，全长约15千米，落差60米。

## 一、古道道路遗迹

二郎坝村沿湑水河南岸向西南，至石塔河沟口，经白家庄栈桥遗址过石塔河。继续沿湑水河南岸向西南至朱家湾，抵达积鱼沟，经皂角湾北栈桥遗址、皂角湾栈桥遗址，继续沿南岸向西南至水磨沟，经白果村过河至湑水河北岸，沿北岸向西南至皂角湾村祠堂坪。由祠堂坪继续沿北岸向西南，过牛尾河，沿湑水河北岸一直向西南抵达黑匣子，即太白县与洋县分界处。

湑水河自东北向西南流向，在下河坝处左转，朱家湾右转，呈"S"形。在西皂角湾向西南至黑匣子段，呈"几"字形。北岸有自北向南流向的牛尾河汇入，南岸有自南向北流向的石塔河、积鱼沟河汇入。

二郎坝至皂角湾段湑水河北岸为陡峭山峰，南岸为山峰的缓坡地带，较开阔。在末端西皂角湾至黑匣子段，群山环绕，峡谷窄长，道路陡峭。沿途栈桥遗址有白家庄栈桥遗址（三普时消失）、皂角湾栈桥遗址、皂角湾北栈桥遗址3处。

### （一）皂角湾栈桥遗址

皂角湾栈桥遗址（图五三~图五五）（GPS：N：33°43′55.3″，E：107°25′39.7″，海拔1027米）位于黄柏塬镇皂角湾村一组东北约350米处的积鱼河与湑水河交汇处，呈东西走向，长约10米，东西两河岸岩石裸露，为花岗岩质，在凸出的岩石上均有栈孔，分为东岸西岸两个区，西岸区岩石分南北两个点，其南点岩石上有1个栈孔，与北点凸出的岩石间距约6米，栈孔为正方形，口稍大于底，孔壁上有明显的凿痕，边长0.38米，深0.4米，距水面高0.6米。北点上有圆形栈孔4个，三角形栈孔4个，

图五三　皂角湾栈桥遗址远景

圆形栈孔处于岩石平面上，呈两两一组南北排列，东西间距0.24米，南北间距1.15米，大小基本相同，孔壁上有明显的凿痕，孔径0.32～0.35米，深0.3～0.32米，距水面高2.1米。在此点岩石东部边沿，有剖面呈三角形栈孔4个，两两一组上下错落排列，并向河道一面敞开，大小基本相同，边长约0.15米，进深约0.2米，高0.15～0.3米。东岸区岩石向河道方向呈斜坡状，斜面上部有圆形栈孔5个，方形栈孔2个，半圆形栈孔1个，5个圆形栈孔中，4大1小，4个大栈孔两两一组排列，南北间距1米，东西间距1米，大小基本相同，口稍大于底，孔壁上有明显的凿痕，孔径0.3～0.36米，深0.35～0.43米，距水面高2～2.5米，1个小圆孔位于岩石前端，与两个圆形孔基本在一条线上，口径0.12米，深0.15米，距水面高2米。2个正方形栈孔位于4个栈孔之间偏西，外有一个模糊的外框，长约1米，宽约0.6米，深约0.1米，呈南北向排列，间距0.4米，只留孔的北壁，孔边不太规整，边长0.3米，深0.16～0.18米，距水面高2.2米。半圆形栈孔1个位于小圆形栈孔北端，只留北壁，孔径0.3米，深0.26米，距水面高2.3米。皂角湾栈桥遗址残存的栈孔种类较多，有方形、圆形及半圆形，在时代上有先后之分，究竟哪个最早，哪个最晚，我们不得而知。位于积鱼河与渭水河交汇

54

55

**图五四**
皂角湾栈桥遗址局部
**图五五**
皂角湾栈桥遗址局部
**图五六**
皂角湾北栈桥遗址全景
**图五七**
皂角湾北栈桥遗址栈孔

处两岸崖壁间。在长8米、宽6米的范围内共有栈孔17个，其中东岸9孔、西岸8孔。栈孔分为圆形、半圆形、方形三种；圆孔8个，孔径0.07~0.3米，深0.12~0.28米；半圆孔6个，孔径0.17~0.23米，深0.08~0.16米；方孔3个，孔边长0.12~0.24米，深0.08~0.22米。皂角湾栈桥遗址位于黄柏塬乡皂角湾村一组东北约350米，地势东北高西南低，为陡坡山地。西距湑水河约50米，北距太白县至洋县公路约100米，在东西向的积鱼河出口处的南北两岸石岩上。南北长8米，东西宽6米，面积48平方米。现存栈孔12个，北岸有8孔，南岸为4孔，均为圆形，孔径0.13~0.38米，深0.1~0.43米。

## （二）皂角湾北栈桥遗址

皂角湾北栈桥遗址（图五六、图五七）（GPS：N：33°43′55.3″，E：107°25′39.7″，海拔1027米）位于黄柏塬镇皂角湾村一组东北约350米处的积鱼河与湑水河交汇处。呈东西走向，长约6米，两河岸岩石裸露，为花岗岩质，在凸出的岩石上均有栈孔，其东岸在岩石上向内掏挖成一个圆角长方形栈孔，孔壁粗糙，平底，长0.6米，宽0.4米，高0.3米，距水面高约1.4米，与对岸的小方形栈孔相对应，西岸利用岩石凹面向内掏挖成1个小方孔，长0.15米，进深0.2米，高0.15米，距水面高0.7米。从两岸栈孔形状分析，应是搭建木板之用。皂角湾北栈桥遗址是本次调查新发现的。

## 二、沿线文物

二郎坝至黑匣子段属于原二郎坝乡（现并入黄柏塬镇），二郎坝乡共发现不可移动文物8处，其中古遗址1处为宋代遗存，古墓葬2处均为清代，古建筑1处，石刻3处，近现代史迹1处。

## 1. 二郎坝遗址（宋）

二郎坝遗址（图五八、图五九）位于黄柏塬乡二郎坝村东南约200米的湑水河东南岸二阶台地上，地势东南高于西北，呈陡坡台地。南至石塔河边，北距二郎坝村约200米，太白县至洋县公路从西北部边缘穿过。遗址略呈长方形，东西长约90米，南北宽约70米，面积约6300平方米。遗址西北部的断崖上，暴露文化层长约6米，厚0.22米，距地表深0.84米。土质较硬，呈紫红色，内含大量宋代遗物。采集有板瓦、陶罐、瓷罐等残片。遗址现为荒地，修建公路时将其部分破坏，保存现状一般。

## 2. 皂角湾墓群（清）

皂角湾墓群（图六〇、图六一）位于黄柏塬乡皂角湾村三组西南约300米的稻田中。地势北高南低，为缓坡梯田。南距湑水河约50米，北距太白至洋县公路约150米。东西长约10米，南北宽约8米，占地面积约680平方米。现存许氏家族墓葬12座，均为圆丘状封土，高0.8～1.5米。墓前有7通石碑，最左侧碑高1.3米，宽0.71米，厚0.85米，长方形碑身、无首，座埋于地下，碑身刻："故显考许公讳光访字连山大人之墓。"中间碑高1.34米，宽0.6米，厚0.14米，座埋于地下，碑身勒铭："清故显考许公讳祖光军字伦照大人之墓"，年款"大清道光四年（1824年）……"。最右侧石碑向前斜倾于地，1通横卧于墓群北侧，1通年款为："道光十五年（1835年）孟冬"，勒铭为："许氏六房奉令公……。"其中1个墓前有石碑楼1座，通高1.3米，宽1.33米，横梁上雕二龙戏珠图案，左右雕刻楹联，左侧为"青山绿水"，右侧为"紫府黄泉"。碑楼内镶嵌石碑1通，宽0.58米，上勒年款为嘉庆十六年（1811年）。7通碑刻均为花岗岩质。

图五八　二郎坝遗址标本

图五九　二郎坝遗址全景

图六〇 皂角湾墓葬远景
图六一 皂角湾墓葬近景

### 3. 许祖麟墓（清）

许祖麟墓（图六二、图六三）位于黄柏塬乡皂角湾村三组西南约50米，地势北高南低，为缓坡梯田。南距湑水河约100米，北距皂角湾三组约50米，墓地东西长35米，南北宽30米，占地面积1050平方米。许祖麟，清道光年间本地乡绅。墓葬封土呈圆丘状，外有石砌围墙，现存残

图六二
许祖麟墓远景

图六三
许祖麟墓墓碑

长5米，高0.7米，厚0.48米。墓南现存二柱一间庑殿顶石牌楼1座，通高3.1米，宽2.14米，门口高1.42米，宽1.18米。门上镌刻横额为："永固佳诚"，门两侧楹联左侧为"水秀山环临吉地"，右侧为"龙飞凤舞起人文"，均为行书。墓前3米处存有道光四年（1824年）长方形墓碑，石灰岩质，通高1.4米，宽0.66米，厚0.15米。上刻："钦赐国学六品许公祖麟字玉书大人。"左为许祖尚墓碑及墓，右为甘氏墓碑及墓，墓葬均被破坏。墓地围墙大部分已垮塌，石条及石构件散落于地，保存现状较差。

### 4. 高家坝崖居（清）

高家坝崖居（图六四）位于黄柏塬乡高家坝村二组北约100米，地势西南高于东北，为河谷坡地，在湑水河西岸，东距湑水河约30米，距通村水泥路约10米。崖居在高约40米的石灰岩质崖壁上。面东，宽约7米，高约4米，进深约4米。崖居保存状况较好。

### 5. 观音峡摩崖造像（清）

观音峡摩崖造像（图六五）位于黄柏塬乡二郎坝村观音峡（自然村）北约7000米，地势北高南低，为宽约20米的峡谷地带。造像凿在观音河东岸的岩壁上，共有大小两龛。大龛居于南侧，距河床高1.3米，周围凿有方形、圆形孔6个，龛高1.84米，宽1.7米，深0.3米；龛内造像高1.58米，座长1.35米。造像轮廓为坐姿，其余风化不清。小龛在大龛北侧斜上方约2米处，龛高1.27米，宽0.6米，造像高1.15米，身宽0.36米，造像似为立姿，其余严重风化，无法辨识。在两龛造像的右侧，均有题刻。题刻文字已风化漫漶，辨识困难，小龛旁题刻有"□宝界□□□"等字。保存现状较差。

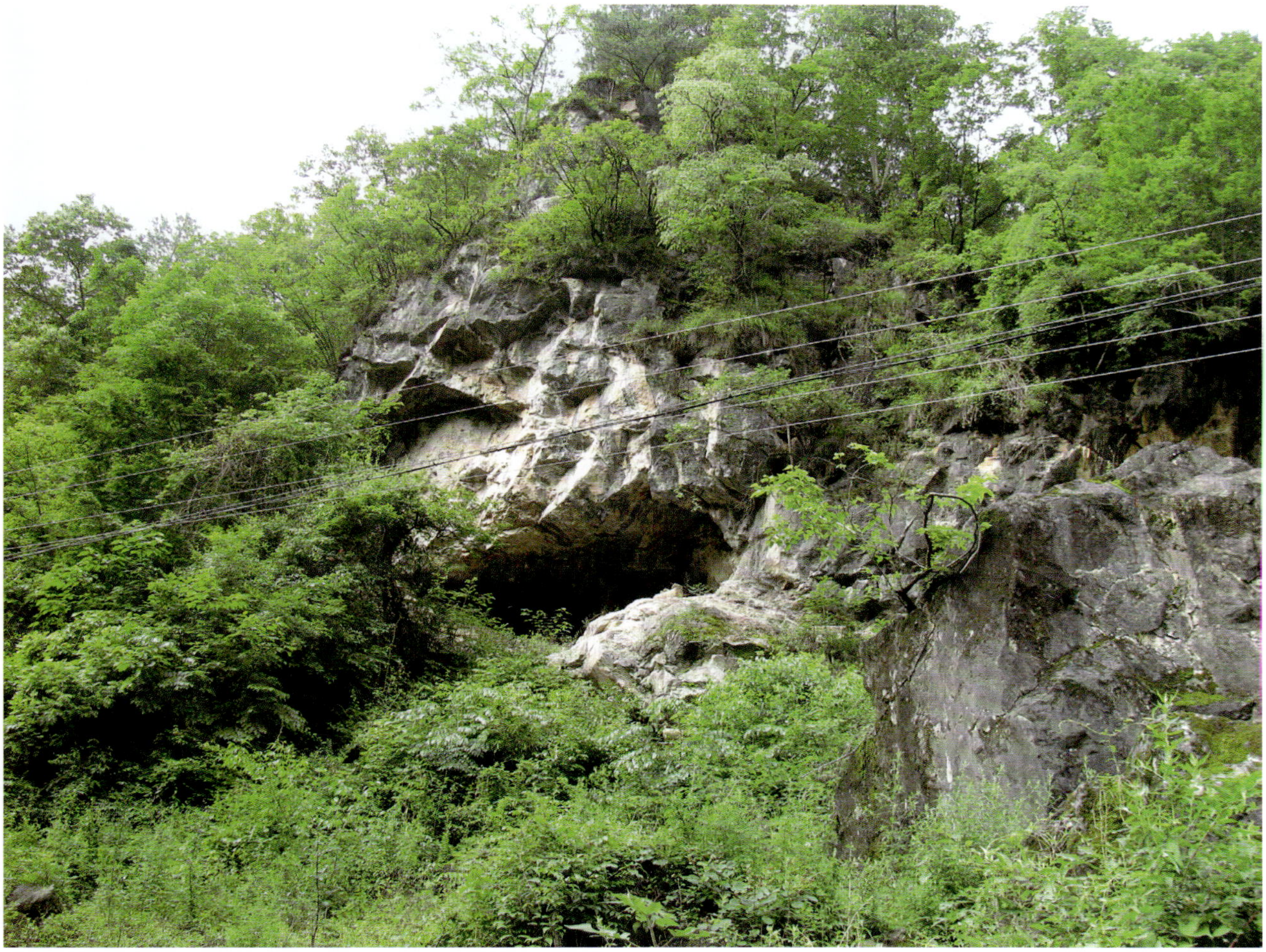
64

图六四
高家坝崖居远景
图六五
观音峡摩崖造像近景

65

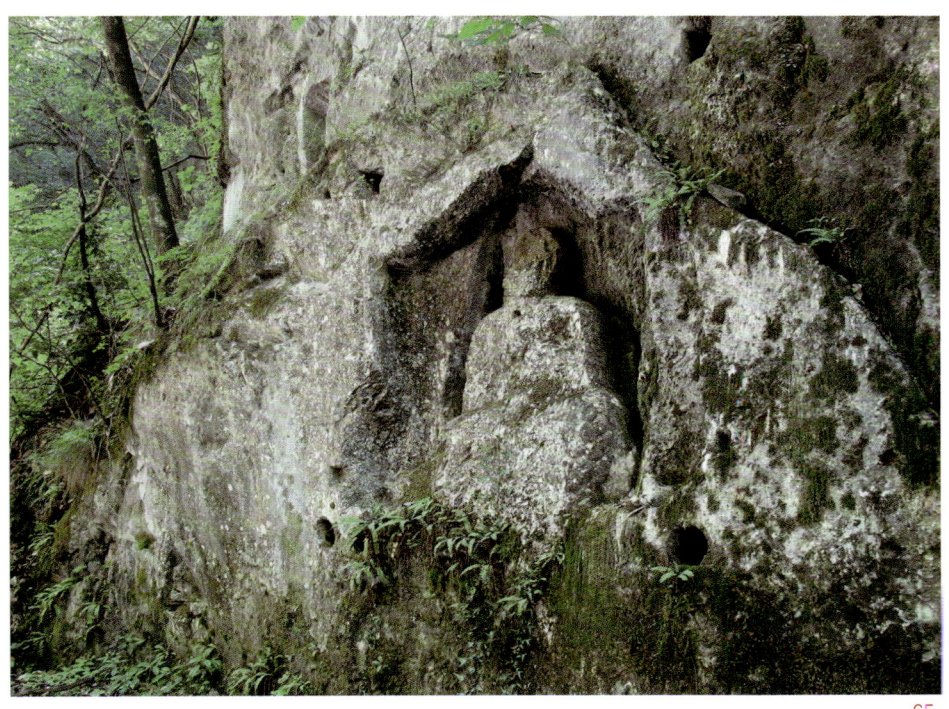

### 6. 石桥摩崖题记（清）

石桥摩崖题记（图六六）位于黄柏塬乡二郎坝村东南约7500米，在石塔河通往洋县华阳镇的深山中，地势为壁立千仞、道不盈尺、百步九折的峡谷地带。题记在石塔河左岸（面向上游）的崖壁上，距地面1.2米，在长1.6米、宽1.4米、面积2.2平方米的崖面上，錾刻约50字，首题"□□十五年□□□"，后有"□□□乡□□□"，以后有"张明阁、何□福"等人名。题记表面长满青苔，清理后字迹模糊难辨，保存现状一般。

### 7. 庄子上永垂千古碑（清）

庄子上永垂千古碑（图六七）位于黄柏塬乡高家坝村二组庄子上（小地名），地势东北高、西南低，为缓坡台地。南距高家坝村约500米，东距渭水河约100米。石灰岩质，身首一体。圆首，长方形碑身，无座。通高0.6米，宽0.56米，厚0.12米。碑首横书"永垂千古"四字，碑文记叙了清代道光年间当地张元祥等人捐资修补土桥的事，捐资人共122人，年款为："大清道光二十年（1840年）岁次庚子季春月中浣吉立"。碑文个别地方漫漶难辨，保存现状一般。

### 8. 红二十五军指挥部旧址（近现代）

红二十五军指挥部旧址（图六八、图六九）位于黄柏塬乡皂角湾村二组，在原徐家大院内。北距太白至洋县公路约40米，东距皂角湾村委会15米，南距渭水河约80米，大院东西长约80米，南北宽约50米，面积约400平方米。1935年7月，徐海东率领红军第二十五军长征途中，驻于此地的许家大院。大院坐西朝东，现存门庭1间和房屋3间。在门庭内北山墙上有

**图六六**
石桥摩崖题记近景

**图六七**
庄子上永垂千古碑

墨书标语"春荒到财东富豪家里分粮食吃"。院内建筑坐南面北,面阔三间,檐墙为竹排骨架外覆草拌泥,屋顶布灰板瓦。现当地村民将原门庭辟为"红军标语纪念馆"。原许家大院内1935年的建筑有1栋已于1985年拆除,现该大院内住有李、邓、郑姓村民6户,院内从1980年至今新增建筑5栋。保存现状较差。

傥骆道在太白县境内路程短,沿湑水河而行,仅穿越黄柏塬一个镇,但傥骆道栈桥、栈道及沿线相关遗址对于研究三国时期关中通往汉中的古道路在太白县的分布具有较为重要的价值。

**图六八**
红二十五军指挥部旧址远景

**图六九**
红二十五军指挥部旧址标语

# 后记

2010年宝鸡市第三次全国文物普查的田野调查工作结束后进入后期的资料整理阶段，我发现像古道路、古壁画、石窟、散落田间地头的碑石、戏楼、水利设施等均可作专题调查、研究。鉴于褒斜道、故道是关中地区穿越秦岭山脉，沟通关中、汉中、成都地区的重要道路，其中古栈道又是特有的交通形式，对研究我国古代西部地区政治、经济、文化、军事及交通方面具有重要的意义。过去不同部门的专家曾进行过古栈道的调查工作，我们在凤县、太白县第三次全国文物普查时又有新的发现，有必要再进行系统调查与资料整理。

2011年6月，宝鸡市考古研究所将古道路的调查作为专题调查的第一个项目，向陕西省文物局申请陕西省文物保护和技术研究课题"陈仓古道调查（项目编号：2011-K-018）"，获得批准立项。课题组成员有刘军社、辛怡华、王颢、张程等，刘军社担任课题组负责人。"陈仓古道"并不是指某条具体的古道路线，而是针对古陈仓（今宝鸡）地区褒斜道、故道等的专题调查。

调查报告采用题目分别为"褒斜道——陈仓古道调查报告之一""故道——陈仓古道调查报告之二"，这样命名的目的是为以后若有可能，还可继续这个课题的调查研究，完成渭水道、回中道等调查，形成系列的调查报告。在条件成熟的时候，也可对古壁画、石窟等逐项展开专题调查。

褒斜道沿线的实地调查工作由2012年3月开始至6月结束，2013年4月至5月间断性地对沿线的重要迹象进行了复查，涉及宝鸡市眉县、太白县、岐山等地区。参加调查的人员包括：刘军社、王颢、张程、李伸前、陈恩乾、杨富科、刘军户、杨和平、刘新等。在调查工作中，充分利用了数码相机、手持GPS终端、电子地图定位等新的信息记录手段，力求准确、详尽。

褒斜道分岔多，分布地域广，太白县境内主干道的走向似乎还有争议。2009年在太白县进行第三次全国文物普查时，新发现了杨家河栈道（雷神庙至平木的栈道），这样，西河栈道（平木到江口的栈道）与杨家河栈道就连接起来了，也就是说西河栈道+杨家河栈道构成了一条新的南北向通道，它自然就成了宝鸡通往汉中最便捷的一条道路。同时，它又将褒斜道与故道连接起来了。这一发现使我们对褒斜道主干道的走向有了新的认识。如何在纵横交错的道路中分辨出主次，褒斜道的主干道究竟是哪一条，是调查时必须考虑的，也是调查报告编写的关键所在。我在策划调查报告的编写时，想到了既然褒斜道、故道是关中通往汉中、成都的主要道路，它的主干道是不是可以理解为国道，分岔的道可以理解为省道、县道。这个想法得到课题组同仁的一致认同。后来在编写调查报告时就按照干道、支道、分支道等分类型编写，其结果是条目清楚，主次分明，干道的地位似乎不易动摇。现在呈现在我们面前的古道交通图是一套较为完整的古道交通体系，其实，这应该是某一个时期的。因为干道、支道、分支道是不同时期，或因种种原因逐步修建完成的。本报告中对褒斜道干道、支道、分支道的划分只是我们课题组的初步意见。当然，在报告的编写过程中，也尽可能吸收了前人的研究成果。

需要说明的是编写调查报告时，除记录古道本身的迹象外，还将沿线左右各1千米范围内的古代遗迹、遗物纳入报告，丰富了古道的文化内涵，从中也可以窥见不同时期古道的兴衰，同时也尽可能吸收了宝鸡市第三次全国文物普查的成果。

2015年1月16日，陕西省文物局组织专家对"陈仓古道调查"项目进行了验收，一致通过验收，同意结项。验收组专家有：张天恩、秦建明、田亚岐、马涛、赵静、史党社、景宏伟。专家们在肯定项目成果的同时，就调查报告的编写提出了宝贵的意见和建议。

按我当初设计的分道原则，与主干道相连接的是支道，与支道相连接的是分支道。宝鸡地区通往汉中、成都的古道除起点在宝鸡地区的褒斜道、故道外，还有一个途径太白县的傥骆道（南端是洋县的傥水河口，北端是周至县的西骆峪）。我们在陈仓古道调查——褒斜道结项报告中，将傥骆道通过褒斜道的支道——三岔河道连接了起来。这样一来，傥骆道就成了褒斜道的分支道，这显然与傥骆道的历史地位不符。课题验收时，专家们对这一问题提出了建设性的意见和建议，我们遂后决定将傥骆道（太白段）独立成篇，附于褒斜道调查报告之后。

《褒斜道——陈仓古道调查报告之一》由刘军社总策划，确定编写体例。张程、王颢负责第二章古道遗迹部分的编写，其余部分由张程负责编写。附录中的傥骆道调查报告由王颢负责编写。在刘军社主持下，课题组成员刘军社、辛怡华、王颢、张程讨论了调查报告结语的结构与内容，形成相对一致的意见后，由张程执笔完成。报告初稿完成后，刘军社、辛怡华、王颢审阅了初稿，并提出了修改意见。报告由刘军社、张程、王颢统稿，刘军社修改、定稿。报告中所用线图由陈恩乾绘制，照片由课题组成员拍摄。龙剑辉提供了太白县王家堎栈道的照片。

课题结项验收时，专家们提出了宝贵的建设性意见。报告资料搜集过程中，同行们给予了慷慨支持。报告的出版得到了陕西省文物局、宝鸡市文物局、科学出版社的大力支持，李茜编辑也付出了艰辛的劳动。在此一并表示衷心感谢！

由于水平所限，报告中存在疏漏和错误在所难免，希望得到大家的批评指正。

编者

2019年10月21日

墨书标语"春荒到财东富豪家里分粮食吃"。院内建筑坐南面北，面阔三间，檐墙为竹排骨架外覆草拌泥，屋顶布灰板瓦。现当地村民将原门庭辟为"红军标语纪念馆"。原许家大院内1935年的建筑有1栋已于1985年拆除，现该大院内住有李、邓、郑姓村民6户，院内从1980年至今新增建筑5栋。保存现状较差。

傥骆道在太白县境内路程短，沿湑水河而行，仅穿越黄柏塬一个镇，但傥骆道栈桥、栈道及沿线相关遗址对于研究三国时期关中通往汉中的古道路在太白县的分布具有较为重要的价值。

**图六八**
红二十五军指挥部旧址远景

**图六九**
红二十五军指挥部旧址标语

# 后记

2010年宝鸡市第三次全国文物普查的田野调查工作结束后进入后期的资料整理阶段，我发现像古道路、古壁画、石窟、散落田间地头的碑石、戏楼、水利设施等均可作专题调查、研究。鉴于褒斜道、故道是关中地区穿越秦岭山脉，沟通关中、汉中、成都地区的重要道路，其中古栈道又是特有的交通形式，对研究我国古代西部地区政治、经济、文化、军事及交通方面具有重要的意义。过去不同部门的专家曾进行过古栈道的调查工作，我们在凤县、太白县第三次全国文物普查时又有新的发现，有必要再进行系统调查与资料整理。

2011年6月，宝鸡市考古研究所将古道路的调查作为专题调查的第一个项目，向陕西省文物局申请陕西省文物保护和技术研究课题"陈仓古道调查（项目编号：2011-K-018）"，获得批准立项。课题组成员有刘军社、辛怡华、王颢、张程等，刘军社担任课题组负责人。"陈仓古道"并不是指某条具体的古道路线，而是针对古陈仓（今宝鸡）地区褒斜道、故道等的专题调查。

调查报告采用题目分别为"褒斜道——陈仓古道调查报告之一""故道——陈仓古道调查报告之二"，这样命名的目的是为以后若有可能，还可继续这个课题的调查研究，完成渭水道、回中道等调查，形成系列的调查报告。在条件成熟的时候，也可对古壁画、石窟等逐项展开专题调查。

褒斜道沿线的实地调查工作由2012年3月开始至6月结束，2013年4月至5月间断性地对沿线的重要迹象进行了复查，涉及宝鸡市眉县、太白县、岐山等地区。参加调查的人员包括：刘军社、王颢、张程、李伸前、陈恩乾、杨富科、刘军户、杨和平、刘新等。在调查工作中，充分利用了数码相机、手持GPS终端、电子地图定位等新的信息记录手段，力求准确、详尽。

褒斜道分岔多，分布地域广，太白县境内主干道的走向似乎还有争议。2009年在太白县进行第三次全国文物普查时，新发现了杨家河栈道（雷神庙至平木的栈道），这样，西河栈道（平木到江口的栈道）与杨家河栈道就连接起来了，也就是说西河栈道+杨家河栈道构成了一条新的南